本书为教育部人文社会科学研究一般项目
“晚清期刊词汇新质与《汉语大词典》修订（17YJC740129）”、
运城学院学科建设项目、黄河文化生态研究院项目成果

| 光明学术文库 | 教育与语言书系 |

晚清期刊词汇新质与《汉语大词典》修订

周国祥 | 著

光明日报出版社

图书在版编目（CIP）数据

晚清期刊词汇新质与《汉语大词典》修订 / 周国祥著. -- 北京：光明日报出版社，2022. 11

ISBN 978 - 7 - 5194 - 6921 - 4

Ⅰ. ①晚… Ⅱ. ①周… Ⅲ. ①期刊—研究—中国—清后期 ②汉语—词典—修订—研究 Ⅳ. ①G239. 295. 2 ②H164

中国版本图书馆 CIP 数据核字（2022）第 214381 号

晚清期刊词汇新质与《汉语大词典》修订

WANQING QIKAN CIHUI XINZHI YU《HANYU DACIDIAN》XIUDING

著　　者：周国祥

责任编辑：王　娟　　　　责任校对：李佳莹

封面设计：中联华文　　　　责任印制：曹　诤

出版发行：光明日报出版社

地　　址：北京市西城区永安路 106 号，100050

电　　话：010-63169890（咨询），010-63131930（邮购）

传　　真：010-63131930

网　　址：http：//book. gmw. cn

E - mail：gmrbcbs@ gmw. cn

法律顾问：北京市兰台律师事务所龚柳方律师

印　　刷：三河市华东印刷有限公司

装　　订：三河市华东印刷有限公司

本书如有破损、缺页、装订错误，请与本社联系调换，电话：010-63131930

开　　本：170mm×240mm

字　　数：208 千字　　　　印　　张：16

版　　次：2023 年 4 月第 1 版　　　　印　　次：2023 年 4 月第 1 次印刷

书　　号：ISBN 978 - 7 - 5194 - 6921 - 4

定　　价：95. 00 元

序

这几年来，近现代汉语新词颇受人关注，国祥也乐于此道。他以《汉语大词典》《汉语大词典订补》《100年汉语新词新语大辞典》以及拙编《近现代汉语新词词源词典》和《近现代辞源》5部词典为对象，用了8年时间，对其中晚清词语做了查考、梳理，并指出问题，如词语漏收、义项不全、释义不确以及书证阙如或晚出，涉及词语之多令人惊讶。如果将这些词语和书证汇集起来，给5部词典编一本补编，完全没问题。不过这也向我们提出了问题：这些词典怎么会有那么多缺憾？国祥眼光的敏锐当然不用说，但如果词典本身无懈可击，那也不能无端挑刺，那么词典怎么了？

这需慢慢细说。我国学界对古词古语的研究向来重视，成果也很丰硕，但相比而言，对近现代词语的研究就薄弱了一点（这里所说的"近现代词语"，是指明末以来汉语中受西方文化影响而产生的词语），至今许多词语的源头还不清楚，我在20世纪末就撰文讨论过此事。①但要扭转这种局面需要长期的努力，Oxford English Dictionary现在已给60万单词标上了词源说明，而且词源历史超千年。如果从1857年伦敦语言学会倡议编纂一部新英语词典算起，OED已经历了160多年时间，进行了多次修订。反观我国的现代大型词典，起步就要晚多了。如果《汉语大词典》从1975年开始规划算起，然后编纂、出版，到现在也只有47年时间。所以，在这种

① 详见拙文"一个薄弱点：19世纪汉语新词的考证"，《辞书研究》，1998年第1期。

背景下，现阶段的汉语历时词典，包括我编的那些词典，问题很多那是很自然的。如果将我国大型词典中的古代词语与近现代词语做一比较的话，后者书证偏晚的问题更为突出，也就是说，对于这类词语产生的时间大部分我们还没有把握起来。也是由于这个原因，国祥能发现《汉语大词典》等5部词典中这么多晚清词语书证偏晚的例子。

追寻近现代词语的起源，过去多从经典的现代白话文著中去寻找，因为我们以前常将现代汉语的产生与这类文著联系起来。《汉语大词典》也将毛泽东、鲁迅、茅盾、巴金、老舍、郭沫若等人的著作或者被当时认可的一些文著作为选取词语书证的文献。然而，这类文献比较晚，其中的词语例证多数不能作为始见书证，或早期书证。而像数理化天地生等自然科学方面的词语，在这些文献中那就十分有限了，即便是人文科学术语也不是很多。因此《汉语大词典》这方面的词语多数例证空缺，或者用一个比较晚见的书证来填充。有的大概找不到书证，词典编纂者就自己编一个句子，当例证来使用，这就是所谓自编例。在这当中还有许多词语没有收录，这也是一个很突出的问题。很显然，《汉语大词典》在选取文献时缺少了一类资料，如明末以来的西学著作、使西使东游记以及晚清至民国的报章杂志等，因为近现代词语大多来自这些文献。然而，由于主客观因素制约，当时能对这类文献引起重视的学者不多。

明清至民国时期的这类文献是近现代词语产生的源泉，对现代汉语的形成意义重大。对近现代词语进行比较系统的研究，首推意大利汉学家马西尼。我翻译了他的著作，①从中也受到了启发。后来我也把目光转向明末以来的西学文献，从那里搜寻新词新语，不久编了《近现代汉语新词词源词典》。后来新加坡庄钦永和周清海两位先生撰《基督教传教士与近现代汉语新词》（青年书局，2010），对我的词典提出了批评，认为词典中没有将鸦片战争之前南洋汉语文献利用起来，导致书中部分词目书证偏晚。其实书证偏晚的现象在我后来编纂的《近现代辞源》和《近现代汉语辞源》

① 这本著作即《现代汉语词汇的形成——十九世纪汉语外来词研究》（马西尼著，黄河清译），上海：汉语大词典出版社，1997年。

中同样存在。国祥在书中列举了《近现代辞源》那么多词目书证晚出的例子，连我自己也十分吃惊。只是我现在眼睛不好，已不能对词典再做修订，这不能不说是一件十分遗憾的事。不过我很希望有人能继续这项工作，虽然修订我的词典将会是一件很繁杂的事情，但应该是很有意义的。不过在此我要说说自己词典中的一些缺陷，希望未来的修订者能有所注意。

对于目前来讲，我认为，我们先要把明清耶稣会士的西学著作作为新词搜索的重点，因为这是近现代词语产生的起点，是早期词语的源泉。当然这不等于说晚期词语不重要，而是因为只有把这部分词语基本搞清楚了，在晚期词语的梳理中才不会把旧词当新词。如有人说，“加拿大”这个地名是用上海话音译英语 Canada 的词，[①]对照发音似乎也是如此。上海开埠是在第二次鸦片战争后，与西方接触，产生用沪语音译的词也是在这个时期。但是我们在利玛窦的《坤舆万国全图》（1602）中，在今加拿大的位置上，就看到了“加拿大国”四个字。“加拿大”并非译自英语，应该译自拉丁语 Canada。[②] 马西尼说，“加拿大”是用粤语音译的词，这有一定可能。因为不仅在语音上接近，利玛窦 1584 年的第一张汉语世界地图确实也是在广东端州（即今肇庆）绘制的。利氏后来绘制的世界地图（包括《坤舆万国全图》）其源头都可追溯到这张地图。所以“加拿大”的出现不在晚清，是在明末。又如“地球”这词，《汉语大词典》给出的书证取自晚清王韬、薛福成的文著，其实《坤舆万国全图》中就已经有这个词了。这类问题在我编的词典中同样存在，而且数量很多。

词语多有演变过程，这涉及词义或词形，先说词义。如“数学”一词，明末至清中期，它仅指数的学问，大约相当于算术。如邓玉函《测天

---

① 周振鹤、游汝杰《方言与中国文化》，上海：上海人民出版社，1986 年，第 265 页。

② 见 Federico Masini，*The Formation of Modern Chinese Lexicon and its Evolution Toward a National Language*：*The Period from* 1840 *to* 1898，Journal of Chinese Linguistics，Monograph Series No. 6，1993，Berkeley，U. S. A，p. 33，note 84。

约说》(1631):“数学一题:比例者以两数相比,论其数几何?”① 马礼逊在《五车韵府》中对“数学”的解释也是 the science of numbers。②一直要到 19 至 20 世纪之交,它才具有 mathematics 的意义,这是受日语的影响。但是拙编《近现代辞源》将明清时期“数学”的用例当作是用来指 mathematics 的例子,《近现代汉语辞源》不但也存在这个问题,而且还将《近现代辞源》本来已经提供的“数学”用来指 mathematics 的例子删了,等于说在这部词典中我们查不到“数学”用来指 mathematics 的书证,这还不如《近现代辞源》。之所以会出现这些问题,是因为当时我还没有将“数学”一词的整个演变过程掌握起来。

再说说词形的演变。汉语中“椭圆”这词,始见于 1855 年合信的《博物新编》。但它开始时写作“撱圈”,见于《测天约说》。后来罗雅各在《测量全义》中将它改作“撱圆”,这种写法被后人沿袭,如南怀仁、张诚、白晋、梅文鼎、蒋友仁等。大约在江户后期,这个词通过梅文鼎的《历算全书》传到日本,不过日本将“撱圆”中“撱”的手字旁改成了木字旁,写成了“椭圓”。这词第一次出现在兰学家志筑忠雄的《曆象新書》(1800 年),如该书“諸曜運行”一节中有这样一句话:“太陰も椭圓を畫するとも。”(围绕太阴画椭圆。)③后来日语又产生了“椭圓形”。所以,合信使用的“椭圆”来自日本。继合信之后,李善兰在《植物学》中,又借用了日语的“椭圆形”。于是,这两个词在中国慢慢使用开来,到了 20 世纪初基本普及。虽然说“椭圆”诸词的发展历程有点复杂,但我在《近现代辞源》和《近现代汉语辞源》中竟一点也没有反映,“撱圈”“撱圆”“撱圆形”没有收录,也未注明“椭圆”的日语来源。在我们这类词典中,给有关词目提供日语词源信息很有必要,因为汉语中来自日语的词很多。

---

① 见《崇祯历书·法原部》,英国牛津大学博德利图书馆(Bibliotheca Bodleiana)藏明刊本,馆藏号:Sinica 897。

② 见 Robert Morrison, *Dictionary of the Chinese Language*(五车韵府), Part Ⅱ-Vol. Ⅰ, Honorable East India Company's Press, 1819, p. 258。

③ 见《文明源流丛书》,第 2,上编下卷,东京:国书刊行会本,1914,139 页。

这是荒川清秀先生最先向我建议的，希望今后词典的修订者不要放弃这一做法，因为荒川的这一建议具有充分的合理性（可惜他已过早地离开我们了，我很想念他）。

再举一例，如“自行车”。日语将 bicycle 叫作“自転車”（じてん-しゃ），汉语的“自行车”是受了日语的影响？但如果知道明末就有“自行车”，它指一种自动机械，如水磨、会旋转的天文仪器等，那么关于“自行车”（bicycle）的来源，我们就不会轻易下结论了。

所以我们不但要有像国祥那样研究晚期词语的学者，也要有研究早期词语的学者，而且两类学者最好随时互动，或者干脆两者集于一身。无论如何，研究近现代词语要有全局意识。明末清初，西学东渐，新概念、新知识传了进来，语言中产生了许多词语，其过程具有连续性，早期词语和晚期词语之间没有绝对的界线，它们是一个整体，具有共同的特质，都具有外来元素。如果把它们割裂，那么它们所表达的概念的发展脉络会断层，知识体系会破碎，这与研究古代词语有些不同。还有，近现代词语产生的时间前后也不过 300 多年，这与古词古语的大尺度分期也是不同的。所以，近现代词语研究的注意力可以更集中，这是它有利的一面。但同时也向我们提出了另一个要求，就是考证需精细。

举一个特别的例子，如“五四运动”一语。它肯定产生于 1919 年 5 月 4 日之后，我先是找到了那一年 10 月的一个例子：1919 年 10 月 12 日李大钊《在〈国民杂志〉周年纪念会上的演说》：“此次‘五四运动’，系排斥‘大亚细亚主义’，即排斥侵略主义，非有深仇于日本人也。”后来提前到 8 月：1919 年 8 月经亨颐《今后学校训育之研究》：“五四运动学生风潮以前，罕见有今后之教育、今后之人生等文句，形诸篇章及各名人演说，盖指欧战以后而言耳。”最后又提前到 5 月 18 日：1919 年 5 月 18 日《申报》：“敝会发端于五四运动之后。”

可以说步步逼近，但 18 日到 4 日之间，毕竟还有 14 天的空当，我们能保证这 14 天时间里一定不会再有“五四运动”这种用例了？当然这种例子比较少，一般来说，考证近现代词语最好将词语的始见年份精确到个位数，有时即便只将始见时间提前一年，也应看作一种进步。所以我们不能满足于“某词见于清早期，或乾隆时期、道咸之间”这类表述，因为这种表述所指的时间跨度大，或者说，在300多年这个时间段中的占比大。这不能与研究古词语相比，研究古词语时说甲词见于魏晋，乙词见于晚唐，那已经很不容易了，但我们不行。

以上是我读了国祥这部书稿后，联想到的一些问题。总之，希望有更多的人来研究这个课题，出更多的成果，当然也希望国祥能在此中更有作为。

黄河清

2022年5月1日于北京鼓楼侧理则居

目　录
CONTENTS

引　言

晚清汉语处于近代汉语与现代汉语的过渡阶段，晚清词汇新质的产生与嬗变生动反映汉语变迁与社会进步的互动关系。词汇研究与辞书编纂有着密切的联系，辞书的修订很大程度上取决于语料的选择。晚清期刊真实记录了晚清的社会生活与语言生态，是研究晚清汉语的独特语料之一。晚清期刊词汇新质可以为《汉语大词典》① 等辞书的修订提供参考。

一、研究的对象

梳理晚清期刊，筛选词汇新质，参照《汉语大词典编纂手册》,② 比对《汉语大词典》等辞书，指出其在收录词条、解释词义、列举书证等方面可能存在的瑕疵。

（一）晚清期刊

晚清开启了中国近现代期刊的序幕。期刊包括“报纸”与“刊物”，“报”“刊”不分，亦“报”亦“刊”的文本形态，是晚清期刊的特征之一。③ 晚清社会风起潮涌，鸦片战争、洋务运动、甲午海战、戊戌变法、辛亥革命……中国从此进入半殖民地半封建社会。晚清期刊反映了当时的政治、经济、军事、外交、教育、文化、科技、宗教等各方面的内容，是

① 罗竹风主编．汉语大词典［M］．上海：汉语大词典出版社，1986-1994.

② 汉语大词典编纂处．汉语大词典编纂手册［M］．上海：汉语大词典编纂处（内部资料），1981.

③ 胡全章．清末民初白话报刊研究［M］．北京：中国社会科学出版社，2011：85.

中国社会发展进程中的一个重要的历史记录，具有比较高的历史价值和学术价值。

研究语言，语料很关键，语料的特点决定了语料价值的高低。[①] 近代汉语研究常见的语料有汉译佛典、敦煌吐鲁番文献、禅儒语录、诗词曲、戏剧、散文、笔记、小说、市语方言等。晚清各类语料丰富繁杂，最具独特性的主要有《申报》等期刊、严复《天演论》等翻译文本、曾纪泽《出使英法俄国日记》等游记与考察记录、吴趼人《二十年目睹之怪现状》等文学作品、各类时文等。价值高的语料大致具备三个条件："基本保持历史面貌，年代可靠；语体含有较多的口语成分；内容具有广阔的社会文化生活覆盖面。"[②] 晚清期刊具有准确性与及时性；文白并存，白话流行；具有周遍性，能全面深刻反映晚清社会生活。晚清期刊基本符合上述标准，是比较理想的研究语料。但是，晚清期刊原始、零散，大多未经校对整理，且不易获取，"陌生化程度是相当高的，甚至有相当一部分以前从来没有成为语言研究的对象"。[③]

晚清期刊众多，当前整理出版可供研究的却不多。"晚清期刊全文数据库（1833—1911）"等数字化产品为科学研究提供了巨大的便利。[④] 该数据库是由上海图书馆上海科技情报研究所、《全国报刊索引》编辑部制作推出的全新数字化产品，注册用户可以进行检索与浏览。当然，目前对这些几乎天量的语料进行穷尽性研究是不太现实的。我们暂时选取"特定时段"的"特定内容"作为封闭式语料来源：特定时段，即 1898 年至 1911 年，戊戌变法到辛亥革命时期是中国社会变动最剧烈的时期之一，也是汉语词汇变动最剧烈的时期之一；[⑤] 特定内容，即以期刊篇目标题为主，

---

① 汪维辉．汉语词汇史新探［M］．上海：上海人民出版社，2007：98.

② 徐时仪．近代汉语词汇学［M］．广州：暨南大学出版社，2013：43-44.

③ 刁晏斌．试论清末民初语言的研究［J］．励耘学刊（语言卷），2008（02）.

④ 蒋宗福．电子语料库与语文辞书的编纂修订［J］．四川大学学报（哲学社会科学版），2005（05）.

⑤ 北京师范学院中文系汉语教研组．五四以来汉语书面语言的变迁和发展［M］．北京：商务印书馆，1959：74.

以标题为切入点，再去查阅全文。标题是新闻或文章的题名，是主题最简明、最有力的体现，在词语的选择与运用上有着鲜明的特色。晚清期刊只是晚清文献的一部分，晚清期刊标题相对于晚清期刊和晚清其他文献来说只具有抽样性质，不过，这种抽样性质的材料，对于词汇研究来说，仍然具有典型意义。“从这个意义上说，专人专书甚至断代的词汇描写，都是一种不完整、不全面的描写，会有一些词汇成分在我们视野之外。但是，在表达中，常用度高的词汇成分，被使用的机会多，重复使用的可能也大，只有那些缺乏常用度的词汇成分，才会出现在遗漏之列，因此，通过一定范围的描写，我们总能了解到词汇的主体部分。”①

我们“历尽艰辛”，② 结合纸质文档、微缩胶片和电子数据，检索查阅了 200 余种晚清期刊，③ 积累数千万字的语料，初步获取 1 万余条新质词语。

本文选取的期刊有 200 余种，刊载内容几乎覆盖了当时社会生活的各个领域。例如，《安徽俗话报》《北洋官报》《砭群丛报》《大陆》《大同报》《东方杂志》《东吴月报》《东亚报》《法政杂志》《格致新报》《广东劝业报》《广益丛报》《湖北商务报》《江苏》《江西官报》《教育杂志》《竞业旬报》《理学杂志》《鹭江报》《南洋兵事杂志》《南洋官报》《农工商报》《农学报》《女报》《普通学报》《清议报》《陕西教育官报》《商务报》《绍兴白话报》《绍兴医药学报》《申报》《十日小说》《时务报》《四川官报》《四川教育官报》《通问报：耶稣教家庭新闻》《图画日报》《外

① 俞理明．词汇历史研究中的宏观认识［J］．江苏大学学报（社会科学版），2008（03）．

② 研究必须吃苦，但受制于主客观条件，语料处理十分费力：电子文档需要核实原文；数据库文章可以查阅，但只能单篇下载，且为图片格式，无法复制与全文检索；图片为扫描件，部分模糊不清，需要与微缩胶片或其他纸质文档比对；期刊为晚清原貌，部分有残缺，且文章大多没有句读标点；时常从学校往返各地图书馆，舟车劳顿；词汇新质辨识困难。

③ 语料主要来源于 1898 年至 1911 年间的 200 余种期刊，但分析词语时引用的期刊用例可能在 1898 年之前，表明词语的产生，也可能在 1911 年之后，表明词语的沿用，这些期刊远不止 200 余种。

交报》《万国公报》《万国商业月报》《湘报》《小说林》《新民丛报》《新世纪》《学部官报》《亚泉杂志》《医药学报》《预备立宪公会报》《月月小说》《浙江潮》《真光月报》《振华五日大事记》《政艺通报》《知新报》《中国商业杂志》等。

（二）词汇新质

“古今汉语的相对差异是汉语在发展中新质要素和旧质要素的长期的逐渐消长的结果。”① 词汇新质是词汇中发生变化的新成分，包括词汇中的新形式与原有词汇形式的新意义，我们叫作新质词语，与通常所说的新词新义新语大同小异。词汇新质的产生，导致词汇新格局的形成。词汇新质与词汇旧质相对；每个时段都会产生词汇新质，社会变动越大，词汇新质就越多；词汇新质既可能表达新概念，也可能表达旧概念，词汇创新与词汇翻新都是词汇发展的动力；词汇新质的生命力有显著差异。根据环靶状词汇层次理论，词汇新质最初处于词汇的边缘层，属于词汇的外围部分。②

目前还没有成熟高效的新质词语自动提取方法，基本上都是采用人工勾乙的方式完成。“近代文献浩如烟海，一个词的查询有如大海捞针，而且即使有时查到的，也不一定就是首见”，③ 因此“有经验的研究者是不轻谈‘新词语’的，因为说‘有’容易，说‘无’难，往往被认为是某个时代‘新词语’的东西，一查书，早就有，甚至先秦就有”，④ 新义的判断更是困难。此外，新质词语可能存在口语当中，不一定都出现在书面文

① 孙常叙．汉语词汇［M］．长春：吉林人民出版社，1956：75.

② 俞理明．词汇的分层及其外围成分［J］．苏州大学学报（哲学社会科学版），2014（01）．

③ 周振鹤．知者不言［M］．上海：生活·读书·新知三联书店，2008：301.

④ 杨端志．从清末民初科学小说新词语看“现代性”新词语的来源和发展——兼论“标志性子词语场”理论和“现代汉语词汇史”的起点［J］．山东大学学报（哲学社会科学版），2007（01）．

献里。即便如此，我们也不能知难而退，① 只要“原始词语筛滤网”② 相对密集，操作程序尽量完善，就可能筛选出相对准确的新质词语。

首先是词语的切分。考虑到词语的典范性与共时性，词语切分一般采取从严的标准，部分复现率低且组合不紧密的单位通常被排除。但是，在词汇历时发展中，“一些复合词的形成，会有一个过程，包括词组本身凝合成词的过程以及同类表达形式自由竞争语用选择的过程”，③ 特别是在晚清汉语这个过渡阶段，词汇的过渡特征表现得更加明显，词汇单位之间的区别也不是泾渭分明的，是“一个彼此间难以截然分割的连续统，其间存在着许多中间状态”。④ 如果拘泥于严格的成词标准，可能忽略掉大量的有历史研究价值的词汇材料。因此，我们在实际切分词语的过程中采用相对宽松的原则：新质词语以词为主，也包括部分固定词组与少量凝合度不高的词组；表达一个基本概念，做一个句中成分；一般具有比较高的频率与比较广的分布。

其次是新质词语的筛选。我们以 1898 年至 1911 年间的晚清期刊为语料来源，依次制作“晚清期刊语料库”“晚清期刊词语库”“晚清期刊新质词语库”。新质词语时间范围限定在 1840 年至 1911 年间，主要是经过四轮比对从“原始词语筛滤网”中筛选出来的：第一轮比对《汉语大词典》《汉语大词典订补》⑤ 等大型历史性辞书；第二轮比对《近现代辞源》⑥

① 为了避免这种风险，研究者可以直接将新词新语辞书里的词语作为语料，从而省去新质词语选判这一枯燥繁琐且效率极低的工序，但我们认为第一手材料可能更具有价值。

② 邢福义．新词语的检测与搜获——一个汉语本体研究者的思考［J］．语文研究，2007（02）．

③ 俞理明，顾满林．东汉佛道文献词汇新质研究［M］．北京：商务印书馆，2013：16.

④ 徐时仪．近代汉语词汇学［M］．广州：暨南大学出版社，2013：22.

⑤ 汉语大词典编纂处．汉语大词典订补［M］．上海：上海辞书出版社，2010.

⑥ 黄河清．近现代辞源［M］．上海：上海辞书出版社，2010.

《近现代汉语新词词源词典》[①]《100年汉语新词新语大辞典》[②] 等主要收录近现代新词语的辞书；第三轮比对"中国基本古籍库""四库全书"等电子版语料库；第四轮比对"概念史""词汇史"等相关研究的论著。比对的过程就是要不断剔除既有词语，增补新质词语，提前新质词语书证，尽量完善"晚清期刊新质词语库"。

语料处理枯燥繁杂，需要坐冷板凳，花苦功夫。囿于眼界与能力，无论如何也不能说这些经过筛选的新质词语都产生于晚清，因为随时都有新的文献、新的研究来推翻这些判定。弄清一个词语的来龙去脉尚且不易，给一批词语作时空定位更是难上加难。[③]

（三）辞书修订

语文辞书是高度语言修养的产物，具有体现民族标准语的根本性质，也是提高社会语言素养、宣传和维护民族共同语规范的重要工具。语文辞书的编纂和修订在一定程度上反映了国家的经济实力和学术水准。[④]《汉语大词典》是我国第一部大型多卷本历史性汉语语文词典，是"中华民族五千年文化的结晶，中国辞书出版史上的壮举"。[⑤] 该书收录单字2.2万余个、词语37.5万余条、插图2253余幅，"内容完备、释义准确、义项齐全、书证丰富，达到了前所未有的高度，堪称我国辞书中的典范之作"，[⑥]被联合国教科文组织列为"国际性的权威工具书"。

词典又被称为"遗憾的艺术"，"任何一部优秀的词典在使用一定时间后都要进行纠正错误、增加新目、增加新义、改善体例等方面的修订，以不断吸收新的研究成果，强化词典的时代性，增强词典的权威性，使之更

① 香港中国语文学会．近现代汉语新词词源词典［M］．上海：上海辞书出版社，2001.

② 宋子然主编．100年汉语新词新语大辞典［M］．上海：上海辞书出版社，2014.

③ 新质词语筛选出现错误是必然的，但是纠错改错，虚心学习，不断前行，符合学术成长规律。

④ 徐时仪．《朱子语类》词汇研究与《汉语大词典》修订［J］．陇东学院学报，2013（04）．

⑤ 何加正，李泓冰．《汉语大词典》大功告成［N］．人民日报，1994-05-11.

⑥ 郭芹纳．《汉语大词典》评略［J］．古汉语研究，1996（04）．

加精益求精”。[①] 无论是国外的《韦氏大学词典》《牛津英语词典》等辞书，还是国内的《辞海》《现代汉语词典》等辞书，都呈现出连续修订、修订周期日趋缩短等特点。“《汉语大词典》所涉及的知识面极为广泛，与社会生活、古今习俗、中外文化乃至各种宗教教义，都发生纵向和横向联系，考订源流，绝非易事。在编写过程中，我们时时注意的是质量第一，尽可能做到正确明晰，避免异说纷呈或模棱两可。但由于词目浩繁，时间紧迫，疏漏和错误在所难免。”[②] 因此，对“古今兼收、源流并重”的《汉语大词典》进行修订也是一种历史的必然。

《汉语大词典》的编纂始于1975年，1986年出版第一卷，1994年全部出版完成；1997年出版缩印本；1998年出版简编本和电子版；2010年出版《汉语大词典订补》。作为国家重大文化工程的《汉语大词典》（第二版）的修订始于2012年；2018年出版第一册，修订词条内容达80%以上；计划2023年完成25册征求意见本的出版，预计收录条目约40万条。此次修订，成绩巨大，超出预期；问题难免，修订永远在路上。在信息化、网络化的新时代，辞书修订需要转变思路，探索“动态修订”的新模式，变少数专家定期修订为所有读者随时修订。[③] 当然，“词典不断修订的过程，是不断完善、不断创新的过程；但修订中的创新不是整体的翻新，更不是另起炉灶；较大的修订中必然包含有创新的内容，但那只是在原有基础上的部分创新或更新”。[④]

二、研究的现状

词汇新质研究是词汇史与词汇系统研究的重要组成部分。早在20世纪

---

① 曲文军.《汉语大词典》疏误与修订研究［M］.济南：山东人民出版社，2012：333.

② 罗竹风主编.前言［A］.汉语大词典［M］.上海：汉语大词典出版社，1986-1994：1.

③ 汪维辉.探索辞书“动态修订”新模式［J］.辞书研究，2019（04）.

④ 程荣.语文词典修订工作的基本特点［J］.语言文字应用，2002（03）.

前后，人们就注意到了当时新产生的词语，例如，《新尔雅》（汪荣宝等，1903）、《论新学语之输入》（王国维，1905）、《王云五新词典》（王云五，1945）等。

20 世纪 50 年代起，人们在研究汉语史的过程中不可避免都会涉及近现代时期新词语的内容，例如，《汉语史稿》（王力，1958）、《现代汉语外来词研究》（高名凯等，1958）、《五四以来汉语书面语言的变迁和发展》（北京师范学院中文系汉语教研组，1959 年）、《汉语词汇史概要》（潘允中，1989）、《汉语词汇史纲要》（史存直，1989）、《简明汉语史》（向熹，1993）、《现代汉语词汇的形成——十九世纪汉语外来词研究》（马西尼，1993）等。

进入 21 世纪，人们对晚清民国新词语的研究逐渐全面与深入起来，例如，《汉语外来词》（史有为，2000）、《近现代时期汉语新词词源词典》（香港中国语文学会，2001）、《新语探源——中西日文化互动与近代汉字术语生成》（冯天瑜，2004）、《中国近代新词语谈薮》（钟少华，2006）、《现代汉语史》（刁晏斌，2006 年）、《近代中日词汇交流研究——汉字新词的创制、容受与共享》（沈国威，2010）、《近现代辞源》（黄河清，2010）、《新词语新概念：西学译介与晚清汉语词汇之变迁》（郎宓榭等，2012）、《100 年汉语新词新语大辞典》（宋子然等，2014）、《明清汉语外来词史研究》（赵明，2016）、《晚清新闻语言的特点——以五种白话报刊为例》（韩书庚等，2017）、《从〈大公报〉白话文看晚清报刊语言的特征》（张政，2019）、《近现代汉语辞源》（黄河清，2020）等。

近年来，有关清末民初词汇的专书研究与专题研究也日益增多，特别是出现了一些学位论文，例如，《晚清四大谴责小说词汇研究》（张威，2008）、《初期现代汉语新词语研究——以〈东方杂志〉（1911-1921）为语料》（杨霞，2011）、《〈安徽白话报〉白话词汇研究》（王晨露，2015）、《清末民初汉语词汇专题研究》（华树君，2018）、《清末民初〈申报〉词汇研究》（冯卓，2021）等。越来越多的学子开始关注这片领域，为近现代时期词汇研究注入了新生力量。此外，还有较多的词语探源的学术论文与一批社科基金项目也开展与之相关的研究。

关于《汉语大词典》，从出版之日起就陆续成为学界的研究对象。这些研究主要分为三类：一是从辞书学角度分析《汉语大词典》的编纂思想、内容或地位等，例如，《〈汉语大词典〉的历史使命》（陈原，1982）、《略论〈汉语大词典〉的特点和学术价值》（徐文堪，1994）、《〈汉语大词典〉2.0 光盘版的使用技巧》（毕慧玉等，2006）、《〈汉语大词典〉研究》（李申等，2015）、《一次全面深入的修订——〈汉语大词典〉第二版第一册管窥》（江蓝生，2019）等；二是以《汉语大词典》为工具，对其中某类词语进行专题阐释，例如，《〈汉语大词典〉收录〈论衡〉词语研究》（齐霄鹏，2000）、《基于〈汉语大词典〉的民国词汇研究》（李娜，2011）、《〈汉语大词典〉“死亡”义词语研究》（荣景等，2014）、《基于〈汉语大词典〉的词义演变研究》（刘雪扬，2015）、《基于〈汉语大词典〉的汉语词汇历时演变计量研究》（李斌等，2018）、《基于〈汉语大词典〉的隋唐司法新同义词辨析》（谭禾英，2019）等；三是利用已有的词汇研究成果，指出《汉语大词典》的不足，以供辞书参考，例如，《〈汉语大词典〉摘瑕》（汪维辉，1990）、《从〈汉语大词典〉看大型历史性语文词典取证举例方面的若干问题》（方一新，1998）、《以若干词例谈〈汉语大词典〉宏观系统的疏失》（王绍峰，2002）、《〈汉语大词典〉商补》（王锳，2006）、《〈西游记〉词汇对〈汉语大词典〉书证研究》（王毅等，2017）、《“卢鹊”与“卢鹊喧”——〈汉语大词典〉修订札记》（李尔钢等，2022）等，这类研究成果最多，我们的研究也属于此类。

总之，目前研究的特点很突出：一是研究主体多元，既有大陆、香港的专家，又有欧美、日本等国的学者；二是研究视野开阔，除了语言学解析外，还进行翻译史、思想史、科技史等领域的拓展；三是研究方法科学，理论分析与词典编纂并重，整体描写与个案梳理相结合；四是为《汉语大词典》辨释义、考语源、补词目、增义项、添例证、校引文等诸方面提供了可靠的资料。前期成果很丰富，但也存在继续拓展的空间：一是相对于汉语其他历史阶段而言，晚清词汇研究比较薄弱；二是将词汇新质等同于外来词，或者是在分析新词语的过程中，只选择外来词，缩小了研究范围，导致许多本族新词新义被忽视；三是未充分利用晚清期刊等独特语料，在语源考证上存在不少失误；四是研究成果分散零乱，系统性、针对性不强，部分削弱了供《汉语大词典》修订的参考价值。

三、研究的意义

晚清期刊词汇新质研究具有一定的理论意义与应用价值。晚清汉语处于近代汉语与现代汉语的过渡阶段，由于与现代之间相隔太近，缺乏距离感，因而在汉语历史研究中不易受到关注，但同时它又与现代汉语密切相关，变化迅速的汉语词汇在这段时间内有着丰富的内容值得观察与研究。

（一）理论意义

从宏观看，晚清期刊词汇新质研究有助于加强汉语史的研究，有助于深化词汇系统的研究。“就近代汉语研究来说，以往对近代汉语一些现象的考源和溯源注意得比较多，而对近代汉语和现代汉语如何‘接轨’研究的比较少，这方面的研究，今后应当加强。”① 由于“词汇不是以新旧替代的方式增长，而是以新旧并存的方式逐步积累起来”，② 人们几乎感受不到这种时间的差异，因此要清晰剥离开新质词语与既有词语的难度很大。但是，“如果不研究‘新词语’，词汇史研究是谈不上的，共时范围内的词汇研究也是困难的”。③

从微观看，晚清期刊词汇新质研究有助于词语的考源、辨义、参证、订误等。仅以“绅商”为例：绅商是晚清社会的一个特殊群体。“‘绅商’一词究竟是混合词还是分指绅与商，似乎尚可讨论。”④《汉语大词典》收

① 蒋绍愚．近代汉语词汇概要［M］．北京：北京大学出版社，2005：10.

② 王宁．汉语词汇语义学在训诂学基础上的重建与完善［A］．北京师范大学民俗典籍文字研究中心．民俗典籍文字研究［C］．北京：商务印书馆，2005.

③ 杨端志．从清末民初科学小说新词语看“现代性”新词语的来源和发展——兼论“标志性子词语场”理论和“现代汉语词汇史”的起点［J］．山东大学学报（哲学社会科学版），2007（01）.

④ 余英时．士与中国文化［M］．上海：上海人民出版社，1987：575.

"绅商"，释义为"绅士和商人"，与之一致的观点有："从19世纪中叶起，'绅商'一词已经流行于各种公私文献。但有一个值得注意的现象，即分指绅与商的例证较多，而单指性的例证较少且或多或少存在一些疑问。所以，'绅商'一词基本上是分指'绅'与'商'，并未融合成一个单指性的混合词。"[①] 我们认为存在两种不同意义的"绅商"，除并列结构的"绅商"外，还有偏正结构的"绅商"，即"具有绅士身份的商人"。晚清期刊里用例很多，例如，"日本绅商柏木梅吉十元"（《申报》1878年4月27日）；"浙江绅商高尔伊请设立浙东宝昌公司"（《外交报》1903年4期）；"张汝砺遂倩杨绅商减五百元并不愿将此款移办公益"（《申报》1907年12月2日）；"本部具奏槟榔屿绅商林汝舟兴学保商恳请特给奖励折"（《商务官报》1908年8期）；"凡愿入会诸君请向三马路新闻报馆楼上办事处索取介绍单式妥觅当地公正绅商一人介绍会费一次交足"（《申报》1911年11月1日）；"宁波旅沪同乡会昨接宁波绅商周大烈氏电告该地鼠疫猖獗兹将该电原文探录于下"（《申报》1940年11月8日）"等，以上"绅商"均指单一个人，并非"绅士和商人"。社会变迁会影响语言发展，"从古代的'士农工商'演变到明清时期的'绅士商民'，再随之化约到晚清的'绅商'，其间所贯穿和反映的，正是一种近世历史变动的大趋势：士与商、绅与商的不断趋近和结合，以及由此而引发的传统'四民'社会的式微。绅与商的相互趋近反映到语言词汇本身的变迁上，便是'绅商'词汇的逐渐形成和流行"。[②] 类似的还有"绅富""绅董""学绅""学兵"等词语，有时是并列结构，有时是偏正结构，结构关系不同，词义也就不一样，需要结合大小语境仔细辨析。

（二）应用价值

"词汇研究与语文辞书编纂有着密切的关系。语文辞书的编写以词汇

① 谢放．"绅商"词义考析［J］．历史研究，2001（02）．

② 马敏．"绅商"词义及其内涵的几点讨论［J］．历史研究，2001（02）．

研究为基础，同时又反过来推动词汇研究的深入。”[①]《汉语大词典》是古往今来汉语词汇的档案库，但是“近现代词目所占比例极小，未能够充分地反映近现代汉语词汇的全貌”。[②]“与古词相比，该词典对晚近出现的词语，考证是十分薄弱的。这反映了我国词语源流考证中‘厚古薄今’的现象。”[③] 我们搜集到的晚清期刊1万余条新质词语中有9000余条可以为《汉语大词典》等辞书修订提供参考：[④] 词条漏收的3000余条；义项失收的700余条；释义不确的200余条；书证空缺，书证单一，书证晚出的6000余条。尤其是书证，除少数无误外，近6000条书证几乎都晚出；大多首例书证为1912年或1949年以后甚至1978年或2000年以后的词语在晚清已经产生；[⑤] 部分词语首例书证早于《近现代辞源》《100年汉语新词新语大辞典》等新编的偏重语源的辞书的书证。兹举数例，恳请批评。

1. 词条漏收，例如：

【烟精】烟鬼。烟精告无罪禀（《中外小说林》1907年9期）；戏拟烟精作反誓师文（《风雅报》1907年92期）；烟精归天（《中外小说林》1908年3期）；戏拟烟精与赌鬼书（《天铎》1910年4期）。《汉语大词典》未收“烟精”，收“烟鬼”“鸦片鬼”。此外，“烟精”也指“尼古丁”，例如，“由烟草采取烟精的方法”（《青年界》1934年4期）；“烟茎内烟精之定量”（《昆虫与植病》1936年2期）；“烟精（尼古丁）影响水稻发育之研究”（《全国农林试验研究报告辑要》1943年1期）等。

---

① 徐时仪．《朱子语类》词汇研究与《汉语大词典》修订［J］．陇东学院学报，2013（04）．

② 曲文军．《汉语大词典》疏误与修订研究［M］．济南：山东人民出版社，2012：340.

③ 黄河清．一个薄弱点：19世纪汉语新词的考证——以《汉语大词典》为例［J］．辞书研究，1998（01）．

④ 《汉语大词典》是前辈们呕心沥血的结晶，其编纂与修订有着严谨的程序与完备的体例。作为使用者与研究者，我们对《汉语大词典》怀有深厚的感情。由于主客观因素制约，我们虽然耗费大量精力，但是这些意见也不一定全部正确，仅供参考。

⑤ 考察范围涉及2010年出版的《汉语大词典订补》。

2. 义项不全,[①] 例如：

【格化】物理化学。天文地理格化测算之学（《申报》1902年8月15日）；格化新器（《政艺通报》1904年16期）；格化新器（《北洋官报》1904年395期）。《汉语大词典》收同音的“格化”，是“斩杀”义。《汉语大词典》也收“格致”“理化”等。

【轨路】轨道。轨路有目前之忧（《鹭江报》1903年42期）；修筑电车轨路（《北洋官报》1905年647期）；粤汉铁路湘鄂线轨路情形（《铁路协会会报》1921年103期）。《汉语大词典》收“轨路”，仅有“道路”一个义项。《汉语大词典》也收“轨道”“轨枕”等。

3. 释义不确，例如：

【经理】企事业等机构中负责经营管理的人。香港巡抚与露透经理问答语（《译书公会报》1898年18期）；文明女塾偶作并呈经理韩君（《女子世界》1904年8期）；科学仪器馆经理虞辉祖上商部呈验仪器禀（《教育杂志》1905年6期）。《汉语大词典》收“经理”，释义为“企业中负责经营管理的人”。从上述书证看，“经理”不局限于“企业”，其他非企业机构也有“经理”。

4. 书证空缺，例如：

【先令】英国旧辅币名，一先令等于一镑的二十分之一。先令市面（《集成报》1897年15期）；论宜仿照先令设例通行（《湖北商务报》1899年25期）；赔款因先令价受亏更巨（《通学报》1906年12期）。《汉语大词典》收“先令”，没有书证；收“金镑”“佛郎”，均单一书证。

5. 书证单一，例如：

【食量】所吃食物的量。食量大如牛（《申报》1873年10月7日）；大食量的人（《中国白话报》1904年15期）；象之食量（《中华教育界》1914年17期）；大食量之博士（《游戏杂志》1915年11期）；鸡的食量问题（《中国养鸡杂志》1928年4期）；几种大食量的动物（《社会新闻》

---

① 有“同音”与“多义”之别，需要斟酌。

1933年12期）；动物中食量之最巨者（《旅行杂志》1936年5期）。《汉语大词典》收“食量”，单一书证引自碧野《没有花的春天》第四章。此外，《汉语大词典》收“食量”，释义为“饭量”；收“饭量”，释义为“一个人一顿饭能吃的食物的量”。也就是说“食量”即“一个人一顿饭能吃的食物的量”。从上述书证看，“食量”不局限于“人”，其他动物也有“食量”。

6. 书证晚出，例如：

【宣判】法院对当事人宣布案件的判决。请重宣判罚洋四十元（《申报》1909年2月20日）；通令各厅报部案件应将宣判之日载明（《江苏省公报》1912年3期）；浙江高等审判厅民二庭宣判案件日时通告（《浙江公报》1915年1280期）。《汉语大词典》收“宣判”，单一书证引自秦牧《湘阴热浪记》；《近现代辞源》收“宣判”，单一书证引自1946年10月《世界知识》；《100年汉语新词新语大辞典》收“宣判”，首例书证引自1937年曹禺《原野》。

四、本书的凡例

（一）新质词语产生于1840年至1911年间，出现在1898年至1911年间的期刊中。

（二）新质词语包括新词新义新语，以词语为主，也包括少量凝合度不高的词组。

（三）每类列举数例，先列出词条，再简要释义，提供书证，最后比对说明。每类词条按照音序排列。词条以意义为单位分列，如果一个词语形式有多个新义，就分别标以1、2、3……加以区别，此标序只限于本文所讨论的义项。

（四）书证引自晚清期刊及其他期刊；书证考虑分布与频率，一般不少于3条；首例书证尽可能是早期用例；书证除繁体转换为简体、竖排变成横排外，异形词、异体字等原文照录，一般没有标点，基本保持原貌；期刊刊期参考数据库电子文档，以换算之后的阳历日期为主。

（五）部分词条可能同时出现释义与书证等问题，一般按分类分开列出。

（六）辞书以《汉语大词典》《汉语大词典订补》为主，以《近现代辞源》《100年汉语新词新语大辞典》等为辅。

第一章

词条漏收

词条漏收是指可以收录的条目而词典没有收录。《汉语大词典》理论上应该“收各个历史阶段的专名之外的全部词语”，“以通用词形统领历史上依次出现的各种变体词形，尽录无遗”。[①] 但是，汉语词语浩如烟海，漏收部分词条是不可避免的。从漏收词条的时代来看，“主要集中在近现代著作之中”，[②] 未能充分反映出近现代汉语词汇的全貌。晚清期刊中 3000 余条新质词语出现频率比较高，分布范围比较广，基本符合《汉语大词典》的收词原则，建议收录。它们主要有三类：

一、未收甲，但收与之同义的乙。例如：

【阿片烟】 鸦片。阿片烟许同盟之国通行买卖（《申报》1887 年 8 月 7 日）；阿片烟拟归政府专卖（《大陆》1905 年 5 期）；阿片烟流毒社会之害（《上海青年》1925 年 21 期）；论吸阿片烟者与吗啡中毒者尿中之吗啡测定法及实用之反应（《药报》1935 年 44 期）。《汉语大词典》未收“阿片烟”，收“鸦片烟”“阿片”“鸦片”。

【八音盒】 八音匣。玛瑙戒指八音盒（《申报》1879 年 12 月 24 日）；八音盒（《申报》1906 年 12 月 29 日）；励志社向各界征募娱乐品如留声机唱片八音盒等以备运赴前方医院解除伤兵精神痛苦（《申报》1929 年 11 月 27 日）；夏天的八音盒（《小说林》1995 年 3 期）。《汉语大词典》未收“八音盒”，收“八音盒子”“八音匣”“八音琴”。

---

① 张志毅，张庆云．理论词典学［M］．北京：商务印书馆，2015：384.

② 曲文军．《汉语大词典》疏误与修订研究［M］．济南：山东人民出版社，2012：308.

【**白热灯**】电灯。荧光与白热灯（《大陆》1905 年 17 期）；爱迪森发明白热灯五十周纪念（《英语周刊》1928 年 681 期）；白热灯原理与构造（《导光》1936 年 40 期）；爱迪生氏发现爱迪生现象所试验之白热灯（《实用无线电杂志》1939 年 10 期）。《汉语大词典》未收“白热灯”，但收“电灯”。

【**包脚**】缠脚。包脚受辱（《安徽俗话报》1904 年 13 期）；莫包脚歌（《竞业旬报》1907 年 10 期）；卖包脚布（《图画日报》1909 年 59 期）；双料包脚布（《上海画报》1925 年 9 期）；裹脚与包脚（《贡献》1928 年 7 期）。《汉语大词典》未收“包脚”，收“缠脚”“缠足”。

【**爆药**】炸药。精习电气水雷地雷爆药数年（《申报》1884 年 7 月 23 日）；爆药自害（《益闻录》1897 年 1720 期）；爆药详述（《知新报》1900 年 131 期）；论兵器爆药之保存及贮藏法（《南洋兵事杂志》1907 年 8 期）；制造爆药（《农工商报》1908 年 49 期）；爆药开垦土地之发明（《实业旬报》1920 年 4 期）；我国军用爆药之被骗（《军学月刊》1932 年 1 期）；引发爆药（《科学画报》1941 年 11 期）。《汉语大词典》未收“爆药”，收“爆裂药”“炸药”“炸弹”。

【**避电针**】避雷针。购取避电针（《申报》1900 年 12 月 4 日）；火药局设置避电针（《北洋官报》1907 年 1418 期）；避电针《青年杂志》1915 年 5 期；雷与避电针（《少年》1928 年 2 期）；呈一件为请修杨思港药弹库办公室各处百叶窗等项并更换避电针检同估单应价洋六十四元五角乞示遵由（《海军公报》1935 年 73 期）。《汉语大词典》未收“避电针”，收“避雷针”。

【**病室**】病房。监所浴场医室病室厨房厕所一应俱备（《申报》1905 年 6 月 4 日）；病室之扫除（《申报》1906 年 6 月 20 日）；中国自新医院三等病室图之一（《医学世界》1908 年 6 期）；手术场及病室《函授新医学讲义》1911 年 12 期；特别病室之客厅（《协医校刊》1927 年 2 期）；华西大学口腔病院增建病室外景（《华大牙医学杂志》1946 年 2 期）。《汉语大词典》未收“病室”，收“病房”。

【博场】 赌场。博场失火（《益闻录》1881 年 124 期）；特别之博场（《十日小说》1909 年 8 期）；博场之失败（《小说丛报》1914 年 6 期）；世界之大博场（《华安》1933 年 1 期）；博场佳话（《五云日升楼》1940 年 1 期）。《汉语大词典》未收“博场”，收“赌场”。

【不记名投票】 无记名投票。记名投票不记名投票其利弊如何（《申报》1909 年 3 月 16 日）；论记名投票选举与不记名投票选举（《政法月刊》1921 年 2 期）；对生活不记名投票（《海峡》2004 年 12 期）；阳东县：党代表不记名投票测评镇级党委（《广东党建》2014 年 5 期）。《汉语大词典》未收“不记名投票”，收“无记名投票”。

【曹达】 苏打。碳酸曹达（《医药学报》1907 年 2 期）；四川第一曹达工厂创办简章（《四川官报》1909 年 20 期）；东蒙古之天然曹达（《清华学报》1911 年 2 期）；碳酸曹达制法之概要（《中华国货月报》1916 年 5 期）；东蒙古之天产曹达（《中华药学杂志》1917 年 2 期）；吾国之电解曹达工业（《农商公报》1919 年 1 期）；曹达用法之说明（《四川第三次劝业会日刊》1922 年 37 期）；电解曹达工业概说（《西北实业月刊》1947 年 1 期）。《汉语大词典》未收“曹达”，收“苏打”。

【承商】 承包商。河桥承商自卸责任《振华五日大事记》1907 年 38 期；论承商《砭群丛报》1909 年 5 期；黄江税厂承商胜利公司呈请减饷文（《广东财政月刊》1922 年 7 月份）；请将封用之过海电船发还承商以恤商艰由（《广州市市政公报》1923 年 69 期）；呈报开投西村公路路基选定承商伍耀建筑请察核备案由（《公路年报》1926 年年刊）；大沙头站脚伕工人与承商纠纷之解决（《农工旬刊》1928 年 4 期）。《汉语大词典》未收“承商”“承包商”，《汉语大词典订补》补收“承包商”。

【赤十字社】 红十字会。赤十字社病房（《申报》1890 年 11 月 1 日）；日本赤十字社社则（《时务报》1897 年 44 期）；赤十字社改章（《大陆》1903 年 9 期）；广东赤十字社看护救伤（《女报》1909 年 4 期）；赤十字社之源流（《中西医学报》1913 年 8 期）；化学战祸之国际的防护机关赤十字社之创设案（《军事杂志》1929 年 13 期）；赤十字社普通施疗豫定

(《教化通信》1944 年 61 期)。《汉语大词典》未收“赤十字社”，收“赤十字会”“红十字会”。

【初小学】初小。学部奏定初小学随意科学科程度授课时刻表（《北洋官报》1909 年 2085 期）；大竹县禀初小学完全简易两科及改良私塾办法一案（《四川教育官报》1910 年 2 期）；本司批南郑县禀水南村职员胡培树独力设立初小学一处禀请立案由《陕西教育官报》1911 年 8 期；景宁县知事秦琪呈为具报增设初小学及开办半日学校由（《浙江公报》1914 年 859 期）；呈该区第十初小学请改市立由（《市政月刊》1928 年 3 期）。《汉语大词典》未收“初小学”，收“初小”“初等小学”“初级小学”。

【传道士】传教士。追悼自立传道士李叔青先生（《通问报：耶稣教家庭新闻》1908 年 327 期）；北京之西国传道士（《兴华》1915 年 39 期）；一千九百十八年五月三十一号南京中西传道士交谊会摄影于金陵神学（《神学志》1918 年 3 期）；传道士之妻（《末世牧声》1922 年 3 期）；传道士的人才和薪俸问题（《生命》1924 年 9 期）；南印度本地传道士送来的好消息（《圣工季刊》1937 年 2 期）；传道士的预备（《传道者》1947 年 1 期）。《汉语大词典》未收“传道士”，收“传教士”“传教师”。

【地底铁道】地下铁道。美国纽约地底铁道（《月月小说》1906 年 1 期）；美国地底铁道之女警察（《妇女杂志》1918 年 1 期）；伦敦地底铁道指示路径之自动地图（《东方杂志》1920 年 14 期）；伦敦地底铁道罢工称有转机（《国际公报》1924 年 30 期）；莫斯科地底铁道（《京沪沪杭甬铁路日刊》1937 年 1817 期）；欧美大都市的地底铁道（《市政评论》1947 年 11 期）。《汉语大词典》未收“地底铁道”，收“地下铁道”。

【东方病夫】东亚病夫。东方病夫之伴侣（《万国公报》1903 年 174 期）；东方病夫听者（《广益丛报》1910 年 240 期）；东方病夫之问题（《时兆月报》1919 年 10 期）；此疾不除东方病夫之陋名终不能除（《申报》1928 年 11 月 3 日）；名副其实的东方病夫（《互助》1934 年 6 期）；我国过去之失败历受列强帝国主义之压迫与东方病夫之恶谥法实亦大有关系在焉（《申报》1947 年 12 月 6 日）。《汉语大词典》未收“东方病夫”，收“东亚病夫”。

【飞行师】飞行员。罕引希亲王谒飞行师时之摄影（《协和报》1911年37期）；交通部飞行师飞行奖励金章程（《交通公报》1929年100期）；副飞行师进级章程（《交通公报》1929年100期）；飞行师有幸有不幸（《飞报》1932年168期）；飞行师陈文麟表演飞行技术摄影（《新天津画报》1935年71期）；苏联北极探险中之名飞行师（《新中华》1937年15期）；中国女飞行师（《联合画报》1943年22期）。《汉语大词典》未收“飞行师”，收“飞行员”。

【工业制品】工业产品。访求各处工业制品（《申报》1905年4月2日）；工业制品除有特别发明准予照章呈请专利其年限之例除先批准有效外一律废止由（《中华全国商会联合会会报》1916年9期）；美国工业制品畅销各国之概况（《交通公报》1924年547期）；工业制品成本计算表（《财政日刊》1937年2746期）；经济部公布华侨工业制品证明规则（《立信月报》1941年1期）；利用X光以检验工业制品（《天下》1948年61期）。《汉语大词典》未收“工业制品”，收“工业产品”“工业品”。

【红血轮】红血球。红血轮白血轮（《万国公报》1881年646期）；罗威医生创制红血轮补血补脑神品（《申报》1908年1月4日）；红血轮中之新发明（《进步》1914年3期）；红血轮之多寡与年龄之大小成正比例（《申报》1922年12月25日）；复方血色素糖浆（简称红血轮补药）（《药和化学》1939年9期）；扑灭疟原虫重建红血轮（《申报》1943年5月23日）。《汉语大词典》未收“红血轮”，收“红血球”。

【极东】远东。极东贸易之将来（《知新报》1898年77期）；极东之现状（《政艺通报》1902年7期）；五大强国极东政策（《游学译编》1903年5期）；极东问题之满洲问题（《新民丛报》1903年35期）；驻沪日领邀请四名医赴日出席极东热带病学会（《医药学》1925年11期）；苏维埃联邦极东政策方向的转换（《革命与战斗》1933年2期）。《汉语大词典》未收“极东”，收“远东”。

【妓艇】妓航。两广总督张札饬禁绝妓艇及撤销花捐文（《南洋官报》

1909 年 4 期)；粤督禁绝妓艇及花捐札文（《广益丛报》1909 年 196 期)；妓艇拿获革绅（《图画日报》1910 年 359 期)；广州市公安局修正取缔妓馆妓艇及娼妓规则（《广州市市政公报》1926 年 226 期)；福建省管理妓馆妓艇规则（《福建省政府公报》1937 年 725 期)；妓艇与尼姑庵（《风云》1940 年 2 期)。《汉语大词典》未收“妓艇”，收“妓航”“花船”。

【料理店】料理铺。日本所谓料理店即中国酒楼也（《申报》1893 年 10 月 20 日)；料理店之广设（《申报》1908 年 5 月 10 日)；中国料理店（《留东新闻》1935 年 19 期)；北京秀色三川韩式料理店（《中国建筑装饰装修》2004 年 10 期)。《汉语大词典》未收“料理店”，收“料理铺”。

【领港船】引航船。拍卖领港船一只（《申报》1873 年 3 月 15 日)；在吴淞口外领港船处见日本巡舰二艘（《申报》1905 年 5 月 30 日)；图示英吉利海峡之领港船引导外国商轮赴检查站受检（《大美周报》1940 年 45 期)。《汉语大词典》未收“领港船”，收“引航船”“引水船”。

【龙银】龙洋。抑勒龙银《湘报》1898 年 144 期；自铸之龙银（《申报》1898 年 4 月 8 日)；汕头废止七兑改用龙银为本位之商榷（《商学月刊》1925 年 37 期)；维持汕市龙银价格之我见（《商学月刊》1925 年 37 期)；再论废止七兑改用龙银为本位之意见（《商学月刊》1925 年 38 期)。《汉语大词典》未收“龙银”，收“龙洋”。

【年初一】大年初一。明年年初一对你虔虔诚诚拜了一个年罢（《申报》1908 年 3 月 23 日)；年初一贺年之花片纷至沓来（《新世纪》1909 年 82 期)；文艺：年初一（《江苏广播双周刊》1935 年 14 期)；年初一进捕房拜年（《舞风》1938 年 2 期)；从年三十到年初一（《职业生活》1940 年 17 期)。《汉语大词典》未收“年初一”，收“大年初一”。

【欧米】欧美。译欧米百家随笔（《东亚报》1898 年 1 期)；欧米诸国女子之体育（《江苏》1903 年 1 期)；欧米列强之对清贸易政策（《法政杂志》1906 年 5 期)；欧米列国之现状与民治（《河南》1908 年 4 期)；最近欧米财政经济（《时事月刊》1921 年 2 期)；欧米视察谈（《教育杂志》1929 年 3 期)；中日经济接近与欧米之嫉妒（《太平洋月刊》1935 年 3

期)。《汉语大词典》未收“欧米”，收“欧美”。

【票券】票据。遗失票券(《申报》1878年9月13日)；票券篇一(《湖北商务报》1902年124期)；美国纽约票券交易所(《中国商业杂志》1910年2期)；呈本局接收移交折内两种票券情形由(《实业杂志》1917年16期)；驻京直鲁军用票券管理局通告(《政府公报》1926年3614期)；令中山公园委员会为呈送票券请加盖府章由(《北平特别市市政公报》1929年2期)。《汉语大词典》未收“票券”，收“票据”。

【蓄音机】留声机。蓄音机之大利用(《理学杂志》1906年2期)；摇篮上有蓄音机(《申报》1909年12月18日)；电灯蓄音机发明家爱迭孙(《学生》1916年7期)；无线电蓄音机(《申报》1925年5月23日)；乐器蓄音机并其各部及附属品(《商标公报》1936年80期)。《汉语大词典》未收“蓄音机”，收“留声机”“留声器”“留音机”“录音机”。

【有机物】有机体。有机物原质之鉴别法(《普通学报》1901年1期)；有机物为胶性的物质(《同济杂志》1921年1期)；有机物腐败预防法(《潮州留省学会年刊》1924年1期)；土壤中有机物的效能(《女师学生》1929年13期)；关于土壤有机物的几种化学反应(《农声》1935年184)。《汉语大词典》未收“有机物”，收“有机体”。

【自来水笔】钢笔。自来水笔每枝洋一元(《申报》1910年8月21日)；平常笔杆自来水笔(《英语周刊》1916年63期)；自制自来水笔(《家庭常识》1918年2期)；世界上最小的自来水笔(《少年》1925年6期)；自来水笔谈(《联益之友》1931年79期)；自来水笔的制造及其近况(《职业生活》1940年25期)。《汉语大词典》未收“自来水笔”，收“钢笔”。

二、未收甲，但收与之类义的乙。例如：

【白祸】白色人种对其他人种的祸害。澳洲之白祸(《大陆》1905年17期)；论白祸(《外交报》1905年22期)；白祸史(《东方杂志》1913年3期)；白祸呢？黄祸呢？(《台湾民报》1925年80期)；白祸重于黄祸

（《再生》1947 年 152 期）。《汉语大词典》未收“白祸”，但收“黄祸”。

【白血轮】白血球。白血轮（《万国公报》1881 年 646 期）；华人白血轮之检察（《同济》1918 年 1 期）；检查白血轮与伤寒症之关系及手续（《同德医学》1921 年 2 期）；白血轮功用之新发明（《科学》1923 年 2 期）；白血轮放大六百倍以后的情形（《学生杂志》1928 年 6 期）；白血轮是什么？有什么功用呢？（《黄县民友》1933 年 42 期）。《汉语大词典》未收“白血轮”，收“红血球”。

【报界】报刊界。报界一斑（《清议报》1901 年 100 期）；学界报界之风潮（《经济丛编》1903 年 29 期）；浙江报界（《北洋官报》1903 年 104 期）；论俄罗斯反对报界之政策（《鹭江报》1904 年 62 期）；奉告报界诸君（《敝帚千金》1906 年 11 期）；孙中山对于报界之演说（《九澧共和报》1912 年 3 期）；世界报界大会会长之游华（《时报图画周刊》1921 年 77 期）；美报界主笔夫妇笔战（《宇宙文摘》1948 年 9 期）。《汉语大词典》未收“报界”，收“文界”“诗界”“学界”。

【北洋大臣】北洋通商大臣。请开北方利源总公司条议上北洋大臣（《万国公报》1897 年 103 期）；上海议设女学堂禀北洋大臣稿（《湘报》1898 年 6 期）；北洋大臣遵选京旗官弁分遣各学堂肄业奏咨全稿（《北洋官报》1903 年 57 期）；北洋大臣袁南洋大臣端会奏调用留学生变通旧章折（《南洋官报》1907 年 82 期）；谢调直隶总督兼北洋大臣疏（《南洋官报》1911 年 145 期）。《汉语大词典》未收“北洋大臣”，收“南洋大臣”。

【出口货】运送到国外的货物。出口货清单（《万国公报》1874 年 316 期）；论中国出口货（《湖北商务报》1899 年 1 期）；中国出口货与进口货之比较（《安徽官报》1905 年 16 期）；英国出口货减少（《北洋官报》1911 年 2930 期）；天津出口货之增加（《民心周报》1920 年 24 期）；华北各港出口货一律免征出口税（《工商法规》1949 年 33 期）。《汉语大词典》未收“出口货”，收“进口货”。

【触雷】①舰船等接触到了水雷等爆炸物而引起危险。货船触雷（《点石斋画报》1894 年 388 期）；俄舰触雷（《东方杂志》1905 年 8 期）；俄国轮船触雷报告（《北洋官报》1906年1185期）；日邮船“照国丸”触雷沉没（《保险界》1939年23期）；桂海轮触雷广州湾（《四明周报》1947年32期）；触雷乎？气缸爆炸乎？真相不日可明（《上海宁波周报》1949年52期）。②人或物体遭受雷电而引起危险。美飞机触雷坠落之惨剧（《航空杂志》1929年5期）；树下避雨，触雷毙命（《新电界》1933年6期）。③比喻接触到危险或遭受到阻碍。触雷国大代表决定蛮干，虽受党纪处分在所不计（《针报》1948年162期）；粤省触雷代表飞京，强硬到底绝不退让（《电报》1948年173期）；新理监事会“触雷”吗？（《经济导报》1948年75期）；和平触雷，传系对付宋子文（《大众新闻》1949年5期）；傍上富婆小帅哥京城触雷（《天下情》2005年5期）；雷曼兄弟破产，银行理财触雷（《科学投资》2008年10期）。《汉语大词典》未收“触雷”，收“触电”。

【大毛子】洋鬼子。义和拳称外国人为大毛子（《国民日日报汇编》1904年4期）；黄种看见白种，常常骂道，这是大毛子！大毛子!![1]（《申报》1908年1月20日）；大概大毛子便是洋人了（《申报》1931年1月26日）；大毛子二毛子合论（《文艺杂志》1946年5期）。《汉语大词典》未收“大毛子”，收“二毛子”和“老毛子”“洋毛子”“洋鬼”“毛子”。

【顶小】最小。世界上顶小的国（《绍兴白话报》1903年12期）；世界顶大的钟顶小的表（《少年》1911年2期）；世界顶大共顶小的书（《少年》1911年5期）；世界顶小的学校（《少年》1912年10期）；然后由顶小的椅凳上阶梯而上（《展望》1940年14期）；顶小的小宝宝（《国民杂志》1942年4期）。《汉语大词典》未收“顶小”，收“顶大”。

【定性分析】依据主观判断分析能力来推断事物的性质和发展趋势的分析方法。定性分析（《亚泉杂志》1900年4期）；定性分析之豫试法（《医药学报》1908年10期）；山东高等师范学校理化班定性分析实验摄影（《学生》1915年2期）；镍矿之定性分析法（《矿业》1919年2期）；

---

① 此处原文有标点，感叹号为新式标点，且标点叠用，也是值得关注的语言文字现象。

定量分析与定性分析（《医学周刊集》1929年2卷）。《汉语大词典》未收“定性分析”，收“定量分析”。

【岛民】住在岛上的居民。岛民陋俗（《中西闻见录》1874年18期）；岛民闹事（《点石斋画报》1885年49期）；古巴岛民反抗美国（《清议报》1899年6期）；葡军与岛民交战（《东方杂志》1911年7期）；二十世纪射猎之岛民（《进步》1915年1期）；食生鱼之岛民（《大陆画报》1934年2期）；新几内亚岛民痛悼飞行神父葛佛罹难（《神职月刊》1949年2期）。《汉语大词典》未收“岛民”，收“山民”。

【腹压】腹部压力。腹式呼吸及腹压增进法（《医药学报》1911年8期）；诱起反射性的腹压（《申报》1933年3月13日）；对加腹压助产的经验教训（《辽宁中级医刊》1981年8期）；徒手旋转并加腹压处理持续性枕后位38例体会（《中原医刊》1996年3期）；改良无张力疝修补术治疗腹压增高病人42例（《山西医科大学学报》2003年4期）。《汉语大词典》未收“腹压”，收“血压”。

【高音】①发音体振动快速而频率高的音。新式高音海军德律风（《东亚报》1898年2期）；高音德律风（《万国公报》1905年201期）；高音电话机（《大同报》1914年42期）；开洛新式高音器（《无线电新报》1929年2期）；化学药品可为高音声浪所变（《导光》1933年1期）；市公安局发布通告取缔高音喇叭（《重庆环境保护》1980年3期）。②乐谱中高于基础音的音。俄国歌舞班两位高音歌者（《天津商报画刊》1932年20期）；天津女高音独唱家胡启英女士（《中华》1937年51期）；花腔女高音陈丽清将开歌唱会（《海潮周报》1946年32期）；评女高音歌唱家章之宝（《音乐生活》1980年4期）。《汉语大词典》未收“高音”，收“低音”。

【共犯】①共同犯罪分子。共犯八名（《申报》1873年7月24日）；共犯人犯应分别护送（《申报》1910年6月13日）；一件令饬严缉共犯陈朝汝务获究办由（《浙江公报》1913年655期）；共犯将执行或病危可通知检厅迅先取供（《法律周报》1915年99期）；妇女亦得为强奸罪共犯函

（《司法公报》1918年89期）；大杉案共犯全被起诉（《法律周刊》1923年18期）。②共同犯罪。父子共犯加一等治罪（《申报》1875年4月1日）；孙全贵系该犯胞叔共犯侵损于人（《申报》1899年11月1日）；刑诉条例第二二条第二款之共犯第四款之各别犯罪第三款之同谋犯罪名解释（《上海律师公会报告书》1922年5期）；共犯之商榷（《北京朝阳大学旬刊》1925年17期）；二人以上共犯奸淫罪致人死伤与科刑法条（《法律评论》1926年12期）。《汉语大词典》未收“共犯”，收“累犯”“首犯”。

【光力】光能。光力制物（《知新报》1899年99期）；光力时代之萌芽（《万国公报》1904年187期）；光力传动（《真光月报》1905年2期）；太阳之对比光力（《理学杂志》1907年6期）；光力问题（《交大月刊》1929年2期）；光力自动发报机（《新少年》1936年1期）；麻烦博士测量人体暴露在阳光中所受的光力究竟有多少（《科学画报》1943年6期）。《汉语大词典》未收“光力”，收“电力”“磁力”。

【国家社会主义】一种企图利用旧国家政权进行社会改良的资产阶级思想。国家社会主义实行于奥大利（《新民丛报》1903年25期）；实行国家社会主义（《财政经济杂志》1914年1期）；无政府共产主义与国家社会主义（《每周评论》1919年18期）；述国家社会主义（《醒狮》1927年152期）；介绍德国国家社会主义劳动党党纲（《东方公论》1932年72期）；日本国家社会主义论（《现代社会》1932年2期）；关于德国国家社会主义之书籍（《东方杂志》1934年21期）；国家社会主义的始祖柏拉图（《读者文摘》1946年2期）；对“国家社会主义”的反思（《学习与探索》1989年3期）；论20世纪30年代国家社会主义的内涵（《清华大学学报》2009年6期）。《汉语大词典》未收“国家社会主义”，收“国家资本主义”。

【航商】从事航务的商人。航商踊跃开会（《北洋官报》1905年828期）；商会航商又赴商部具控（《大同报》1907年13期）；日本航商（《万国商业月报》1908年6期）；论商船公会与航商之关系（《福建商业公报》1911年24期）；盐商与航商之交涉（《盐政杂志》1913年4期）；湖北建设厅训令济襄轮船局航商张文祥为令发祥云汽船执照饬即转发由（《湖北建设月刊》1929 年 11 期）；渔商航商组织华东渔业公司（《工商半月刊》1934 年 5 期）；我航商准备抵制日轮（《经济导报》1948 年 82 期）；香港航商看好中国造船业（《编译参考》1982 年 5 期）。《汉语大词典》未收“航商”，收“木商”“盐商”。

【合众国】具有相对独立的几个邦或州联合组成一中央政府的国家。合众国长老会年会纪略（《中西教会报》1893 年 35 期）；新立中美洲合众国（《万国公报》1899 年 121 期）；北美合众国之娘子军（《小说林》1907 年 8 期）；合众国国情调查（《东方杂志》1920 年 24 期）；合众国金融潮（《钱业月报》1933 年 4 期）；苏美报纸对欧洲合众国之反响（《中美周报》1948 年 274 期）。《汉语大词典》未收“合众国”，收“独立国”“共和国”。

【红酒】发酵的果酒。红酒有益于白酒（《格致新报》1898 年 16 期）；杯中红酒（《半月》1924 年 21 期）；饮吧这杯红酒（《大众文艺》1930 年 4 期）；图示法军正进晚餐佐以常备之著名红酒（《大美周报》1940 年 54 期）；胜利的红酒（《世界文学（北京）》1983 年 6 期）；西瓜红酒的酿制工艺（《食品工业科技》2003 年 8 期）。《汉语大词典》未收“红酒”，收“白酒”。

【淮军】晚清李鸿章招募淮勇编练的军队。主体来自安徽江淮一带，故名。淮军马队三营（《申报》1872 年 12 月 9 日）；淮军奉调（《北洋官报》1903 年 66 期）；直督袁奏淮军积欠商款无力筹还请援案给奖以昭大信折（《北洋官报》1906 年 935 期）；派充淮军右路马队一营管带（《北洋官报》1911 年 2996 期）；淮军义冢（《小说月报》1924 年 7 期）；从淮军的教习到武右军的兵（《宇宙风》1938 年 57 期）。《汉语大词典》未收“淮军”，收“湘军”“湘勇”。

【黄皮书】某些国家的政府、议会和国际组织等公开发表的有关政治、外交、财政、科技等重大问题的文件。封面用黄色，故名。论蓝皮书黄皮书（《外交报》1903 年 19 期）；仿办黄皮书专记外交（《江西官报》1905

年18期)；黄皮书与蓝皮书（《学林》1922年6期)；蓝皮书黄皮书白皮书（《读书生活》1935年8期)；德政府又发表黄皮书（《更生》1940年1期)。《汉语大词典》未收“黄皮书”，收“白皮书”“红皮书”“蓝皮书”。

【季报】①季度报告。中国海关第一百十五次季报（《时务报》1898年54期)；光绪三十年驻美纽约领事署夏季季报（《商务报》1905年43期)；财政局催造季报（《大同报》1910年15期)；各省司法收入留用各费审判厅季报总册（《司法公报》1914年1期)；哈尔滨等处防疫医院十二年第四十五次季报送请备案呈（《外交公报》1924年33期)；英国对华及香港输出第二次季报（《中行月刊》1932年2期)。②季刊。福建去毒总社季报发刊词（《福建去毒总社季报》1907年1期)；《新学书院季报》1913年第2期目录（《新学书院季报》1913年2期)；为留美学生季报征文启（《留美学生季报》1915年4期)；原文载弗吉尼亚评论季报夏季号（《文汇周报》1943年21期)。《汉语大词典》未收“季报”，收“月报”。

【金曜】星期五。记东京金曜讲演会（《天义》1907年8期)；每值金曜学生必大扫除（《申报》1909年10月18日)；上周金曜午后教务长在礼堂训话（《沈阳高等师范学校周刊》1921年34期)：九月十四日（金曜）厕所会议（《进修半月刊》1935年6期)；从火曜到金曜：为爱朗读（《美文》2014年3期)。《汉语大词典》未收“金曜”，收“日曜”“月曜”“木曜”“水曜”“火曜”“土曜”。

【旅团】①一种军队编制。俄兵一旅团侵入伊犁（《新民丛报》1905年21期)；俄国：铁道旅团（《南洋兵事杂志》1907年12期)；日本新添两旅团（《南洋兵事杂志》1909年41期)；通令苏军各旅团营服装器具毋任损失（《江苏省公报》1912年10期)；此图乃波军一旅团在未离华沙之前行阅兵式（《时报图画周刊》1920年11期)；东三省裁兵会议，决定采用旅团制（《军事杂志》1929年7期)；令本部各署厅、各军事机关、各军各师各独立旅团：为抄发陆空军将士请奖事绩调查表仰转饬一体遵照由（《军政公报》1930年83期)；足敌一个旅团的漫画（《军事杂志》1933

年 50 期)；南浔线我歼敌两旅团（《民教指导》1938 年 3 期)；德国军官与挪威第四旅团司令商谈招降之情形（《大美周报》1940 年 56 期)。②旅行团。法国游历罗玛旅团成绩书（《善导报》1914 年 14 期)；鄂省高等师范旅团来沪（《教育周报》1917 年 166 期)；旅团行程预测（《兴华》1935 年 29 期)。《汉语大词典》未收“旅团”，收“师团”。

【民庭】民事法庭。高等审判厅民庭庭长谢桐森（《申报》1909 年 12 月 11 日)；直隶提法司详保定地方审判厅民庭庭长委员升充文并批（《北洋官报》1911 年 2950 期)；大理院民庭开庭审理案件日时通告（《政府公报》1912 年 149 期)；奉天高等审判厅民庭公开审判案件日期通告（《奉天公报》1915 年 1314 期)；京高审厅刑二庭改组临时民庭（《法律评论》1927 年 4 期)；民庭总会决议录（《司法黔报》1948 年 38 期)。《汉语大词典》未收“民庭”，收“刑庭”“刑事法庭”“刑事审判庭”。

【奴隶社会】以奴隶制为主的社会形态。奴隶社会恶习日甚一日（《申报》1910 年 3 月 19 日)；中国奴隶社会的批判（《历史科学》1933 年 5 期)；中国奴隶社会与封建社会之比较研究（《文化批判》1934 年 6 期)；中国的奴隶社会（《新中国》1934 年 3 期)；从奴隶社会到封建社会的转化（《哲学》1941 年 2 期)。《汉语大词典》未收“奴隶社会”，收“原始社会”“封建社会”。

【石器时代】考古学对早期人类历史分期的第一个时代，即从出现人类到青铜器的出现。太古石器时代（《申报》1907 年 7 月 16 日)；石器时代一变就变成一个铜器时代（《申报》1909 年 8 月 20 日)；石器时代前之人种（《大中华》1916 年 3 期)；中国之石器时代（《博物杂志》1920 年 2 期)；俄中部发见石器时代遗迹（《河南实业公报》1926 年 4 期)；华北出土之石器时代古陶器（《北洋画报》1927 年 147 期)；村石器时代遗址之圆窑（《美术丛刊》1932 年 2 期)。《汉语大词典》未收“石器时代”，收“铜器时代”“青铜时代”“铁器时代”。

【胸围】胸部周围的长度。胸围宽窄各有定式当兵年限各有定额（《申报》1894 年 12 月 31 日)；胸围须二尺一寸以上（《申报》1906 年 1 月 19

日）；身量重量及胸围度量之报告书（《齐鲁医刊》1923 年 3 期）；胸围与呼吸差之比较（《统计月报》1934 年 3 期）；测量胸围（《松花江》1947 年 4 期）。《汉语大词典》未收“胸围”，收“腰围”。

【阳电】①正电。隐藏于万物中者有阴电阳电之别（《申报》1890 年 3 月 23 日）；玻棒所生之电曰阳电（《直隶教育杂志》1906 年 8 期）；记者足下兹有读者理科书上曾云阳电与阴电互相接近往往发电声放电光有震坏房屋之灾等（《少年》1914 年 2 期）；积雨云荷着阳电（《科学画报》1936 年 1 期）。②公开的电报。阳电转行外部（《申报》1905 年 5 月 26 日）；本年六月初九日接准度支部阳电（《申报》1910 年 9 月 12 日）；北京阳电：临时大总统命令（《福建公报》1913 年 358 期）；将军衔督理新疆军务杨增新呈察罕通古战事出力人员请奖补录阳电由（《政府公报》1914 年 869 期）；司法部复江西高等审判厅阳电（附来电）（《政府公报》1917 年 693 期）；援闽粤军总司令兼潮梅军务督办陈炯明驳冯国璋阳电之通电（《军政府公报》1918 年 61 期）；孙中山辞总裁之阳电（《川局促定会会刊》1919 年 1 期）；大元帅致上海海军林司令阳电（《陆海军大元帅大本营公报》1923 年 11 期）。《汉语大词典》未收“阳电”，收“阴电”。

【野炮】用于野战的一种火炮。日本野炮之利用（《振华五日大事记》1907 年 47 期）；咨准粤军兼习野炮（《南洋兵事杂志》1909 年 40 期）；电陈新军附编野炮（《北洋官报》1909 年 2116 期）；日本三八式野炮之研究（《浙江兵事杂志》1916 年 27 期）；德国野炮兵一团一旅之演习（《军范旬刊》1926 年 14 期）。《汉语大词典》未收“野炮”，收“山炮”。

【支行】银行等机构的分支。分设支行（《申报》1892 年 2 月 26 日）；奏请添设大清银行支行（《大同报》1908 年 5 期）；汇业银行将设青岛支行（《农商公报》1918 年 2 期）；支行等级之规定（《中国银行通信录》1919 年 46 期）；添设郑州支行（《兴业邮乘》1932 年 1 期）；成立宿迁支行（《农行月刊》1934 年 5 期）。《汉语大词典》未收“支行”，收“分行”。

三、其他可以收的比较常见的词语。例如：

【X 光】 X 射线。X 光能放积电（《知新报》1897 年 2 期）；创用 X 光机器（《东方杂志》1909 年 9 期）；X 光捉贼（《实业旬报》1919 年 4 期）；X 光之发明（《天鹏》1928 年 4 期）；阴极线与 X 光（《扬州中学校刊》1930 年 51 期）；X 光感应表（《每月科学》1942 年 1 期）。《汉语大词典》未收“X 光”，《现代汉语词典》（第 7 版）收此词。

【X 线】 X 射线。X 线闪光（《大陆》1903 年 2 期）；X 线之疗治白发（《浙江潮》1903 年 8 期）；X 线可判合金之构造（《矿业》1923 年 7 期）；X 线鉴定胎儿性别新法（《世界杂志》1931 年 2 期）；X 线眼镜发明（《吾友》1944 年 33 期）。《汉语大词典》未收“X 线”，《现代汉语词典》（第 7 版）收此词。

【爱国主义】 指对祖国的忠诚和热爱的思想。演说借款之利害与抵制之方法因及于爱国主义并国民应担之责任应尽之义务（《申报》1907 年 11 月 4 日）；爱国主义（《福州青年会报》1911 年 2 期）；爱国主义与平民（《兴华》1919 年 8 期）；学校应否提倡爱国主义（《湖南教育杂志》1922 年 11 期）；利己主义与爱国主义（《评论之评论》1933 年 24 期）；托尔斯泰的爱国主义（《文学月报》1940 年 1 期）。《汉语大词典》未收“爱国主义”，《现代汉语词典》（第 7 版）收此词。

【白喉】 病原体是白喉杆菌的传染病。白喉条辨自叙（《利济学堂报》1897 年 15 期）；白喉证辨（《湘报》1898 年 127 期）；论白喉抉微忌表之误会（《神州医药学报》1914 年 1 期）；警告患白喉者（《绍兴医药学报星期增刊》1921 年 53 期）；治时疫白喉方（《晋民快览》1924 年 3 期）；白喉治法沿革要略（《医学杂志》1931 年 61 期）。《汉语大词典》未收“白喉”，《现代汉语词典》（第 7 版）收此词。

【白开水】 不加茶叶或其他东西的开水。食药法于瘾未来前用白开水送下（《申报》1873 年 8 月 6 日）；用白开水送服（《申报》1904 年 12 月 21 日）；饮茶呢？还是喝白开水？（《儿童杂志》1934 年 36 期）；白开水也是药（《力行通讯》1946年2期）；第三杯是白开水（《山西文学》1993年3期）。《汉语大词典》未收“白开水”，《现代汉语词典》（第7版）收此词。

【百科全书】记述人类一切知识门类或某一知识门类的工具书。英国百科全书原本（《学部官报》1906年4期）；英文百科全书评论（《寰球中国学生报》1907年5期）；零碎百科全书（《进步》1912年2期）；中学世界百科全书出版（《商业杂志》1926年2期）；百科全书的一角（《民智月报》1932年7期）。《汉语大词典》未收“百科全书”，《现代汉语词典》（第7版）收此词。

【办学】兴办学校。抽捐办学（《北洋官报》1903年22期）；办学无难（《振华五日大事记》1907年13期）；会奏核议陕西高等学堂办学人员奖励折（《学部官报》1909年107期）；呈请回籍办学之指令（《江苏省公报》1912年42期）；直隶请奖办学出力之官绅（《中华教育界》1915年12期）；东北政务委员会催令各旗办学（《蒙旗旬刊》1930年19期）；熊纯如先生的办学理想（《教育通讯》1943年30期）。《汉语大词典》未收“办学”，《现代汉语词典》（第7版）收此词。

【保费】保险费。战时保费（《四川官报》1904年3期）；大富保寿单缴付保费之便利（《华安》1911年8期）；收取保费手续（《铁路协会会报》1920年96期）；人民应付之寿险保费不应视为所得（《太安丰保险界》1936年14期）；地中海与黑海航行兵险保费增加（《保险界》1940年10期）。《汉语大词典》未收“保险”，《现代汉语词典》（第7版）收此词。

【报业】报纸出版业。报业幼稚（《广益丛报》1908年185期）；报业统计（《教育杂志》1909年9期）；本会地址及报业已交涉妥当（《北京大学日刊》1921年899期）；中国报业应有之觉悟（《寰球中国学生会周刊》1926年234期）；世界报业大观（《报学月刊》1929年1期）；现代报业管理之任务（《中外月刊》1936年2期）。《汉语大词典》未收“报业”，《现代汉语词典》（第7版）收此词。

【步枪】单兵用的枪管较长的枪。后膛步枪一千杆（《申报》1884年6月28日）；批准改领新式步枪（《北洋官报》1906年1119期）；赴部呈验新式步枪（《南洋兵事杂志》1909年29期）；步枪射击术教育之研究（《兵事杂志》1918年55期）；新发明之自动步枪（《武铎》1924年3期）；我军步枪击日军之飞机（《战地摄影》1932年6期）；世界步枪机枪之现状（《民鸣周刊》1935年1期）。《汉语大词典》未收“步枪”，《现代汉语词典》（第7版）收此词。

【常设】长期设立。常设博物会制物（《万国公报》1876年418期）；论国民无常设机关之可惧（《预备立宪公会报》1908年10期）；常设国际司法裁判院之成立（《时事月刊》1921年10期）；修正国际裁判常设法庭规约议定书（《外交部公报》1930年7期）；院会指派本学期常设委员会（《之江校刊》1936年82期）；国际道路会议常设协会在巴黎开会（《现代公路》1948年6期）。《汉语大词典》未收“常设”，《现代汉语词典》（第7版）收此词。

【抄送】抄录送交。右稿抄送（《申报》1875年1月4日）；驻日英使抄送致日本外部大臣信（《外交报》1902年8期）；咨请各省抄送新章（《北洋官报》1907年1536期）；咨四川巡按使抄送川省留学欧美官费生调查表各一份文（《教育公报》1915年3期）；教育部训令令行准内务部抄送注册小说清单文（《通俗教育丛刊》1921年12期）；本署函复铨叙部秘书处抄送组织章程一份由（《长岳关月刊》1931年1期）；重大行车事变电报须抄送京锡运输段及南京办事处（《运务周报》1946年8期）。《汉语大词典》未收“抄送”，《现代汉语词典》（第7版）收此词。

【沉陷】地面或建筑物的基础陷下去。井亭沉陷（《申报》1872年10月7日）；地震沉陷（《益闻录》1892年1191期）；沉陷中的比萨斜塔（《学生杂志》1929年4期）；为翻修公路时倘有轨道沉陷之处应即提高由（《北平特别市市政公报》1930年37期）；南春沉陷路基准雇临工赶做（《浙赣路讯》1949年467期）。《汉语大词典》未收“沉陷”，《现代汉语词典》（第7版）收此词。

【承建】 承担建筑任务或承包并修建。承建织布局房屋（《申报》1894年1月29日）；承建马路（《萃报》1897年10期）；华俄道胜银行承建由正定至太原之铁路（《外交报》1902年29期）；承建中央公园网球场案（《广州市市政公报》1928年285期）；榕记公司承建市石公路车站工程合约（《番禺县政旬刊》1933年19期）；李彩元承建环园公路（《东镇乡报》1948年41期）；对承建新型船舶工作的探讨（《船舶经济贸易》1989年6期）。《汉语大词典》未收“承建”，《现代汉语词典》（第7版）收此词。

【船长】 船舶上的总负责人。船长又请警官派出巡查访其缘由（《申报》1887年1月21日）；勇士奋战毙鳄鱼，船长多情救海客（《新小说》1904年10期）；三百回往复大西洋面之船长（《舆论时事报图画》1910年12期）；船长责任论（《交通月刊》1918年17期）；楚泰船长眷属来校参观（《集美周刊》1926年129期）；船长怎样用太阳来定路线（《科学画报》1934年18期）；巨人船长（《诗创作》1942年12期）。《汉语大词典》未收“船长”，《现代汉语词典》（第7版）收此词。

【穿刺】 为了诊断或治疗，用特制的针刺入体腔或器官而抽出液体或组织。制腐的注射并穿刺法（《函授新医学讲义》1911年12期）；改造之腰椎穿刺器（《东亚医学》1922年5期）；静脉穿刺及自身血清治疗之意义（《民众医报》1931年8期）；淋巴腺穿刺（《民生医药》1942年71期）。《汉语大词典》未收“穿刺”，《现代汉语词典》（第7版）收此词。

【磁铁】 用钢或合金钢经过磁化制成的磁体。起重磁铁之用法（《万国商业月报》1909年16期）；地球与磁铁（《童子声》1914年3期）；怎样做成磁铁（《儿童世界》1926年7期）；磁铁正负极之测验法（《无线电问答汇刊》1932年5期）；怎样加强永久磁铁之磁力（《电世界》1949年9期）。《汉语大词典》未收“磁铁”，《现代汉语词典》（第7版）收此词。

【从刑】 附加刑。刑分为主刑及从刑（《申报》1909年3月18日）；奉部饬复判从刑为更正之判决（《江苏省公报》1915年390期）；从刑部分不随主刑为加减（《司法公报》1917年75期）；呈一件为呈请通令办理大赦从刑应随主刑减轻以符法令由（《河南司法公报》1932年23期）；褫夺公权之从刑应并予赦免令（《法令周刊》1947 年 20 期）。《汉语大词典》未收“从刑”，《现代汉语词典》（第 7 版）收此词。

【催眠术】 催眠的方法。人力催眠术（《知新报》1898 年 53 期）；催眠术能疗酒癖（《大陆》1904 年 6 期）；粤警道因停止催眠术讲习所咨覆藩司文（《江南警务杂志》1910 年 6 期）；催眠术之用途及本会之目的（《心灵》1916 年 4 期）；催眠术之研究（《同济杂志》1923 年 22 期）；催眠术的研究（《广州公教青年月报》1933 年 17 期）；催眠术与精神病治疗（《新中华》1945 年 1 期）。《汉语大词典》未收“催眠术”，《现代汉语词典》（第 7 版）收此词。

【电镀】 利用电解作用在金属等的表面上均匀地附上薄薄一层别的金属或合金。电镀铁线（《知新报》1897 年 20 期）；铝之电镀用液（《商务报》1904 年 8 期）；电镀滥觞（《直隶实业杂志》1914 年 11 期）；电镀工场之设备（《电气》1919 年 26 期）；电镀的程序（《中学生》1930 年 8 期）；电镀实习报告（《河北省立工业学院学报》1937 年 3 期）；钨及钨合金的电镀（《化学世界》1948 年 3 期）。《汉语大词典》未收“电镀”，《现代汉语词典》（第 7 版）收此词。

【独家】 单独一家。本号独家发兑（《申报》1879 年 8 月 10 日）；今由小行独家创办（《申报》1898 年 11 月 13 日）；上海禅臣洋行独家经理德国盛麦尔香料厂价目表（《化学工艺》1922 年 2 期）；美国礼来药厂独家监制（《广济医刊》1929 年 2 期）；经费约二百余万元该公司未允独家担任（《金融周报》1936 年 1 期）；独家发行中国及好莱坞（《中外影讯》1946 年 20 期）。《汉语大词典》未收“独家”，《现代汉语词典》（第 7 版）收此词。

【儿科】 主要医治儿童疾病的科学。儿科刍言（《绍兴医药学报》1908 年 6 期）；儿科经验良方详解（《中西医学报》1912 年 24 期）；阅者诸君欲得儿科秘书乎（《卫生公报》1918 年 22 期）；本会通函各处医界同人征求儿科医生兼教员之意见（《医学杂志》1923 年 16 期）；儿科临床常用处方例集（《新医医报》1933 年 10 期）；儿科更新（《平民医药周报》1943

年4期)。《汉语大词典》未收"概说",《现代汉语词典》(第7版)收此词。

【概说】 概括的叙述。教育分类概说(《经济丛编》1903年31期);测绘学概说(《南洋兵事杂志》1907年8期);内脏外科概说(《中西医学报》1912年20期);读音统一会公定国音字母之概说(《东方杂志》1914年8期);外国汇兑概说(《银行周报》1921年25期);社会心理学概说(《教育杂志》1926年4期);公路车辆概说(《交大季刊》1934年14期);古器物学概说(《历史与考古》1946年1期)。《汉语大词典》未收"概说",《现代汉语词典》(第7版)收此词。

【甘蓝】 十字花科一年生或两年生草本植物。甘蓝栽培法(《农学报》1899年54期);甘蓝种植(《农工商报》1908年37期);栽种结球甘蓝说(《江苏省公报》1917年1450期);甘蓝类之研究(《科学》1930年12期);甘蓝黑腐病(《园艺》1937年2期);甘蓝开花习性之调查(《农学》1941年5期)。《汉语大词典》未收"甘蓝",《现代汉语词典》(第7版)收此词。

【高等动物】 一般指身体结构复杂、组织和器官分化显著并具有脊椎的动物。高等动物自有生之处而至成长时期(《清议报》1900年55期);与高等动物之有类人猿者较之(《申报》1908年2月5日);高等动物之处女生殖(《妇女杂志》1919年6期);高等动物的组织(《科学画报》1935年11期);下等动物与高等动物(《时代学生》1949年5期)。《汉语大词典》未收"高等动物",《现代汉语词典》(第7版)收此词。

【高跷】 民间舞蹈,表演者踩着有踏脚装置的木棍,边走边表演。兰盆会有灯彩高跷云阁诸戏(《申报》1876年8月28日);高跷肇祸(《点石斋画报》1896年442期);陆军学生扮演高跷之奇闻(《图画日报》1910年209期);高跷探敌(《小说画报》1919年20期);运动会中之高跷比力(《文华》1929年5期);儿童节纪念大会中本校之高跷表演(《实验教育》1935年2期);民众庆祝大会装扮高跷情形(《青冈月刊》1942年3期)。《汉语大词典》未收"高跷",《现代汉语词典》(第7版)收此词。

【工矿】工业和矿业。工矿两则（《商务报》1904年34期）；工矿学生实地练习（《北洋官报》1910年2473期）；中华工矿业联合会之组织（《实业杂志》1924年83期）；工矿调整处内迁厂矿复工办法（《新经济》1938年1期）；经济部拟兴建工矿大楼（《工业月刊》1944年2期）。《汉语大词典》未收"工矿"，《现代汉语词典》（第7版）收此词。

【化学肥料】化肥。新出化学肥料（《农工商报》1908年45期）；化学肥料之施用法（《广东劝业报》1909年91期）；采用化学肥料之日增（《中华实业界》1914年6期）；日本进口化学肥料（《中外经济周刊》1927年201期）；化学肥料与中国农业（《东方杂志》1929年6期）；浙江省化学肥料批发行商登记办法（《新农村》1933年2期）；分配化学肥料（《行总农渔》1946年3期）。《汉语大词典》未收"高化学肥料"，《现代汉语词典》（第7版）收此词。

【汇价】汇率。银钱汇价（《工商学报》1898年5期）；英印通商关于汇价涨落情形（《湖北商务报》1899年5期）；欧战以来纽约伦敦汇价之变迁（《科学》1919年1期）；日金汇价之前途与其金融之大势（《中外经济周刊》1926年170期）；汇价近远期差额之消灭（《银行周报》1934年37期）；物价汇价论（《金融知识》1942年3期）。《汉语大词典》未收"汇价"，《现代汉语词典》（第7版）收此词。

【火场】失火的现场。到火场时已聚有五千余人（《申报》1874年5月5日）；缮呈火场救护规则（《北洋官报》1907年1518期）；火场救灾规则（《浙江官报》1911年31期）；命案犯竟出现火场（《新黎里》1923年11期）；虬江路馨德里火场余烬犹未全熄（《图画时报》1932年790期）；上海市公安局取缔火险公估行收拾火场暂行办法（《上海市政府公报》1936年174期）；火场尸体检验法（《红绿灯》1948年15期）。《汉语大词典》未收"火场"，《现代汉语词典》（第7版）收此词。

【击落】击打下来。故意将福田之小帽击落（《申报》1876年4月21日）；徐探举手阻之致将小的所携洋银击落于地（《申报》1901年8月1

日）；俄国飞行机被德奥军队击落图（《兵事杂志》1915年14期）；击落航空机的高射炮（《妇女杂志》1928年9期）；我军击落日机之壮观（《天津商报画刊》1932年11期）；在晋北击落大批日机之残骸（《战事画刊》1937年14期）；英机袭德西部被击落廿架（《新天津画报》1943年29期）。《汉语大词典》未收“击落”，《现代汉语词典》（第7版）收此词。

【间接税】从出售商品或服务性行业中征收的税。凡税目有二一曰直接税一曰间接税（《申报》1901年9月11日）；直接税与间接税之利害（《民国汇报》1913年1期）；法国间接税之成绩（《铁路协会会报》1921年107期）；直接税间接税的区别及其优劣（《平明杂志》1932年12期）；从间接税到直接税（《国闻周报》1937年26期）；抗战以来之我国间接税（《财政知识》1943年3期）。《汉语大词典》未收“间接税”，《现代汉语词典》（第7版）收此词。

【健身】使身体健康。健身会（《东吴月报》1907年10期）；健身长命之捷径（《中西医学报》1913年10期）；健身房开幕（《青年进步》1918年9期）；写字为健身之法（《广益杂志》1919年2期）；欲健身者不可不读（《常识》1928年98期）；德国女子的冬季健身运动（《妇女杂志》1931年10期）；上海健身学院的健儿们（《健力美》1942年2期）。《汉语大词典》未收“健身”，《现代汉语词典》（第7版）收此词。

【结语】结束语。电文之结语（《申报》1906年6月20日）；自治谈结语（《宪志日刊》1910年1期）；卷尾结语（《海关华员联合会月刊》1928年12期）；完卷结语（《大夏周报》1933年30期）；关于“教育上的矛盾现象的讨论”的结语（《教育短波》1936年74期）；联合国工作报告的结语（《新妇女》1947年5期）。《汉语大词典》未收“结语”，《现代汉语词典》（第7版）收此词。

【截至】截止到。借款系截至去年（《北京新闻汇报》1901年4月）；督宪批戒烟查验所详自开办起截至本年八月止办过成绩统计表式文（《四川官报》1910年24期）；吴县等十邑带征水利经费支出表（截至八年四月底止）（《江苏水利协会杂志》1919年5期）；三月份薪金待领，星期六截至下午三时止（《交通大学日刊》1929 年 29 期）；选举十大名人截至本礼拜日各人所得票数（《兴华》1931 年 25 期）；三十一年税收截至十月底超额三百余万元（《新税政》1942 年 4 期）。《汉语大词典》未收“截至”，《现代汉语词典》（第 7 版）收此词。

【解禁】解除禁令。论解禁输出中国米事（《湖北商务报》1901 年 91 期）；论中国谷米输出解禁（《外交报》1902 年 3 期）；美国金货之解禁（《银行周报》1919 年 23 期）；棉纱输出解禁（《民心周报》1920 年 23 期）；伦敦起募外债之解禁与英国对外投资资力问题（《中外经济周刊》1926 年 145 期）；苏省米麦解禁（《中央银行月报》1933 年 8 期）；林达黛妮儿夜生活解禁（《好莱坞》1941 年 108 期）。《汉语大词典》未收“解禁”，《现代汉语词典》（第 7 版）收此词。

【解析几何】用代数方法解决几何学问题的几何学分支。彭觐圭呈解析几何书改正再呈批（《学部官报》1910 年 138 期）；解析几何初步序（《京师教育报》1914 年 4 期）；解析几何纲要（《师范教育》1922 年 2 期）；从解析几何到微积分（《五声》1932 年 2 期）；初等解析几何面积之综合观（《数学教育》1947 年 2 期）。《汉语大词典》未收“解析几何”，《现代汉语词典》（第 7 版）收此词。

【金字塔】用石头建成的三面或多面的角锥体，远看像汉字的“金”字。埃及金字塔（《新民丛报》1902 年 20 期）；金字塔之毁坏（《通问报：耶稣教家庭新闻》1906 年 229 期）；再建大金字塔之费用（《东方杂志》1910 年 4 期）；埃及金字塔附近之风景（《图画时报》1927 年 342 期）；新发现的金字塔（《上海画报》1930 年 581 期）；金字塔与克里孟梭（《青年世界》1946 年 9 期）。《汉语大词典》未收“金字塔”，《现代汉语词典》（第 7 版）收此词。

【乱象】混乱的现象。论法国宗教之乱象（《外交报》1902 年 19 期）；俄国之乱象（《万国公报》1906 年 204 期）；印度之乱象（《协和报》1915 年 20 期）；陈光远电陈西南乱象（《兴华》1920 年 14 期）；西班牙之乱象（《世界周报》1929 年 11 期）；华北乱象的张本（《中国学生》1935 年 11

期）。《汉语大词典》未收“乱象”，《现代汉语词典》（第 7 版）收此词。

【判决书】法院根据判决写成的文书。家屋税判决书（《东方杂志》1906 年 13 期）；国风日报上告判决书（《法学会杂志》1911 年 4 期）；刘廉彬案判决书（《法律周刊》1923 年 24 期）；军政部判决书（《军政公报》1932 年 142 期）；贵州高等法院刑事庭判决书（《贵州高等法院公报》1948 年 121 期）；对一份判决书的推敲（《西南政法学院学报》1981 年 3 期）。《汉语大词典》未收“判决书”，《现代汉语词典》（第 7 版）收此词。

【陪审员】参加陪审的人员。更换陪审员者（《政艺通报》1906 年 13 期）；留美侨商被举陪审员（《时报图画周刊》1920 年 29 期）；英美陪审员渐改袒护女犯之夙弊（《法律评论》1924 年 35 期）；律师和陪审员（《法学新报》1928 年 29 期）；女陪审员抱子听审（《英华独立周报》1931 年 40 期）；香港政府准妇女充任陪审员（《法律评论》1947 年 4 期）。《汉语大词典》未收“陪审员”，《现代汉语词典》（第 7 版）收此词。①

【盆栽】在花盆里栽种。盆栽之梅近二千（《申报》1894 年 2 月 13 日）；温州蜜柑盆栽法问答（《农学报》1898 年 26 期）；竹类盆栽法（《中华妇女界》1915 年 8 期）；石榴盆栽法（《中华妇女界》1916 年 5 期）；中西果木花卉盆栽法（《农趣》1926 年 18 期）；省民教馆之盆栽瓶花展览会（《民间周报》1935 年 109 期）；秋菊盆栽保养法（《农业生产》1948 年 10 期）；试论河姆渡盆栽五叶纹植物（《农业考古》1991 年 1 期）。《汉语大词典》未收“盆栽”，《现代汉语词典》（第 7 版）收此词。

【侵权】侵犯、损害他人的合法权益。侵权受罚（《新闻报》1899 年 8 月 12 日）；滇督电告法人侵权（《广益丛报》1907 年 148 期）；天津县城议事会禀自治总局议长副议长侵权违章情形文（《北洋官报》1910 年 2618 期）；外交官之不可侵权与治外法权（《世界大势》1919 年 23 期）；侵权行为与契约不履行（《法律评论》1925 年 2 期）；民法上之侵权行为与债

---

① 《现代汉语词典》（第 7 版）收录“陪审员”，释义为“人民陪审员的简称”，即“我国司法机关从人民群众中吸收的参加审判的人员”。

务不履行之研究（《新建设》1935 年 9 期）；关于侵权行为的国际私法问题（《中华法学杂志》1945 年 3 期）。《汉语大词典》未收“侵权”，《现代汉语词典》（第 7 版）收此词。

【锐减】急剧减少或下降。莺粟之收成过歉本土遂致锐减（《申报》1877 年 12 月 31 日）；外国生铁入口之锐减（《万国商业月报》1908 年 9 期）；日货输入奉天之锐减（《中华全国商会联合会会报》1915 年 9 期）；美石油产额锐减（《银行月刊》1925 年 8 期）；华蛋输出锐减（《检验月刊》1933 年 7 期）；美学生锐减（《新天津画报》1943 年 28 期）；台湾蔗糖香蕉产量锐减（《人民日报》1982 年 6 月 25 日）。《汉语大词典》未收“锐减”，《现代汉语词典》（第 7 版）收此词。

【杀菌】杀灭病菌。烟草有杀菌之力（《新民丛报》1903 年 31 期）；廉价安全之新杀菌消毒法（《学报》1907 年 3 期）；牛乳杀菌之新法（《中华实业界》1914 年 7 期）；杀菌与防腐之原理及其应用（《实业杂志》1922 年 54 期）；葱蒜内所发现之杀菌物质（《北大化讯》1944 年 4 期）。《汉语大词典》未收“杀菌”，《现代汉语词典》（第 7 版）收此词。

【实测】实际测量。非当时实测也（《六合丛谈》1857 年 5 号）；邮部高等实业学生来杭实测西湖详情（《教育杂志》1909 年 10 期）；实测塔里木盆地图（《地学杂志》1910 年 6 期）；目视太阳大小之实测（《进步》1916 年 6 期）；冰山速度实测中之监冰船摩藉布号（《海事》1929 年 5 期）；黄陵庙实测断面图（《扬子江水道季刊》1933 年 2 期）；各地经纬度实测录（《测量杂志》1946 年 4 期）。《汉语大词典》未收“实测”，《现代汉语词典》（第 7 版）收此词。

【随军】跟随军队。德国随军狗（《时务报》1896 年 6 期）；议设随军医院（《北洋官报》1905 年 555 期）；中国社会党随军宣讲队草章（《社会杂志》1911 年 4 期）；俄国随军至战地之女医生（《东方杂志》1916 年 6 期）；丙寅秋随军赴易州登城楼有感（《会报》1927 年 22 期）；随军杂记（《清华副刊》1933 年 10 期）；唤醒抗战将士五寨县情报班制就各种宣传品派员随军宣传（《山西通讯》1941 年 17 期）。《汉语大词典》未收“随军”，《现代汉语词典》（第7版）收此词。

【提前】把预定的时间往前移。提前考试（《益闻录》1882年139期）；提前还款（《万国公报》1902年156期）；又批霍邱县禀请将投票提前办理文（《安徽官报》1909年45期）；呈一件恳请提前录用由（《交通月刊》1918年23期）；提前售票（《铁路协会会报》1921年107期）；粤汉路湘段提前开工（《山东省建设月刊》1931年2期）；毕业试定期举行转系试提前办理（《广州大学校刊》1946年16期）。《汉语大词典》未收“提前”，《现代汉语词典》（第7版）收此词。

【效果】由某种力量、做法或因素产生的结果。国家变更所生国际法上之效果（《申报》1902年12月7日）；新政之效果（《教育杂志》1905年18期）；俄人禁酒后所收之效果（《新民报》1916年10期）；小协约国会议之圆满效果（《国际公报》1924年8期）；增征银税之効果（《华年》1935年1期）；渝黄金存款之效果（《新商业》1945年5期）；百家争鸣的效果（《人民日报》1957年2月19日）。《汉语大词典》未收“效果”，《现代汉语词典》（第7版）收此词。

【星期日】星期天。十九日适逢星期日（《申报》1888年9月4日）；星期日（《理学杂志》1906年1期）；本署司郭札饬各学堂嗣后学生每月功课不及格或请假旷课过多酌令于星期日禁假补习文（《云南教育官报》1909年19期）；约友星期日旅行书（《宝山教育界》1914年2期）；星期日休业之流弊（《侨务》1922年49期）；理化研究会星期日班会员统计表（《民众教育》1930年11期）；一个快乐的星期日（《吾友》1941年26期）。《汉语大词典》未收“星期日”，《现代汉语词典》（第7版）收此词。

【休止符】乐谱中用来表示音乐停顿时间长短的符号。音符及休止符（《科学一斑》1907年3期）；○休止符也（《申报》1917年3月9日）；休止符的价值（《音乐教育》1933年4期）；何谓休止符（《音乐与教育》1947年4期）；论休止符（《音乐评论》1948年32期）。《汉语大词典》未收“休止符”，《现代汉语词典》（第7版）收此词。

【血浆】血液中除血细胞、血小板之外的部分。血浆之组成（《申报》1906年12月17日）；自马之静脉管中刺取血浆之图（《东方杂志》1913年5期）；血浆与脑弱症受华斯验表影响之译义（《医药杂志》1921年1期）；采血浆法（《自然界》1932年1期）；治疗休克之血浆代用品明胶及粘胶溶液（《中华医学杂志》1945年6期）。《汉语大词典》未收“血浆”，《现代汉语词典》（第7版）收此词。

【用户】指某些设备、商品、服务的使用者或消费者。此管可以出租于人由人转售各用户（《申报》1883年5月2日）；河南官办电话局电话用户职业分类表（《邮传部交通统计表》1907年“电政下”）；上海闸北水电厂详送十月被欠水电用户细数清册（《江苏省公报》1916年763期）；复电话用户联合会函（《上海总商会月报》1925年5期）；增加用户的法子（《新电界》1931年9期）；重庆自来水公司通告用户节约用水及夜间多储水量（《西南实业通讯》1940年6期）。《汉语大词典》未收“用户”，《现代汉语词典》（第7版）收此词。

【忧郁症】抑郁症。七情忧郁症（《申报》1908年7月14日）；女人咖啡忧郁症（《春色》1935年2期）；谈青年的忧郁症（《妇女生活》1937年8期）；忧郁症治疗剂（《新医药观》1942年1期）。《汉语大词典》未收“忧郁症”，《现代汉语词典》（第7版）收此词。

【与会】参加会议。与会之人（《申报》1872年9月6日）；邻邦与会（《女子世界》1904年11期）；英首相赴意与会（《欧战实报》1916年53期）；日人丝业仍反对与会（《纺织时报》1933年1013期）；友谊印刷厂新厂落成典礼与会记（《友谊》1948年4期）；本市自然科学家座谈会结束明确了三个根本问题与会者将回本单位继续参加反右派斗争（《解放日报》1957年7月23日）；1958年南宁会议与会人员考（《上海党史与党建》2017年8期）。《汉语大词典》未收“与会”，《现代汉语词典》（第7版）收此词。

【直接选举】不经过复选直接参加选举。单选法为直接选举（《申报》1906年8月31日）；何谓直接选举间接选举并概论其利弊（《北洋官报》

1907年1322期)；美总统直接选举之提案（《国际公报》1922年3期)；本路消费合作社直接选举（《工训周刊》1934年145期)；何谓直接选举与间接选举?(《乡政》1946年1期)。《汉语大词典》未收“直接选举”，《现代汉语词典》(第7版）收此词。

【制式】规定的式样或程序。军舰制式（《申报》1897年11月1日)；机关炮之制式及使用法（《南洋兵事杂志》1909年31期)；无线电话之秘密制式（《广西大学周刊》1934年7期)；为非军事机关学校人员一律不得着用军人同样制式服装仰即知照并饬属知照由（《沈阳市政府公报》1947年2期)。《汉语大词典》未收“制式”，《现代汉语词典》(第7版)收此词。

【著作人】编书或写文章的人。著作物出版应由著作人发行人联名呈报(《申报》1910年12月31日)；解释报纸条例所称编辑人与出版法所称著作人函(《司法公报》1917年76期)；著作人协会之发起(《读书月刊》1931年5期)；著作人的严罚（《民众文学》1926年15期)；中国著作人协会理监事名单（《出版界》1945年1期)；坚决保护著作人的合法权益(《光明日报》1983年5月23日)。《汉语大词典》未收“著作人”，《现代汉语词典》(第7版）收此词。

【主币】本位货币。金银铜三品交相为用而以金为主币(《申报》1901年10月23日)；用银元为主币之电奏（《大同报》1908年4期)；维持主币定价办法说帖（《财政月刊》1916年33期)；南京总商会呈皖厂滥铸低质辅币暨改筹新主币请转咨饬令停铸并通令扣留惩办（《江苏省公报》1923年3236期)；清史稿不载七钱三分之主币（《泉币》1943年18期)。《汉语大词典》未收“主币”，《现代汉语词典》(第7版）收此词。

【走读生】不在学校住宿的学生。添招走读生十人膳宿生二十人(《申报》1906年7月26日)；各校走读生到校参差不齐以致不能按时授课应如何设法维持案（《安徽教育月刊》1919年21期)；走读生代表会（《南开双周》1928年4期)；举行升旗礼时走读生无故不到者以旷课论令仰各校遵照（《河南省政府公报》1935年1326期)；本期走读生办法之规定

(《安庆女中校刊》1937年11期)。《汉语大词典》未收“走读生”,《现代汉语词典》(第7版)收此词。

除上述例子外,《汉语大词典》词条漏收的可能还有:①“X光线、阿剌伯数字、阿斯必林(阿司匹林)、啊呀呀(啊呀)、哀的买敦(哀的美敦书、哀的美顿书)、哀克司电光、爱德(仁德、爱心)、爱国公债(国债、公债)、爱国性、爱克司光、爱克司光线、爱克司射光、爱邻如己、爱人忘己、爱斯泼拉特语(世界语)、安贝(安培)、安全服(救生衣、安全帽)、澳门票(白鸽票)、八大行星、八股匠(教书匠)、八足鱼(八角鱼、章鱼)、巴西烟(雪茄)、罢兰地(白兰地)、霸工(罢工)、霸卖、白话报、白话小说(白话戏、白话文、白话诗)、白兰地酒(白兰地)、白兰提(白兰地)、白兰提酒(白兰地)、白蓝地(白兰地)、白蓝地酒(白兰地)、白轮(红血球)、白煤(无烟煤)、白煤炭(无烟煤)、白色人种、白种人、百斯笃(鼠疫)、百斯脱(鼠疫)、摆样子(摆样)、败菌(病菌)、搬运筐、阪道、板纸、办事处、办事室(办公室)、半日学堂、半日学校、半夜学堂(夜校、夜学)、帮匪(土匪)、帮费、帮侣(帮手、伴侣)、帮长、傍听生、磅金(金镑)、包工人(包工头)、包购、包茎(包皮)、包皮线、包月租费(包月、租费)、宝架(十字架)、保安民教、保赤院(保育院)、保护金(保证金)、保护贸易、保护税、保教安民、保金(保证金)、保商、保寿(人寿、寿险)、保险包裹(保价邮件)、保险单(保单)、保险会社(保险公司)、保险金、保险衣(救生衣)、保种、报国宝券(宝券、国库券)、报例(文例)、报论(社论、社说)、报律、报务1、报务2、报学、报员(报人)、铇削、暴低(暴跌)、暴妄(残暴、狂妄)、暴状(惨状)、爆发药(爆裂药、炸药)、爆烈弹(爆裂弹)、爆伤(枪伤、烫伤)、卑劣根性(劣根性)、背进(后进)、被保护国(保护

---

① 建议收录,但词典有自己的收词原则,是否是词、是否收录,都需具体考量。所列词条均有比较高的复现率,有的加括号,括号外为《汉语大词典》未收词条,括号内为已收词条,作为提示与参考。例如,“阿斯必林(阿司匹林)”表示未收“阿斯必林”,已收“阿司匹林”。其他类似。

国)、被服品（被服)、被选举（选举、被选举权)、被选举人（选举、被选举权)、被选举员（选举、被选举权)、本科生、本课（本科)、崩炸(爆炸)、绷带品（绷带)、逼妇为娼（逼良为娼)、逼妻为娼（逼良为娼)、逼媳为娼（逼良为娼)、笔袋（口袋)、笔算术（笔算、算术)、币价（币值)、币模（字模)、币政（币制)、毕业班、毕业礼、毕业凭、毕业券、毕业式、毕业员（毕业生)、毕业者（毕业生)、毕业证书、哔叽呢(哔叽)、避雷、避难所、避疫丸、编定（编订)、编缉社（编辑部)、编辑室、编辑所、编辑人（编辑)、编辑员（编辑)、编书局（书局)、编译局、编译书局（书局)、编译图书局（书局)、变光星（变星)、便士、表坠、殡式（葬仪、丧仪、葬礼)、冰麒麟（冰淇淋)、冰洋（北冰洋)、兵器厂（兵工厂)、兵生、兵艘（兵舰)、兵学馆（军校)、兵学堂（军校)、病理学（生理学)、玻棒、玻璃管（试管)、玻璃镜、玻璃片、玻璃品、玻璃瓶、玻璃器、玻璃罩（灯罩)、玻瓶、玻器、玻筒（试管)、勃蓝地(白兰地)、勃蓝地酒（白兰地)、博览馆（博览会、博物馆)、博览园(博览会、博物馆)、博物房（博物馆)、博物会（博览会、博物馆)、博物家（博物学家)、博物品（博物、展览品)、博物学（博物学家)、博物苑（博物院、博物馆)、补闻、补习班（速成班)、补习生、补血汁、补招(补考)、补助金、补助费、捕获品（捕获)、捕鲸船、捕捉风影（捕风捉影)、步兵枪、步操（军操)、步行家、簿据（簿记、票据)、擦牙粉（牙粉)、擦油（润滑油)、藏储室、财产税、财款、裁兵节费、裁兵节饷、裁判长（裁判官)、裁员节费、裁仲（仲裁)、采票（彩票)、彩单（彩票)、菜饼（豆饼)、菜厂（菜场)、菜市场（菜场)、参考书籍（参考书)、参考物（展览品)、参考用书（参考书)、参考资料（参考书)、参谋官（参谋)、参谋长（参谋)、参事会、参事员（参事)、参议员 1（议员)、参议员 2（议员)、参赞官（参赞)、参赞员（参赞)、惨话、惨闻、操法、操服（操衣)、操员、曹达水（苏打)、漕平银、草纲、草稿纸（稿纸)、草帽边（草缏、草辫)、草帽编（草缏、草辫)、草帽缏（草缏、草辫)、草帽辫（草缏、草辫)、草煤（草炭)、草章、测勘（勘测)、测时器（钟表）、测霜表（湿度表）、层成炮、插班生、插袋（口袋）、茶精、茶厘、茶素、查账（查帐）、产出额（产额）、产出量（产量）、产数（产额）、娼妇女（娼妇）、娼捐（花捐）、娼院（妓院）、肠瘭（伤寒）、肠热病（伤寒）、肠热症（伤寒）、肠窒扶斯（伤寒）、常备兵（常备军）、常帽（常服）、常年会（常会）、偿款（赔款）、厂工、厂货（土货）、厂矿、厂商、厂丝、厂务、场会（赛会）、倡办（创办）、钞券（钞票）、车董、车力、车首（车头）、车务、掣闭（关闭）、沉海雷船（潜艇、雷船）、沉海战船（潜艇、战船）、陈列场（陈列室）、陈列馆（陈列室）、陈列所（陈列室）、成绩单、成绩品、成年教育（成人教育）、齿科医（牙医）、斥办（责办）、赤字社（红十字会、赤十字会）、饬设（饬令）、冲洗 1（冲刷）、冲洗 2（冲刷）、铳剑（铳枪、刺刀）、抽气筒、仇教、仇学、仇洋、筹助（筹募）、出产额（产额）、出产品（产品、生产品）、出产税、出境税（出口税）、出口品（进口货）、出品人、出品税（出口税）、出品物（进口货）、出入货（进口货）、出入口（进出口）、出洋生（留学生）、初等动物（低等动物）、初等小学堂（初等小学）、初等小学校（初等小学）、初具规模、初小学堂（初等小学、初级小学）、初选（复选、初赛）、初选举（复选、初赛）、厨工（厨师）、厨架（橱柜）、处遇、储藏室、储金、储蓄银行、储药库、传道人（传教士）、传道者（传教士）、传声机（传声器）、传声机器（传声器）、传书蜂（传信鸟、传书鸽）、传信鸽（传信鸟、传书鸽）、船班（航班）、船机（轮机）、船牌、船艺、船照、创办人（创始人）、炊食车（餐车）、纯碱（火碱、苏打）、慈善家、词别（词类）、磁工（瓦工）、磁货（磁器）、磁气（磁力）、磁气力（磁力）、磁石力（磁力）、磁石气（磁力）、次官（次长）、次课（专科）、丛钞（丛刊）、丛谭（丛谈）、粗具规模、村町（村镇）、村董（村长、乡董）、搭坐（乘坐）、答炮（礼炮）、打课、打气筒、大利石（大理石）、大人国（小人国）、大审院、大书院、大统领（总统）、大销（畅销）、大选举（大选）、大学校（大学堂）、大学院（大学堂）、大元（大圆）、代表人、代表团、代表员、代理商（代理人）、代名字（代名词）、代派（代销）、代售（代销）、代议、代议士、代议院、代用物（代用品）、单程票、单级、单细胞体、单性生殖、淡气（氮气）、淡质（氮）、蛋白尿、当选人（当选）、党匪（匪党、匪徒）、党会（党派）、刀匪（会匪）、刀会（大刀会）、导论（导言、绪论）、道德心、得恋（失恋）、得律风（德律风）、德文（中文）、德语（汉语）、德政牌（德政碑）、德政伞（德政碑、万民伞）、灯桴（灯塔）、灯机、灯旗（灯语、旗语）、灯吸、敌军（敌人）、抵抑（抵制）、底饷（底薪）、地底铁路（地下铁道、地铁）、地方捐（地方税）、地方军、地方主义、地方自治、地史、地下铁路（地下铁道、地铁）、地心热力（地热）、地中热力（地热）、地中铁路（地下铁道、地铁）、第二审、第一审、缔禁（禁止）、点钟1（点）、点钟2（小时）、电报员（话务员）、电标（电报）、电传1、电传2（电报）、电词（电报）、电灯玻璃泡（电灯泡）、电灯球（电灯泡、灯球）、电费、电杆、电光灯（电灯）、电光琉璃灯（电灯）、电光影片（电影）、电光影戏馆（电影院）、电化、电话簿、电话号码、电话器（电话机）、电话线（电线）、电机（电动机）、电料、电路、电品（电器）、电气船（电船）、电气机（电动机）、电气扇（电风扇、电气风扇、电扇）、电汽（电气）、电汽车（电气车）、电汽灯（电气灯）、电射灯（电灯）、电诉、电务（电政）、电戏（电影）、电线报（电报）、电线杆、电箱、电养、电衣、电音（电报）、电音器、电影戏（电影）、电原子（电子、原子）、电钟、电字（传真）、垫道木（道木、枕木）、垫木（道木、枕木）、靛麦、丁几（溶液）、町村（乡村）、钉书机器（订书机）、定率、东方病人（东亚病夫）、东式（中式、西式）、东西文、东西洋、东学西渐、东洋语（东语、东洋车）、董员（董事）、动率（速率）、动脉瘤、动物界、动物力、动物院（动物园）、动植物、豆麸、豆腐酱（豆腐乳）、豆规银（规银、规元）、痘疫、毒晶（毒物）、毒质（毒素）、独市、读本书（读本）、赌金（赌资）、赌饷（赌资）、赌业、杜马、短收（短欠）、段长、断发易服、剪辫易服、剪发易服、剃发易服、兑价、趸钞、趸售（趸卖）、舵楼（塔台）、俄文（中文）、俄语（汉语）、厄克斯、恶潮、恶根性（劣根性）、恶核（鼠疫）、恶结果（恶果）、恩物（玩物、玩具）、儿科学（小儿科）、二花面（二花脸）、二院（两院）、发愤为雄（发奋为雄）、发光体、发刊辞（发刊词）、发力机（发动机）、发明家、发贴、发音针（唱针）、法兰绒、法律顾问、法律院（法院）、法理学、法律师（律师）、法条1（发条）、法条2（律条）、法系、法文（中文）、法语（汉语）、珐玛（砝码）、反对党（在野党）、饭碗子（饭碗）、饭匣（饭盒）、防腐（防水）、防疫苗（疫苗）、防御线（防线）、防御战、房税（房捐）、访事者（访事人）、纺织物（丝织品）、飞舰（飞机、飞艇）、飞行兵舰（飞机、飞行机、飞艇）、飞行场（机场）、飞行车（飞机、飞行机）、飞行船（飞船、飞行机、飞艇）、飞行队（飞行员）、飞行机器（飞行机、飞行器、飞机）、飞行家（飞行员）、飞行术、飞行艇（飞行机、飞艇、飞机）、飞行邮政、飞行战艇（飞机、飞行机、飞艇）、飞机船（飞船、飞行机、飞机）、飞机器（飞行机、飞行器、飞机）、飞空机（飞机、飞行机、飞艇）、飞空气船（飞机、飞行机、飞艇）、飞空器（飞行机、飞行器、飞机）、飞雷（飞弹）、飞轮船（飞机、飞船、飞艇）、飞艇家（飞行员）、飞艇器（飞艇、飞行器、飞机）、飞靴、飞邮、飞针机（飞机）、飞筝机（飞机）、飞船家（飞行员）、飞轮车（自行车）、非卖品、非战斗员（战斗员）、肥田料（肥料）、匪耗（凶耗）、肺百斯笃（肺结核）、肥肚佛（弥勒）、肺力（肺活量）、肺量（肺活量）、废约、费额（费用）、分班、分厂（分店、分行）、分火、分科大学（专科学校）、分数榜、分数单、分析室、分银行、分钟、丰旺（丰茂、兴旺）、风机、风性表、封抵（查封、抵押）、封建制（共和制）、疯犬伤（疯犬病）、缝衣机（缝纫机）、讽刺画（漫画）、讽画（漫画）、佛郎克（佛朗、法郎）、否认权（否决权）、敷衍因循（敷衍了事）、浮瓶、浮水衣（救生衣）、浮筒（浮标）、福女（修女）、福首、福寿糕（长寿面、福寿膏）、福音教堂（福音堂）、抚恤费（抚恤金）、付款、妇人科（妇科）、妇人科学（妇科）、附加捐（附加税）、附加刑、附设（附属）、附属学校、附税（附加税）、复活佳节、复活节、复细胞体、复选举（复选）、副睾丸、副教、副教习、副理（总理）、副食物（副食品）、副司

(主司)、副长（总长)、副字（副词)、副总理（总理)、副总统（总统)、钙石（石灰)、钙炭（石灰)、甘油、肝油、杆木、杆线（电线)、敢死会(敢死队)、敢死军（敢死队)、敢死团（敢死队)、感恩函、感叹字（感叹词)、感谢书、感谢信、感谢状、感应词（感叹词)、感应力（感染力)、感语（感言)、干事员（干事人)、干事长（干事人)、刚声、钢饼(钢锭)、钢缆（钢丝)、钢料（钢材)、钢炉（铁炉、炼铁炉)、钢器（钢材)、钢条（钢锭)、钢元（铜元)、钢滓（钢渣)、岗站（岗哨)、港督、高等小学（高级小学)、高等小学堂（高级小学)、高等学堂（高级小学)、高地点（高地)、高级学堂（高等学校)、高级学校（高等学校)、高架、高脚秧歌、高权（国权)、高温度（高温)、高小学（高校、高级小学)、高小学堂（高级小学)、膏伙（膏火)、割症、割症房、割症室、革党1（革命党)、革党2（革命党)、阁钞（阁抄)、格式纸、格物会(格致会)、格纸、更举、工产（工业产品、工业品)、工程厂（工厂)、工程队、工程司（工程师)、工程图、工程员（工程师)、工董局（工部局)、工费、工界（学界、商界)、工局、工品（工业产品、工业品)、工人会（工会)、工商（工商业)、工商品（工业品、商品)、工作房（工房)、攻击点、公倍数（最小公倍数)、公部局（工部局)、公德心（公心)、公董、公董局（工部局)、公断署（法院、警察署)、公断衙门（法院、警察署)、公断员（审判员)、公断院（法院)、公法人（法人)、公共地界（公共租界)、公共心（公心)、公股票（公股)、公花园（公园)、公家花园（公园)、公件（公函、公文)、公教育（义务教育、私学堂)、公界（公共租界)、公脑、公派（公选)、公囿（公园)、公院（公社、公会)、公债票（公债券)、公租（公税)、功课表（课程表)、宫抄（宫门抄)、宫钞（宫门抄)、宫门钞（宫门抄)、勾虫（钩虫)、购带、购换、购领、购票、购物、购运、估单（清单)、古石代（铁器时代)、古时代(古代)、股本银（股金)、股东会（董事会)、股份票（股票)、股券（股票)、股银（股金)、股员1（股东)、股员2（科员)、股长（科长)、股主（股东)、股资（股本)、固定资本（固定资金、固定资产)、拐贩（拐子)、拐匪（拐子)、拐妇（拐子)、拐良为娼（逼良为娼)、拐媒（拐子)、怪胎、怪闻、怪象、怪像、怪状、关货、关平、关平银、关务、关员、官弁（官兵)、官督商办（商办)、官费生（官学生)、官费学生（官学生)、官膏（土膏)、官工、官股（公股)、官话体、官话字母、官假、官款（公款)、官钱票（官票)、官学堂（官学)、官音字母、官银行、官银号、官瘾、官有财产、官有物、馆员、管辖权、管学（监学)、贯横（横贯)、盥所（厕所)、罐诘品（罐头)、罐食（罐头)、罐头食物（罐头)、罐物（罐头)、光带（光谱)、光镜、光浪（光波、声浪)、光热（光能)、光图（光谱)、广消（畅销)、广销（畅销)、龟子龟孙（龟子、龟孙)、轨条（铁轨)、轨线（轨路)、贵族院、滚支（滚利)、棍党（地棍、匪党)、国定、国际贸易（对外贸易)、国际投资（对外贸易)、国家彩票、国家税（国税)、国界碑（界碑)、国界牌（界牌)、国库金（国库券)、国立、国民捐、国炮（礼炮)、国票（官票)、国外投资（外资、对外贸易)、国外资本（外资、对外贸易)、国文典（文典)、国文学（国学)、国友（校友)、国有财产、国种、果露（果汁、果子露)、果物园（果园)、果效（效用)、果油（植物油)、过炉银、哈哈子弟、还本付利、还本付息、海产物（海产)、海程（航程)、海盗船、海底兵轮（潜艇)、海底船（潜艇)、海底潜行船（潜艇)、海底潜行舰（潜艇)、海底潜行艇（潜艇)、海底艇（潜艇)、海底战斗舰（潜艇)、海底战舰（潜艇)、海底战艇（潜艇)、海电、海关两、海关平银、海关税（关税)、海关银、海舰（军舰)、海军港（军港)、海军力（军力)、海军区（军区)、海军生、海口灯（探照灯)、海绵、海内外（海外)、海绒、海上权（海权)、海水浴、海线、海洋公法、海洋洲（大洋洲)、海腰（山腰、海峡)、骇传（骇闻)、函述（函问)、函谢（函问)、韩语（汉语)、寒暖计（温度计)、寒暖燥湿表（温度表)、旱卡（厘卡、路卡)、航空器（飞行器、飞机)、航利、航路（航线)、航轮（海船)、航税、航务（盐务)、航业、毫水（豪银)、好奇心、号灯（信号灯)、号主（店主)、合邦（联邦)、合股公司（股份公司)、合轨（并轨)、合景（合影)、合像（合影)、合众公司

(股份公司)、合资公司(股份公司)、和平会(和会)、曷格司、荷兰薯(马铃薯)、荷兰水(汽水)、核疫(鼠疫)、核子瘟(鼠疫)、贺品(礼品)、褐藻(红藻)、黑笔铅(黑铅)、黑光线、黑祸(黄祸)、黑莓、黑云石(大理石)、黑种人(黑人、黑种)、恨海情天、横译(直译)、轰爆(轰发)、红毛坭(水泥、混凝土)、红十字(红十字会)、红十字公会(红十字会)、红十字救济会(红十字会)、红十字旗(红十字会)、红种(黄种、黑种、白种)、红种人、喉痧症(喉痧、猩红热)、后备兵役(预备役)、后备役(预备役)、后观(反思)、后纪(后记)、后望(反思)、厚利(厚俸)、候补员(候选人)、候补者(候选人)、虎列剌(虎列拉)、互市场(互市)、户捐(户税)、护票(护照)、花笼(花会)、花艇(花船、妓航)、花烟1(花酒)、花烟2(花烟间)、花烟3(花烟间)、花烟灯(花烟间、烟灯)、花烟馆1(花烟间、烟馆)、花烟馆2(花烟间)、花烟妓(花烟间、烟妓)、花烟妓院(花烟间、妓院)、划拨(划拨清算)、华领(华人)、华人街(唐人街)、华生2(华人)、华氏寒暑表(华氏温度计)、华式(中式、西式)、华学(汉学、西学)、华严界(华严世界)、华洋(中外)、华医(中医)、华字(汉字)、化铁炉(炼铁炉)、化学变化、化学工业(化工)、化学现象、化装品(化妆品)、画到(签到)、画资、话费、话局(电话局)、怀中时表(怀表、时表)、怀中时辰表(怀表、时表)、怀中时计(怀表、时计)、淮勇(湘勇)、缓扣(缓征)、幻谈(臆说)、换肾、荒岛(荒原)、荒象(旱象)、皇党(帝党)、黄白人(黄人、白人)、黄帝子孙(炎黄子孙)、黄金时代(黄金世界)、黄色人种(黄种)、黄铜圆(铜圆)、黄炎子孙(炎黄子孙)、灰肥(钾肥)、回教民(穆民)、回教徒(穆民)、毁学、汇表、汇陈所(展览馆)、汇刊(汇编)、汇论(汇编)、汇闻(汇编)、汇要(汇编)、汇译(汇编)、汇志(汇编)、会匪(会党)、会计官(会计师)、会计士(会计师)、会计员(会计师)、会品(展品)、会审公堂(法院)、会食堂(食堂)、会议期(会期)、会议室、会章(会规)、婚继证书、婚律、混成镇(混成旅)、混凝石(混泥土)、混杂物(杂物)、活动量(运动量)、活动写真

（电影）、活动影剧（电影）、活动影戏（电影）、火柴梗（火柴头）、火柴枝（火柴头）、火车票（车票）、火车站（车站）、火花库、火酒灯（煤油灯、汽油灯）、火轮船（火轮）、火山带（火山口）、火山灰（火山口）、火伤（烫伤）、火水油（煤油）、火艇（火船）、火药无烟（无烟火药）、火油船（汽船）、火油灯（煤油灯、汽油灯）、火油瓶、火油自行车（机器脚踏车）、火灾保险（火险）、货捐、货厘、货权、击放（射击）、击剑术（剑术）、机厂、机关报纸（机关报）、机关部（机关）、机磨（石磨）、机器厂、机器车（汽车）、机器房（机房）、机器枪（机关枪）、机器师（机师）、机器靴、机器造人（机器人）、机器制造局（机器局）、机人（机器人）、机物（机械）、机械房（机房）、积聚银行、积量（容量）、积蓄银行、基本金（本金）、基督道（基督教）、基督会（基督教）、基督教堂、基督教徒、基督圣教（基督教）、基督徒、激动力（动力）、吉祥轿、汲水机（抽水机）、急车（快车）、急行汽车（快车）、集款（集资）、集会结社、计抄、计分、计时钟（时钟）、记玷（记过）、记名投票（无记名投票）、记念碑（纪念碑）、记念祠（纪念碑）、记念节（纪念日）、记念品（纪念品）、记念日（纪念日）、记念塔（纪念碑）、记念物（纪念品）、记念邮票、记实（纪实）、记音电话（录音电话）、纪念节（纪念日）、纪念期（纪念日）、纪念塔（纪念碑）、纪念物（纪念品）、纪念邮票、纪元后、纪元前、技艺学校（职业学校）、妓捐（花捐）、妓寮（妓院）、济娼为良（逼良为娼）、济良局（济良所）、寄宿学生（寄宿生）、既得利益、加非（咖啡）、加挂、加蓝（加仑）、加里（苏打）、加薪、珈琲（咖啡）、家派（流派）、家堂佛、家庭教育、家育（家教）、甲装（装甲）、假革（人造革）、假晶（水晶）、假棉（人造棉）、假票（假币）、假丝（人造丝）、假性（真性）、价过连城（价比连城、价重连城、价等连城）、价章（价目）、价涨（涨价）、架子花面（架子花脸）、驾客（乘客）、驾驶员、架啡（咖啡）、间接（直接）、间脑（小脑）、监查员（监理员）、监察员（监理员）、监理官（监理员）、监理人（监理员）、检察官（检察员）、检温器（温度计）、检压器（晴雨计）、简表（简章）、简科（专科）、简说（浅说）、建设者（劳动者）、建议案（议案）、剑鲨、健脑、舰兵、舰船（舰艇、船舰）、舰队官、舰队长、舰炮、舰型、舰员（船员）、舰长、疆界碑（界碑）、讲习会（讲习所）、讲习社（讲习所）、讲学社（讲习所）、讲者、奖单、奖励金（奖金）、奖励品（奖品）、奖励证书（奖状）、奖牌（奖杯）、奖凭（奖状）、奖赏杯（奖杯）、奖赏品（奖品）、交换手、交涉家、胶糊（浆糊）、胶树（橡胶树）、绞毙（枪毙）、脚车（脚踏车）、脚踏小轮（小轮）、缴费、叫人钟（闹钟）、觉魂（灵魂）、轿子车（轿车）、教董1、教董2、教匪（土匪）、教祸（教案）、教科1（学科）、教科2（教科书）、教科本（教科书）、教科图书（教科书）、教科用书（教科书）、教例（教规）、教练官（教官）、教牧师（牧师）、教难（教案）、教品（教具）、教权、教授案（教案）、教授本（教本）、教授法（教法）、教授书（教科书）、教授术（教法）、教书（教科书）、教养局（教养院）、教育官（教官）、教育科（教科）、教育品（教具）、教育书（教科书）、教则（学则）、教桌（课桌）、街基（路基）、节选（节录）、结核菌（结核杆菌）、结婚礼（婚礼）、结婚律（婚姻法）、结婚式、结婚证书、结晶物（结晶体）、结社集会、结束语、解剖学、介绍书（说明书）、介绍员（介绍人）、戒净（戒除）、戒吸烟（戒烟）、金磅（金镑）、金刚砥（金刚石）、金刚钻戒（钻戒）、金刚钻戒指（钻戒）、金刚钻戒子（钻戒）、金钢钻戒（钻戒）、金钢钻戒指（钻戒）、金钢钻戒子（钻戒）、金鸡拿霜（金鸡纳霜）、金鸡哪霜（金鸡纳霜）、金鸡那（金鸡纳霜）、金鸡纳（金鸡纳霜）、金鸡奶（金鸡纳霜）、金奖牌（金牌）、金块（金条）、金类（金属）、金力（财力）、金牌奖（金牌）、金钱主义（拜金主义）、金洋钱（金洋）、金银币（金币）、金银号（银号）、金银库（金库）、金银钱（金钱）、金圆（美元）、津捐（津贴）、紧短（紧缺）、紧严（严紧）、进出差、进出货（进口货）、进出口贸易（对外贸易）、进口货税（进口税）、进口货物（进口货）、近光镜（近光镜子）、近果（近况）、近谈、近象（近况）、禁锢所（禁闭室）、禁售、禁止品（禁物）、经常费（经费）、经济地位、经济革命、经济家、经济界（商界）、经济科

（经济特科）、经济学家、经济专科（经济特科）、经理人（经理）、经手人、经售（经办）、经纬仪（地球仪）、晶矿、精海（血海）、精酒（白酒）、精囊、精神薄弱（精神衰弱）、精糖、警保局（警察署）、警部（警署）、警察官（警官）、警察界（学界、商界）、警察局（警察署）、警察员（警员）、警察长（警长）、警电、警董、警监（学监）、警界（学界、商界）、警区（军区）、警权（军权）、警生、警校（军校）、警装1（警械）、警装2（警服）、警罪、痉咳（百日咳）、竞车（赛车）、竞航、竞马（赛马）、竞跑（赛跑）、竞球、竞争力、敬炮（礼炮）、窘象（窘境）、九八规银（规元）、九八规元（规元）、酒醇（酒精）、酒馆子（酒馆）、酒精灯（煤油灯、汽油灯）、酒捐（酒税）、酒水瓶（酒瓶）、救护衣（救生衣）、救火船（救生船）、救火机（灭火机、灭火器）、救火机器（灭火机、灭火器）、救火器（灭火机、灭火器）、救命圈（救生圈）、救命衣（救生衣）、救生会（救火会、救生局）、救牲会（救火会、救生局）、救世教（基督教、救世军）、救世圣教（基督教、救世军）、救恤金（抚恤金）、救主（救世主）、救助艇（救生艇）、狙击兵（狙击手）、居留地（租借地）、局董、局绅、局外国（局外人）、局外中立、局员（科员）、局长（科长）、举选票（选票）、举员、巨舰、巨款（巨金）、巨轮、拒否权（否决权）、拒外（排外）、剧园（剧院）、剧争（剧战）、剧装（戏装）、锯条（锯子）、捐票（税单）、绢织物（丝织品）、绝东（远东）、军车（警车）、军队主义（军国主义）、军界（学界、商界）、军款（军费）、军票、军事犯（政治犯）、军事费（军费）、军事用（军用）、军械厂（兵工厂）、军械品（军械）、军需品（军需）、军学1（军校）、军学2、军学3、军用票、军用品、军用犬（军犬）、军用手票、军志、君政（君主政体、民政）、君主立宪国（君主国）、君主立宪制（共和制）、君主宪政（君主立宪）、君主制（共和制）、菌毒（病毒）、咖啡店、喀啡（咖啡）、卡路利（卡路里）、开花弹（榴弹炮）、开花炮（榴弹炮）、开会期（会期）、开枪（开炮）、开校（开学）、开院（开学）、刊辞（发刊词）、刊行辞（发刊词）、看护妇（看护）、看护者（看护）、康克利脱（水泥）、抗毒素（抗生素）、抗告（抗诉）、考啡（咖啡）、考卡茵、考录（考取）、苛性（碱性）、课榜（课程表）、课程单（课程表）、课选（文选）、课员（科员）、坑夫（矿工）、坑口（坑子）、空际飞行船（飞机、飞船）、空气艇（飞机、飞艇）、空中船（飞机、飞船）、空中飞板（飞机、飞船）、空中飞船（飞机、飞船）、空中飞行船（飞机、飞船）、空中飞舰（飞机、飞艇）、空中军舰（飞机、飞船）、空中领土（领空）、空中气船（飞机、飞船）、空中汽船（飞机、飞船）、空中铁道（地下铁道、轻轨）、空中铁路（地下铁道、轻轨）、空中艇（飞机、飞艇）、空中战舰（飞机、飞艇）、空中战具（飞机、飞艇）、空中战艇（飞机、飞艇）、空中战争（空战）、孔圣诞、恐水病（狂犬病）、控诉院（法院）、苦列拉（虎列刺）、库平银、裤章（袖章）、快机（快车）、快轮（快船）、快门、快炮（快枪）、快艇（快船）、快游船（快船）、宽轨、矿厂、矿地（矿区）、矿权、矿事（矿物）、矿物晶（矿物）、矿物质（矿物）、矿学师（矿师）、矿源（矿产）、矿约、矿章、矿质（矿物）、亏闭（亏损）、亏倒（亏损）、窥远镜（望远镜）、阔轨、垃圾夫、拉丁语（汉语）、喇叭管（输卵管）、蜡人馆、蜡人院、蜡像院、来电（来信）、来福（来复）、来福枪（来复枪）、览演（展演）、劳动家（劳动者）、老板娘娘（老板娘）、老大国（老大帝国）、老西（老西儿）、乐号队（乐队）、乐灾幸祸（幸灾乐祸）、勒闭（勒派）、雷的姆（镭）、雷迭恩（镭）、雷迭恩（镭）、雷锭（镭）、雷锭恩（镭）、雷艇（鱼雷艇）、镭锭（镭）、累进（增进）、厘务局（厘局）、厘员、理发店、理化科（理化）、理化学（理化）、理工科（理工）、理发匠、理发师、力主、历期（历年、历届）、立方积（方积）、立脚地（立脚点）、立身出世（立身处世）、立宪君主（君主立宪）、立宪君主国（君主国）、立宪制（共和制）、利益均霑（利益均沾）、例典（例会）、连发枪（机关枪）、连续字（连词）、联队、联行（联营）、联合王国（联合国）、联和（联合）、联盟国（同盟国）、联三票（三联单）、联约（合约）、练习簿（笔记本）、炼钢炉（炼铁炉）、炼胶（炼铁）、炼灵（魂灵）、良改（改良）、两等小学（两等小学堂）、两等小学校（两等小学堂)、两等学堂(两等小学堂)、两洋、量电表(电表)、量水表(水表)、量天大镜(天文望远镜)、疗治法(疗法)、料件(料货)、列品(展品、陈列品)、劣败(优胜劣败)、劣败优胜(优胜劣败)、劣等儿(低能儿)、劣等生(低能儿)、烈剧(剧烈)、烈士墓、猎铳(猎枪)、裂皝(枪皝)、淋巴管、淋巴腺、燐寸(火柴)、鳞鳞爪爪(鳞爪)、零积银行、零拾(拾零)、零用费(零用钱)、领港人(领港)、领馆(领事馆、使馆)、领航船(引航船、引水船)、领事署(领事馆)、领署(领事馆)、领袖人(领袖)、领袖员(领袖)、留别会(欢送会)、留声(录音)、留声机器(留声机、留声器)、留声新机(留声机、留声器)、留音机器(留声机、留声器)、留音器(留音机、留声机、留声器、录音机)、流动资本(固定资产、固定资金)、流行文学(流行歌曲)、流行性脑脊髓膜炎(流行性脑膜炎)、多血质(神经质)、胆汁质(神经质)、粘液质(神经质)、狭轨、窄轨、流疫(流行病)、流用(流借)、硫化(氧化)、硫气(煤气)、硫强(强水)、硫强水(强水)、硫酸、柳条布(绉纱)、六烈士(六君子)、龙夫、龙社(救火会)、卢比(先令)、卢布(先令)、陆岛(海岛)、陆战队、路段(地段)、路股、路权、路约、路章、乱耗、乱信、伦根光、伦坚镜、轮船机(轮机)、轮道(航道)、轮帆(轮船)、轮轨(钢轨)、轮舰(轮船)、轮篷(轮船)、论丛、论要、螺机(螺旋桨)、落半旗(下半旗)、旅行费(旅费)、旅行人(旅人)、旅行团、旅民(移民)、旅券、旅外、旅学(游学)、旅栈(旅馆、客栈)、律法官(律师)、律法士(律师)、律士(律师)、绿气(氯气)、绿十字会(红十字会)、略稿(略图)、略况、略史、略谈、略谭、略章(简章)、麻醉药(麻醉剂)、玛啡(吗啡)、吗非(吗啡)、麦霉(麦奴)、麦瘟(鸡瘟)、卖国奴(卖国贼)、卖票房(票房)、卖品(商品)、满汉全席、满奴(洋奴)、毛瑟(毛瑟枪)、贸易额、贸易品、煤灯(煤油灯)、煤夫(矿工、丁夫)、煤工(矿工)、煤焦(焦煤、煤焦油)、煤气炉(煤炉、煤球炉)、煤气燃灯(煤汽灯)、煤汽2、煤汽1(煤气)、煤商(盐商、木商)、煤炭矿、煤铁矿、煤油井(油井)、煤油坑、煤油矿、煤油炉(煤炉、煤球炉、煤油灯)、煤油气灯（煤气灯）、煤栈（货栈、车栈）、煤汁、美术品（工艺品）、美术院、美元（日元）、美圆（日圆）、昧骗（诱骗）、扪虱谈虎（扪虱而谈）、闷毙（枪毙）、蒙馆学（蒙学）、蒙小学（蒙学）、蒙小学堂（小学堂）、蒙小学校（小学堂）、蒙学堂（小学堂）、蒙养学堂（蒙学）、蒙养院（蒙学）、朦串（蒙骗、串通）、猛飞突进（突飞猛进）、锰铁（锰）、秘密投票（无记名投票）、秘书员（秘书）、秘书长（秘书）、蜜箱（蜂箱）、棉货（毛货）、棉丝（棉线、棉纱）、棉制品（棉织品）、免捐（免税）、免厘（免税）、免疫（免疫力）、苗属（苗族）、灭火龙（水龙、灭火器、灭火机）、民党、民费（公费）、民股、民教、民立（民办）、民律（民法）、民事案件（刑事案件）、民事法廷（刑事法庭）、民事法庭（刑事法庭）、民事犯（刑事犯）、民事诉讼（刑事诉讼法）、民事诉讼法（刑事诉讼法）、民廷（刑庭）、民刑、民刑事、名辞（名词）、名利兼取（名利兼收、名利双收）、明灯台（灯塔）、鸣气筒（汽笛）、谬点（优点）、模片（底片）、摩擦力、摩擦量、摩啡（吗啡）、摩天屋（摩天楼）、磨力（阻力）、魔药（麻药）、莫儿比涅（吗啡）、莫啡鸦（吗啡）、嗼啡（吗啡）、嗼啡鸦（吗啡）、嗼啡哑（吗啡）、墨西哥洋（墨银）、墨西哥银（墨银）、墨西哥银元（墨银）、墨洋（墨银）、谋办（谋干）、谋揽（谋斡）、母器、母质、木帮（木商）、木捐（木税）、目镜（眼镜）、牧师娘（牧师）、牧者（牧师）、募债（筹款）、拿手戏（拿手好戏）、纳捐人（纳税人）、男厕、男校（女学）、男学堂、男学校、男装女扮、男子学校、脑脊髓（脑髓）、脑脊髓膜炎（脑膜炎）、脑水肿（脑充血）、闹教（闹丧）、闹捐（闹丧）、闹考（闹丧）、闹矿（闹丧）、闹学（闹丧）、呢革（呢绒）、内阁钞（阁抄）、内阁员（阁员）、内阁总理（总理）、内阁总理大臣（总理）、内径（直径）、内科学（内科）、内政外交、尼可清（尼古丁）、泥罐（陶罐）、泥煤、泥炭、拟筹、拟造、匿名函（匿名信）、匿名函信（匿名信）、匿名揭帖（匿名帖）、匿名揭贴（匿名帖）、匿名信函（匿名信）、年报（月报）、年单（年表）、年费（月费）、年三十夜（年三十、大年夜）、尿水、柠檬水、柠檬汁、牛奶粉（奶粉）、牛奶油（奶油）、牛乳粉（奶粉）、牛乳油（奶油）、牛油皂（肥皂）、农工商（农工）、农货（农产品）、农界（学界、商界）、农区（农场）、农业场（农场）、农园（农场）、奴隶性（奴性）、奴制、暖厂（收容所）、女厕、女科学堂（女学）、女校（女学）、女学生、女学堂、女学校、女子学校、欧陆、欧文（西文）、欧学（西学）、欧亚、爬行动物（两栖动物）、拍球（打球）、排内（排外）、排水、排泄物、排置（布置）、牌瘾（烟瘾）、判裁员（裁判员）、判决书、叛勇（游勇）、叛员（叛徒）、旁听生、旁听员、抛卖（抛售）、抛盘（收盘）、炮队（马队、舰队）、炮术（马术）、陪审、陪审官、配分（分配）、配付（交付）、配签（配置）、配运（起运）、配质（配料）、硼酸、批评语（评语）、砒素（砒霜）、劈牙（门牙、板牙）、皮夹（皮夹子）、皮脂漏、疲败（疲软）、疲滞（疲软）、痞匪（土匪）、片底（底片）、片稿、片假名（假名）、嫖鬼（烟鬼、酒鬼）、票帮（钱庄）、票匦（信箱）、票花（票据）、票举（票选）、票券交易所（证券交易所）、票箱（信箱）、贫儿院（孤儿院）、贫孤院（孤儿院）、平和会（和会）、平假名（假名）、平码、平色、平准学（经济学）、瓶塞、迫良为娼（逼良为娼）、剖割房、剖检（剖治）、铺票（彩票）、菩提酒（葡萄酒）、葡酒（葡萄酒）、葡糖（葡萄糖）、普及教育（义务教育）、骑术（马术）、起动机（发动机）、起重机、气车（汽车）、气船 1（汽船）、气船 2（汽船）、气灯（汽灯）、气笛（汽笛）、气管炎、气管支、气管枝、气锅、气孔、气圈（气团）、气水（汽水）、气艇（气球、飞艇）、气筒 1、气筒 2、气筒 3、汽铲（铲车）、汽车站（车站）、汽罐、汽锅、汽力、汽球艇（汽球、汽艇）、契税（契券）、牵引力、铅板（铅版）、铅画（铅笔画）、签到簿、签名簿、签名册（名册）、签名单（名单）、签印（签字、钤印）、签约（换约）、钤章（钤印）、前程无量（前程万里）、前头窦（前脑）、前途无量（前程万里）、前嫌尽释（尽释前嫌）、前置词（介词）、钱票子（钱票）、潜行船（潜艇）、潜行舰（潜艇）、潜行水雷艇（潜艇）、潜航水雷艇（潜艇）、潜航艇（潜艇）、潜水船（潜艇、潜水艇）、潜水家（潜水员）、潜水雷艇（潜艇、潜水艇）、潜水器（潜艇、潜水艇）、潜水鱼雷艇

（潜艇、潜水艇）、潜水者（潜水员）、枪壳（弹壳）、强迫教育（义务教育）、强制教育（义务教育）、墙头草、溺药（镪水）、侨华、侨商（侨民）、巧妇无米（巧妇难为无米之炊）、切膏（切糕）、切音新字、切音字母、侵公肥己（损公肥私）、亲笔信、轻便铁道（轻轨）、轻便铁路（轻轨）、清表（清册）、清节堂、清末、清算人、清廷、情剧、情天恨海、情育（德育）、请愿书、穷架子（臭架子）、求法（解法）、求瘦（减肥）、泅水池（游泳池）、泅水衣（救生衣，泳衣）、泅水战舰（潜艇、潜水艇）、球葱（洋葱）、球会、球师（球星）、区长、驱遣出界（驱逐出境）、曲本小说、取水机器（抽水机）、取水器（抽水机）、取引所（交易所）、全地（全球）、全权大臣（全权代表）、全权大使（全权代表）、全权公使（全权代表）、全世界、泉笔（钢笔）、拳匪（拳党）、拳乱、劝工、劝工场、劝工局、劝工所、劝商场、劝业场、劝业所、券据（票据）、缺损（缺失）、雀痣班（雀斑）、确传（确息）、群己、群子弹（霰弹）、燃烧炉、热光（冷光）、热伤（烫伤）、热涨冷缩、人浮于工（人浮于事）、人工造雨（人工降雨）、人力快车（人力车）、人力棉（人造棉）、人力丝（人造丝）、人名册（名册）、人命保险（人身保险）、人善被人欺，马善被人骑、人寿保险（人身保险）、人税（人头税、身税）、人造绢（人造丝）、人造绢丝（人造丝）、人造篮（靛蓝）、人造皮（人造毛）、人造石（人造毛）、仁学（社会学）、认筹（认捐）、认可状（委任状）、韧玻璃（毛玻璃）、日币（日元）、日钞（日元）、日光带（光谱）、日记表（日记本）、日记册（日记本）、日文（中文）、日语（东语）、日中黑子（太阳黑子、黑子）、绒呢（呢绒）、熔接（焊接）、熔铁炉（炼铁炉）、融解点、如卵敌石（以卵敌石）、蠕蠕欲动（蠢蠢欲动）、乳冰、乳齿（乳牙）、乳粉（奶粉）、乳油（奶油）、辱国丧权（丧权辱国）、入口货（进口货）、入口税（进口税）、入水（下水）、软玻璃（毛玻璃）、软制玻璃（毛玻璃）、锐第安（镭）、锐质（镭）、洒水电车（洒水车）、撒水车（洒水车）、塞门德（水泥）、塞门德坭（水泥）、塞门德土（水泥）、赛宝会（赛珍会）、赛行（赛船）、赛会场（会场）、赛会品（展览品）、赛马场

(跑马场)、赛品（展品)、赛奇会（赛珍会)、赛枪（赛马)、赛球（赛马)、赛水（赛船)、赛物（展览)、赛物会（赛珍会)、赛珍（展览)、赛走（赛跑)、三大主义（三民主义)、三带、三联票（三联串票、三联单)、三轮机器脚踏车（三轮、机器脚踏车)、三轮脚车（三轮、机器脚踏车)、三轮脚踏车（三轮、机器脚踏车)、三轮自行车（三轮、自行车)、三权分立、三色版（铜版)、三十八年式（三八式)、三主义（三民主义)、扫海、色片（彩照、彩色片)、色情狂、杀虫剂、杀菌剂、杀星（杀手)、沙底电线、沙法（沙发)、纱线（棉线)、砂布（棉布)、砂糖精(糖精)、晒像、山蓝（靛蓝)、珊瑚礁（珊瑚树)、闪纱、扇风机（鼓风机)、膳宿生（寄宿生)、赡家费（安家费)、伤心病狂（丧心病狂)、商帮（商会)、商报（学报)、商厂（商场)、商地（商埠)、商董、商工、商工业（工商业)、商款、商轮（商船)、商轮船（商船)、商牌（商标)、商旗、商群（商会)、商权、商社（商会)、商事（商务)、商税、商勋、商业界（商界)、商园、商政（商务)、赏牌（奖品)、赏品（奖品)、上等社会（上流社会、上层社会)、上议院（上院)、绍介所（介绍所)、奢华品（奢侈品)、设摊（摆摊)、社告（社论)、社会化、社会性、社会主义者、社课、社说（社论)、社文（社论)、社言（社论)、社约（校规)、社章（校规)、社长、社志、射光灯（探照灯)、射击场（靶场)、摄氏寒暑表（摄氏温度计)、摄影机（照相机)、身家税（人头税、身税)、身票(路票)、绅班、绅办（官办)、绅富（绅商)、深海、神经系统（消化系统)、神社、审判案庭（审判庭)、审判院（审判庭)、升炮（放炮)、升送（保送)、生产地（产地)、生产额（产额)、生成物（产物)、生电池(蓄电池)、生活力（活力)、生命保险（人身保险)、生命学（生理学)、生食用（食用)、生物界（自然界)、生物质（有机质)、生意场、生长力(生命力)、生长年期（生长期)、牲力、绳体操（跳绳)、省立、省委、圣诞日（圣诞节)、圣歌、圣书（圣经)、圣堂（教堂)、圣座（圣驾)、盛状（盛况)、师范生（大学生)、师范堂（职业学校)、师范校（职业学校)、师范学堂（职业学校)、师范学校（职业学校)、施医局（医院)、施医所（医院）、施医院（医院）、施诊所（医院、诊所）、石灰肥、石灰肥料、石灰乳、石灰水、石碱、石绵、石棉、石棉纸、石油井（油井）、时报、时辰表（时表）、时辰钟（时钟）、时计表（时计）、时刻表、时事报、时闻（新闻）、实力圈（势力圈）、实势（实况）、实业国（工业国）、实证哲学（实证主义）、拾锦（拾零）、拾略（拾零）、拾微（拾零）、拾闻（拾零）、拾物不昧（拾金不昧）、食堂车（餐车）、食用油（食油）、史界（学界）、使员（使者）、驶力（马力）、士担（邮票）、士敏土石（水泥、混凝土）、世界共通语（世界语）、世界新语（世界语）、市町、市町村、市风（市况）、市景（市况）、市情（市况）、市厅、市有（国有）、事务所、试乘、试教、试马场（跑马场）、试验场（试验田）、试验管（试管）、试验卷（试卷）、试验纸 1（试纸）、试验纸 2（试纸）、试药（试剂）、试造（试制）、室长（班长）、释音（注音、释义）、收递（收发）、收件、收件人、收停、收信箱（信箱）、收音（录音）、手机、手术场、首凶（主犯）、受货、受课（听课）、受判（宣判）、售货、售货人（售货员）、售价、售票、售票人（售票员）、兽力、殊点（优点）、梳打（苏打）、输出货（进口货）、输出品（进口货）、输出入（进出口）、输出税（出口税）、输入货（进口货）、输入品（进口货）、输入商、输入税（进口税）、熟膏（土膏）、暑假期（暑期、暑假）、鼠害（病害）、鼠货、鼠瘟（鼠疫）、树胶树（橡胶树）、树乳（树胶）、庶民院、数理（理化、文理）、刷印局（印刷局）、刷印所（印刷局）、水产物（水产、产物）、水成岩、水灯心草（灯心草）、水底船（潜艇、潜水艇）、水底潜行艇（潜艇、潜水艇）、水底鱼雷（水雷）、水底战舰（潜艇、潜水艇）、水管、水锅、水镬、水机（抽水机、水泵）、水警察（水警）、水龙夫、水面警察（水警）、水面巡警（水警）、水上警察（水警）、水生植物、水素（氢气）、水物产（水产）、水巡（水警）、水银电灯（水银灯）、水银电光（水银灯）、税厘局（厘金局、厘捐局）、说话筒（话筒）、司法官（法官）、司法警察（法警）、司机匠（司机）、司机人（司机）、司机生（司机）、司机师（司机）、司机者（司机）、司令官（司令员）、司令长官

(司令员)、司门德泥(水泥)、司门德土(水泥)、司长(科长)、丝货(毛货)、丝棉(丝光棉)、私拆、私费生、私立学校(私学堂)、私权(公权)、私烟(私产)、私有财产(私产)、思想家(文学家)、思想史(文学史)、斯文败类、死物质(有机质)、死刑场(刑场)、四联票(四联单)、四联印票(四联单)、四轮车(汽车)、四轮自行车(汽车)、松香胶(松香水)、松香油(松香水)、松油(松香水)、送升(保送)、速成馆(速成班)、速力(速度)、酸白(氧化)、酸化(氧化)、算盘子(算盘珠)、算式、随营、缩期(延期)、索犯(引渡)、所长(所的负责人)、琐习(恶习)、锁港(锁国)、锁铸(镣铐)、塔灯(灯塔)、榻车(塌车)、太阳黑点(太阳黑子)、太阳历法(太阳历)、太阳热(太阳能)、谈片(谈屑)、谭片(谈屑)、钽丝(钨丝)、炭工(矿工)、炭酸气、探访员(访事员)、探海电灯(探海灯)、汤汽引擎(蒸汽机)、糖尿(糖尿病)、逃舰(逃丁)、淘汰论(进化论)、讨饭花子(叫花子)、特别物产(特产)、特产品(特产)、特产物(特产)、特奖、特品(特产)、特许权(特权)、腾涨(腾贵)、藤草帽(草帽)、提款(拨款)、提用(提留)、蹄铁(马蹄铁)、体操场(操场)、体育会(运动会)、体育家(运动员)、天赋权(天权)、天花痘(天花)、天然人、天然足(天足)、天时预测(天气预报)、天体化学(地球化学)、天文镜(天文望远镜)、天演论(进化论)、天演说(进化论)、天演学(进化论)、天择论(进化论)、添购(添设)、添聘(添设)、田蓝(蓝靛)、条金(金条)、条则(条例)、跳舞会、跳舞厅(舞厅)、怗危(安危)、铁锤(铁饼)、铁代(铁器时代)、铁工(瓦工)、铁工厂(铁厂)、铁甲兵船(铁甲舰、铁甲兵轮)、铁甲船(铁甲舰、铁甲兵轮)、铁甲轮船(铁甲舰、铁甲兵轮)、铁甲炮船(铁甲舰、铁甲兵轮)、铁甲新船(铁甲舰、铁甲兵轮)、铁甲巡舰(铁甲舰、铁甲兵轮)、铁甲巡洋舰(铁甲舰、铁甲兵轮)、铁甲战船(铁甲舰、铁甲兵轮)、铁舰(铁甲舰、铁甲兵轮)、铁壳轮船(铁甲舰、铁甲兵轮)、铁路桥(铁桥、铁索桥)、铁轮机(轮机)、铁皮船(铁甲舰、铁甲兵轮)、铁线桥(铁桥、铁索桥)、铁渣(钢渣)、铁滓(钢渣)、庭丁（园丁）、停车场（车场）、停会（休会）、停饷（停薪）、艇队（舰队）、通商场（商场）、通商港（商港）、通信旗（信旗）、通学生（寄宿生）、通用语（世界语）、同案犯（同犯）、同室相残（同室操戈）、同文同种（同文、同种）、同种同文（同文、同种）、铜本位（银本位）、铜币（铜元、银币）、铜饼（铜丝）、铜奖牌（铜牌）、铜胚（铜丝）、铜洋（铜元）、铜元局（银圆局）、铜圆局（银圆局）、童军（童子军）、统捐、统税、头皮屑、投函（投稿）、投票匦（信箱）、投票权（选举权）、投票箱（信箱）、投票纸（选票）、投书柜（信箱）、投资额、透骨电光、屠兽场（屠宰场）、土地权（地权）、土丝（土布）、土曜日（日曜日）、土质学（土壤学）、吐气眉扬（吐气扬眉、扬眉吐气）、团队（部队）、团匪（土匪）、团结一心、团结一气、团结一体、团结一致、推本及源（推本溯源）、推展（延展）、退化论（进化论）、退伍兵（退伍军人）、退伍兵丁（退伍军人）、退伍兵士（退伍军人）、吞款、讬拉斯、讬辣斯、托拉斯、托拉斯脱、托辣斯、托辣斯特、拖平轮（拖轮）、脱拉司、脱拉司脱、脱拉斯、脱辣斯特、椭圆形、娃娃亲、瓦斯灯（煤汽灯、煤气灯）、外部衙门（总理衙门）、外国冬至（圣诞节）、外国冬至（圣诞节）、外国话（外国语）、外国货（国货）、外国货币（外币）、外国籍（外籍）、外国文字（外国语）、外国语文（外国语）、外国债（外债）、外行星、外交官、外交家、外款（外资）、外来资本（外资）、外势（外力、外权）、外元（外币）、完全人（完人）、完全师范（完全小学）、完全小学堂（完全小学）、完全中学（完全小学）、玩品（玩物）、万国公法（国际公法）、万国公例（国际公法）、万国公律（国际公法）、万国通用语（世界语）、万国通语（世界语）、万国新语（世界语）、万国语（世界语）、万民衣伞（万民伞）、万生园（万牲园）、万筒花（万花筒）、忘己爱人（舍己为人）、望远机械（望远镜）、威时忌（白兰地）、威士忌（白兰地）、威士忌酒（白兰地）、微虫（细菌）、微服私访（微服、私访）、微菌（细菌）、微生虫（微生物）、微生动物（微生物）、微物（微生物）、惟心论（唯心论）、伪票（假币）、委售（代销）、卫生所、未成年者（未成人）、未婚兵（未婚妻)、胃化（消化)、胃酸（胃液)、胃下垂（胃溃疡、脑充血)、温泉浴、温湿度、文档（文件)、文字改良（文字改革)、文字革命（文字改革)、文字进化（文字改革)、稳静（安静)、屋顶板（天花板)、无电（无线电)、无轨汽车（无轨电车)、无鬼论（无神论)、无鬼说（无神论)、无机物（有机体)、无声铳（无烟钢)、无声光火器（无烟钢)、无声炮（无烟钢)、无声枪（无烟钢)、无声无烟铳（无烟钢)、无声烟大炮（无烟钢)、无限公司（有限公司)、无线（无线电)、无线电报（无线电、无线电话、有线电报)、无线电台（无线电、有线广播)、无线电音（无线电、有线电报)、无锈金（不锈钢)、无烟无声火药（无烟火药)、无烟药（无烟火药)、无音字母（辅音)、毋庸讳言（无可讳言、无庸讳言)、毋庸置疑（无可置疑、无可置辩)、五权分立、舞踏（舞蹈)、戊戌六君子（六君子)、物产会（博览会、展览会)、物界（自然界)、物竞论（进化论)、物权、物语、悞点（误点)、雾灯（路灯)、西瓜糖、西洋纸（洋纸)、西画（西洋画)、西门脱（水泥)、西洋式（西式)、西洋装（西装)、西衣（西服)、西元（公元)、吸户、吸水纸（吸墨纸)、洗疗、洗面粉（洗面汤)、洗血（输血)、戏片（唱片)、系论（统论)、虾饺（水饺)、侠肠义胆（忠肝义胆)、侠勇军（义勇军)、下等动物（低等动物)、下等社会（下流社会、下层社会)、下旗（下半旗)、下士官（下士)、下议院（下院)、夏令会（夏令营)、夏期（暑期)、纤微质（纤维素)、掀天撼地（掀天揭地、掀天动地、惊天动地)、显身说法（现身说法)、显微新镜（显微镜)、显微远镜（显微镜)、显音器（扩音器)、显字新机（打字机)、县立、现存（现行)、现行律（现行法)、现情（现况)、现像（现象)、现眼报（现世报、现时报)、线站（车站)、腺病（腺病质)、霰弹炮（榴弹炮)、香肥皂（香皂)、香港总督（总督)、香枧（香皂)、香烟丝（烟丝)、香烟头（烟头)、香烟嘴（烟嘴)、湘淮军（湘军)、详图、详细章程（简章)、详章（简章)、想像力、象皮（橡皮)、象皮胶（橡胶)、象皮树（橡胶树、橡皮树)、象皮图章（橡皮图章)、象树（橡胶树、橡皮树)、橡胶图章（橡皮图章)、橡木（橡树)、橡皮胶（橡胶)、橡皮树胶（橡胶）、橡树（橡胶树、橡皮树）、橡树胶（橡胶）、肖相（肖像）、肖影（肖像）、肖照（肖像）、消防队、消防夫、消防器（灭火器）、消防员、消费税、消费物（消费品）、消耗品（消费品）、消火器（灭火器）、消火栓（灭火器）、消假（销假）、消炎（消毒）、消疫（消毒）、消用（消费）、硝强（强水）、硝酸、销畅（畅销）、小包、小儿军（童子军）、小儿科学（小儿科）、小行李、小行星、小火轮船（小轮）、小轮船（小轮）、小农、小商店（小卖部）、小铜钱（小钱）、小元（小洋）、小圆（小洋）、小战、校产（家产）、校歌（军歌）、校品（教具）、校屋（校舍）、校则（校规）、校章（校规）、校制（校规）、校主（校长）、效果（后果）、协款（协饷）、鞋膏（鞋油）、写校本（校本）、写真画（写真图）、写真机（写真器）、写真集（写真图）、写字机（打字机）、写字机器（打字机）、写字楼（写字间）、写字桌（写字台）、谢恩节（圣诞节）、新版（新版本）、新币、新股、新钱、新石代、新闻画、新闻纸馆（新闻馆）、新戏（新剧）、新学名词（新名词）、新学语（新名词）、新约1（圣经）、新约2（旧约）、新洲（新大陆）、新字、薪修（薪饷）、信车（邮车）、信船（邮船）、信柜（信筒）、信票1（邮票）、信票2（昭信票）、信票3（传票）、信资（邮资）、猩红症（猩红热）、猩红症（猩红热）、行空器（飞行器、飞行机、飞机）、行厘（行商）、行刑场（刑场）、行政法、行政机关、刑幕（刑名、幕友、刑名师爷）、刑事法（刑事诉讼法）、刑事法廷（刑事法庭）、刑廷（刑庭）、形容字（形容词）、醒狮（睡狮）、修发匠（瓦匠）、修业文凭（毕业证）、修业证书（毕业证）、修院（修道院）、修约（签约）、修正案、秀油（桐油）、嗅力（嗅觉）、需用品、蓄音（录音）、蓄音器（留声机、留声器、留音机、录音机）、宣教师（传教士）、悬灯（吊灯）、悬空铁路（轻轨、地下铁道）、选方（配方）、选举法（婚姻法）、选举票（选票）、选举区（选区）、选举人、选举员、靴墨（鞋油）、学班（班级）、学兵、学东（房东）、学假（暑假）、学金（学费）、学警、学捐（学租）、学款（学费）、学龄儿童、学社（学会）、学绅、学生会、学术家（学者）、学术界（学界）、学堂歌（军歌）、学习院（学院）、学校医（校医）、学校园（校园）、学约（校规）、学战（兵战）、学章（校规）、学资（学费）、雪介（雪茄）、雪介烟（雪茄）、雪茄烟（雪茄）、血虫（血吸虫）、血清（血液）、旬报（周报）、巡岗（巡哨）、巡舰（巡洋舰）、巡轮（巡船）、巡目（巡长）、巡线（巡哨）、巡洋（巡航）、巡洋船（巡洋舰）、循环系统（呼吸系统）、押借（押保）、押所（拘押所）、鸦片毒（烟毒）、鸦片土（鸦片坭）、鸦片烟鬼（鸦片鬼）、牙科（眼科）、牙医生（牙医）、牙用（牙税）、雅片鬼（鸦片鬼）、雅片烟（鸦片烟）、亚东病夫（东亚病夫）、亚物、烟店、烟官（烟民）、烟害（烟毒）、烟疾（烟瘾）、烟籍（军籍）、烟妓（酒妓）、烟间（烟馆、花烟间）、烟寮（烟馆）、烟魔（烟鬼）、烟秀才（酒博士）、烟员（烟民）、烟照（车照）、烟政、延用（延聘）、言情小说（侦探小说）、言语学（语言学）、研究生（大学生）、研究员、研制（研练）、盐帮（马帮）、盐分（水分）、盐苗（矿苗）、盐酸、盐田（盐湖）、盐巡营（盐巡道）、盐业（渔业、矿业）、掩堡（掩体）、眼镜子（眼镜）、眼科学（眼科）、演靶（打靶）、演排（排演）、演坛（讲坛）、演艺会（游艺会）、验放（验收）、验温器（温度表）、验疫（检疫）、验资（验数）、谚文、赝冒（假冒）、羊角车、洋白铅（洋铅）、洋报、洋饼、洋参（西洋参）、洋钞（洋钱）、洋靛、洋肥皂（洋胰子）、洋革纸（羊皮纸）、洋工（洋人）、洋股、洋鬼子（洋鬼）、洋划（洋船）、洋价、洋枧（洋报）、洋匠（洋人）、洋酒（洋烟）、洋蓝（靛蓝）、洋厘（洋税）、洋轮（洋船）、洋码（码洋）、洋棉（洋货）、洋墨水、洋腔洋调、洋势、洋盐（洋货）、洋胰（洋胰子）、洋油灯（煤油灯）、洋语（外国语）、洋员（洋人）、洋圆（洋元）、洋皂（洋胰子）、洋债（外债）、洋针（洋货）、养病所（养病坊）、养孤院（孤儿院）、养老费（养老金）、养老年金（养老金）、养痈遗害（养痈贻患）、窑姐儿（窑姐）、药棉花（药棉）、药土（烟土）、药牙（盐税）、要电（要件）、要匪（要人）、要批（要件）、要项（要事）、要奏（要件）、耶苏教（耶稣教）、耶苏堂（教堂）、耶稣诞辰（圣诞节）、耶稣诞节（圣诞节）、耶稣诞日（圣诞节）、耶稣纪年（公元）、耶稣纪元（公元）、耶稣教会（耶稣教）、耶稣圣诞节（圣诞节）、耶稣圣教（耶稣教）、耶稣堂（教堂）、耶稣新教（耶稣教）、野鸡娼（野鸡）、野球（棒球）、野山炮（山炮）、野战炮（山炮）、夜操（夜战）、夜假、夜冷、夜校班（夜校、夜大学）、夜学所（夜校、夜大学）、夜学堂（夜校、夜大学）、夜学校（夜校、夜大学）、一览略表（一览表）、医馆（医院）、医界（商界）、医局（医院）、医具、医生寒暑表（体温计）、医室（病房）、医学界、医学科（医科）、医员（医生）、医照（车照）、依法（守法）、姨奶奶（姨太太）、姨太（姨太太）、移住民（移民）、遗产金（遗产）、遗失品（失物）、遗失物（失物）、已婚兵（未婚妻）、以身殉学（以身殉职）、以身殉烟（以身殉职）、以太气（以太）、以脱（以太）、义合拳（义和拳）、义合团（义和团）、义务兵（义务兵役制）、义勇队（义勇军）、义勇团（义勇军）、艺员（艺人）、议办（商办）、议董、议董会、议和谈（和谈）、议绅1、议绅2、议士（议员）、议事院（议院）、议政院（议院）、异点、异流同归（异涂同归）、异人种（异种）、异种人（异种）、译编（编译）、译才（译人）、译词（译文）、译萃、译电（译文）、译丛、译件（译文）、译局（书局）、译篇（译稿）、译谈、译谭、疫虫、疫咳（百日咳）、肄业生（毕业生）、肄业员（毕业生）、意见书、意义文字、意育（德育）、臆谭（臆想）、音标文字、银币本位（银本位）、银拆、银行券、银货本位（银本位）、银夹（钱包）、银价（市价）、银奖牌（银牌）、银煤（无烟煤）、银牌奖（银牌）、银钱机、银钱局（银行）、银钱票（银票）、银市、银样、银元局（银圆局）、银元票（银票）、银纸币（纸币）、淫词浪语（淫词亵语）、引电（导电）、引水轮船（引水船）、引水人（引水船）、饮花酒（吃花酒）、饮料水（饮料）、饮食店（饭店）、饮食料（食料）、饮食物（食物）、瘾客（瘾民）、印花票（印花税）、印花税票（印花税）、印花纸（印花税）、印化所（印刷所）、印件（印刷品）、印契税（印花税）、印刷术、印刷物件（印刷物）、印纸税（印花税）、印字机（打字机）、英磅1（磅）、英磅2（英镑）、英金（英镑）、英金镑（英镑）、英语（汉语）、英员（洋人）、英字（汉字）、莺洋（鹰洋）、鹰银

(鹰洋)、鹰元(鹰洋)、鹰圆(鹰洋)、萤光(荧光)、营私肥己(损公肥私)、影画(幻灯)、影画器(幻灯)、影剧(电影)、应用化学、映相(照象)、映相馆、硬派(强硬)、佣兵、泳手、泳水衣、勇将(健将)、用件(用品)、优等(高等)、优级(高级)、邮工(邮差)、邮界(商界)、邮轮(邮船)、邮权、邮信(邮电)、邮章、邮政包裹(邮包)、邮政票(邮票)、邮政信箱(邮箱)、邮政印花(邮票)、犹太教、犹太经、油栈(车栈)、游学生(留学生)、游洋(留洋)、游勇散兵(散兵游勇)、游员(游客)、有机化合体(有机化合物)、有脊椎动物(脊椎动物)、有效期限(有效期)、有形界(物质文明)、有音字母(元音)、右舷、右旋、幼儿教育(成人教育)、幼年生(大学生)、幼稚舍(幼稚园)、幼稚生(大学生)、余闻、鱼雷船(鱼雷艇)、鱼雷舰(鱼雷艇)、鱼雷擒(鱼雷艇)、鱼轮(渔轮)、鱼形水雷(鱼雷)、渔舰(渔轮)、渔约、语干(词干)、育教(教育)、育婴会(育婴堂)、浴所(浴室)、预备兵(后备兵)、预备军(预备队)、预备科(预科)、预备团(预备队)、预审、预算案、寓主(房主)、寓兵于商(寓兵于农)、元老院(议院)、元银(银元)、园艺学、园游会(游园会)、员董、员名、员名、员绅、员生、员司、员长、原产地(产地)、原力(能量)、原判、原始民族(原始社会)、原装(原版)、原子量(原子能)、辕抄(辕门抄)、辕钞(辕门抄)、院绅(议员)、约文、约章、阅兵式、越权、晕浪(晕船)、允认、运动家1(运动员)、运动家2(活动家)、运动力(动力)、运送舰(运输舰)、运送力(运力)、运转机(发动机)、杂志社、载客、宰猪所(屠宰场)、在册、在校、在学、暂订、藏文(中文)、藏语(汉语)、藏元、藏圆、藻类、责任内阁、责任政府、择优、增资、轧花、轧棉机(轧花机)、轧棉机器(轧花机)、炸毙(枪毙)、炸发(爆发)、炸毁、炸裂品(炸裂弹)、炸灭、炸药致雨(人工降雨)、搾取(榨取)、摘顶、债款、债票(债券)、债权国(债权人)、债务国(债务人)、毡呢(毡裘)、展会(休会)、展览所(展览馆)、展长(延长)、栈主(店主)、战斗家(战斗员)、战斗舰(战舰)、战斗术(战术)、战队(军队)、战费(军费)、战规（军规)、战耗、战记、战纪、战炮（火炮)、战艇1（战舰)、战艇2（飞艇)、战守联盟（攻守联盟)、站长、张声机（扬声器)、长警（警长)、长落（涨落)、仗事（战事)、招股、招雇（招聘)、爪哇薯（马铃薯)、照复（照会)、照相镜（照相机)、照相器（照相机)、照相纸片（照相纸)、照象（照像)、照像镜（照相机)、哲学家、针叶树、侦探犬（警犬)、侦探员（侦探)、真福、诊查（诊断)、诊断书、疹症（麻疹)、震原、镇董（乡董)、争存（争取)、争揽（争取)、蒸汽（蒸气)、蒸汽机、蒸汽筒、蒸汽引擎、正货、证金（保证金)、政海（政界)、政教分离（政教合一)、政教分立（政教合一)、政教分途（政教合一)、政况（政事)、政团（政党)、政宪（宪政)、政治地理、政治运动、支店（分店)、支干（支线干线)、支路、支社（分店)、支线、枝队（支队)、枝路（干路)、枝线（干路)、知难引退（知难而退)、直接税、直选、职董（职员)、职教、职教员、职商、职绅、职制、植物界、植物体、植园（植物园)、摭谈、摭谭、纸烟盒（烟盒子)、纸烟头（烟头)、指挥官（指挥员)、指迷针（指南针)、志哀（致哀)、志庆、志闻、制方（配方)、制腐（消毒)、制造品（制品)、制造物（制品)、制造业、制作品（制品)、质店（商店)、质权、治疗法（疗法)、治外权（治外法权)、窒扶斯（伤寒)、窒素（氮气)、智海一滴（沧海一粟)、智海一勺（沧海一粟)、智囊半粟（沧海一粟)、智囊一粟（沧海一粟)、智战（商战)、中等学堂（中学)、中等学校（中学)、中国民族（中华民族)、中国语（汉语)、中立地（中立国、中立地带)、中立港（中立国、中立地带)、中立军（中立国)、中世代（中世纪)、中小学、中小学堂、中小学校、中心点、中学生（大学生)、中学堂（中学)、中学校（中学)、钟计（钟表)、钟塔（钟楼)、种属、种植园（植物园)、众议员（议员)、珠罗纱、珠粟（玉米)、株罗纪、株式会社（会社)、猪生狗养、猪仔馆、猪仔头、主保、主笔人、主客体、主课、主理（主管)、主力队（主力军)、主任员（主任)、主凶（主谋)、助国宝券、助款1（捐款)、助款2（捐款)、助声器机（扩音器)、住栈（客栈)、贮金、贮蓄银行、注册商标、注射剂、注射器、驻领（驻使）、驻屯军、驻外公使（驻使）、驻外国使（驻使）、柱首、祝电（贺电）、祝堂（教堂）、著译1（译著）、著译2（译著）、著作物（著作）、专队、专馆、专件（专条）、专卖店、专门学堂（专门学校）、专校（专门学校）、专修馆、专约（专条）、专则（专条）、专斋、转接词（连词）、转轮椅、转账（转帐）、撰述员、妆饰品（装饰品）、装积（装运）、壮快、追悼会、缀音（拼音）、缀音文字、准备金、捉球、资本金（资金）、资本团（财团）、滋补品（滋养品）、滋养料（养料、滋养品）、子局（分局）、紫铜、紫铜元（铜元）、自备生、自产、自筹、自动车（汽车）、自动机、自动机器车（汽车）、自动炮（自动枪）、自费（公费）、自费生、自行机（汽车）、自来火柴（自来火）、自来井（自来水）、自流井（自来水）、自强图存、自然人、自然哲学（自然科学）、自习室、自信力（自信心）、自由贸易、自愿、自在画、自著传（自传）、自转车1（自行车）、自转车2（汽车）、字机（打字机）、字类（词类）、字码（数码）、综上所述、总董、总教主、总局（分局）、总理员、总领事官、总牧师、总书记、总司令官（总司令）、总司令长（总司令）、总统府、总统领（总统）、总选举、总巡、纵列（纵队）、租地（租界）、租房、租股、租捐（租税）、租屋、族籍（军籍）、族学（乡学）、阻电（绝缘、导电）、组立（组织）、组团、组设（组织）、组长（班长）、祖国歌（国歌）、钻石戒指（钻戒）、最惠国（最惠国待遇）、罪员（罪人）、醉药（麻药）、尊古黜今（尊古卑今）、左舷、左旋、坐船（旗舰）、坐舰（旗舰）、坐厘、坐浴、座舰（旗舰）”等。

第二章

义项失收

义项失收主要是指对多义词的分项释义不全面。“条目的义项要力求齐备。凡在古今著作中有用例，能概括确立的义项，都应尽量收列。”[①]《汉语大词典》“对词义的分析细致周密，罗列全面，在义项安排方面多有新的创建”。[②] 但是，由于可资借鉴的文献或书证相对匮乏，使得部分词语的义项缺失。义项的概括必然涉及多义词与同音词的区分问题，“词典立目中一个最令编者伤神的问题是多义词与同音词的区别问题”，也是“一个最刻不容缓的、最混乱的同时也是远没有解决的问题”。[③] 晚清期刊中 700 余条新质词语可以为《汉语大词典》补充义项提供参考。但是它们按多义处理，还是按同音处理，需要仔细分辨。[④] 暂且分两类说明：

一、同音，例如：

【打战】打仗。土国兵将仍在俄军之后时有打战信息（《万国公报》1877 年 451 期）；俄日打战的情形（《安徽俗话报》1904 年 2 期）；热河也要打战了（《新民》1926 年 11 期）；打战不是好玩的事（《申报》1934 年 1 月 8 日）；21 世纪初，印度海军作战能力力求达到：近海能打，远洋能战，打战能胜（《当代海军》2003 年 3 期）。《汉语大词典》收同音的“打

---

① 汉语大词典编纂处．汉语大词典编纂手册［M］．上海：汉语大词典编纂处（内部资料），1981：30.

② 曲文军．《汉语大词典》疏误与修订研究［M］．济南：山东人民出版社，2012：197.

③ 王庆．词汇学论纲［M］．北京：中国经济出版社，2013：233-234.

④ 如果是多义，则是同一个词，为义项失收；如果是同音，则是不同的词，为词条漏收。

战”，是“发抖”义。《汉语大词典》也收“打仗”“战事”“开战”“开仗”等。

【德藩】 德国藩王。[①] 德藩到沪（《益闻录》1898 年 1763 期）；德藩行踪（《格致新报》1898 年 7 期）；德藩来华（《无锡白话报》1898 年 1 期）；德藩东游（《北洋官报》1903 年 40 期）；德藩统领常备舰队（《北洋官报》1906 年 1145 期）；德藩演说英德邦交（《甘肃官报》1910 年 24 期）。《汉语大词典》收同音的“德藩”，是“以道德为守身的藩篱；借指守德之人”义。《汉语大词典》也收“外藩”“亲藩”“雄藩”等。

【拐棍】 拐骗人口或财物的恶棍。各该拐棍人等如能闻风改悔亦必许以自新倘仍不悛定必择尤拿办以儆其余（《申报》1886 年 4 月 24）；察获拐棍（《鹭江报》1903 年 35 期）；拐棍梁万万二月间由闽县监狱越逃（《申报》1906 年 6 月 12 日）。《汉语大词典》收同音的“拐棍”，是“拐杖”义。《汉语大词典》也收“拐儿”“拐子”“恶棍”“淫棍”“土棍”“地棍”等。

【官派】 官方委派。湖南官派师范生上俞中丞书（《经济丛编》1902 年 17 期）；官派留学（《蒙学报》1903 年 1 期）；拟准官派女学生出洋（《直隶教育杂志》1907 年 18 期）；驻法使馆二等秘书官派张元节署理此令（《政府公报》1913 年 246 期）；洋务运动时期的官派留学生制度（《广州大学学报》2001 年 3 期）。《汉语大词典》收同音的“官派”，是“官僚的派头”义。《汉语大词典》也收“官营”“委派”等。

【家电】 家里来的电报。昨接家电喜产一男（《申报》1896 年 12 月 15 日）；汤寿潜奉旨后之家电（《广益丛报》1910 年 246 期）；接家电胞兄病故（《浙江一中周刊》1924 年 18 期）；函致吴泽彬同志据会员巢芳俊投诉代收家电匿不交出一案请查明情形见复以凭办理由（《美洲同盟会月刊》1929 年 7 期）；屯溪得家电（《南社湘集》1937 年 8 期）。《汉语大词典》

---

① 晚清期刊中还有“英藩（英国藩王）、意藩（意大利藩王）”等，我们没有收录，之所以收“德藩（德国藩王）”，是因为汉语里基本不存在同音的“英藩”“意藩”等，而存在同音的“德藩”，可能造成歧义。

收同音的“家电”，是“家用电器”义。《汉语大词典》也收“家书”“家函”“贺电”“密电”等。

【讲员】演讲者；讲师。审判厅派定讲员（《北洋官报》1906 年 1243 期）；法政学堂派委讲员（《新闻报》1906 年 12 月 6 日）；添聘讲员（《吉林白话报》1907 年 74 期）；通俗科学讲演会讲题及讲员姓字报告（《通俗教育杂志 1913 年 5 期）；日内瓦法语学科之讲员（《教育杂志》1923 年 10 期）；第一期讲员为渝区教授（《燕京新闻》1944 年 20 期）。《汉语大词典》收同音的“讲员”，是“侍讲官员”义。《汉语大词典》也收“讲师”“演员”等。

【近信】当前的消息。电报近信十则（《教会新报》1872 年 218 期）；云南近信（《万国公报》1875 年 350 期）；广西近信（《绍兴白话报》1903 年 11 期）；禁烟近信（《通问报：耶稣教家庭新闻》1909 年 345 期）；各国近信（《大同月报》1915 年 11 期）；法德近信（《国际公报》1923 年 16 期）。《汉语大词典》收同音的“近信”，是“亲近信任；指亲近的人”义。《汉语大词典》也收“确信”“近况”等。

【汇登】集中刊登。教事汇登（《益闻录》1879 年 1 期）；来函汇登（《圣心报》1898 年 130 期）；吏部示谕汇登（《北洋官报》1904 年 347 期）；汇登文牍（《预备立宪公会报》1909 年 21 期）；贺大总统被选受职各电衔名汇登（《政府公报》1913 年 524 期）；关于治疗各稿汇登（《医学杂志》1922 年 8 期）；本馆收到捐款汇登（《妇女月报》1935 年 9 期）。《汉语大词典》收同音的“汇登”，是“成批任用贤才”义。《汉语大词典》也收“汇编”“刊登”等。

【美金】美元。设立经费美金八万圆（《万国公报》1902 年 162 期）；劝捐美金一百万圆（《四川官报》1904 年 11 期）；二千五百万美金之科学研究费（《东方杂志》1911 年 5 期）；协约国新债二万万美金（《英语周刊》1917 年 107 期）；世界各国货币折合美金平价表（《银行月刊》1921 年 8 期）；旧金山华侨劳军滙百万美金（《蒙文周刊》1932 年 52 期）；五十美金一条新闻（《新闻天地》1946 年 15 期）。《汉语大词典》收同音的

“美金”，是“质地好的金属”义。《汉语大词典》也收“英镑”“资金”等。

【内部2】内务部。[①] 改设内部述闻（《新民丛报》1902年23期）；韩国平壤观察使电告内部（《东方杂志》1904年10期）；条陈请设内部（《广益丛报》1906年101期）；韩国内部大臣之更迭（《外交报》1909年11期）；华盛顿之遗产：恢复内部等（《小说丛报》1914年6期）。《汉语大词典》收同音的“内部”，是“某一范围以内（内部1）；深层的，而不是表面的；中部”义。《汉语大词典》也收“礼部”“吏部”“外部”等。

【水局】水务局；自来水公司。水局添水（《万国公报》1890年21期）；水局续议（《知新报》1900年117期）；日本水局（《知新报》1900年131期）；长芦盐运司详水局经费每月加拨银一千两请查核文并批（《北洋官报》1911年2991期）；水局拟定协助都江堰各县防洪办法（《四川经济月刊》1937年3期）。《汉语大词典》收同音的“水局”，是“妓院娼家”义。《汉语大词典》也收“炮局”等。

【文实】文科和理工科。直隶提学司详直督变通文实分科文（《教育杂志》1910年3期）；饬核中学开办文实预科（《吉林官报》1911年11期）；学部奏定改订中学堂文实两科课程表（《北洋官报》1911年2725期）；论中学校文实分科后应因地制宜分配其设立之地点（《四川旬报》1915年16期）；文实两科宜并重说（《重庆中校旅外同学总会会报》1922年4期）；为遵令拟具高中普通科文实分科办法仰祈鉴核示遵由（《安徽省公报》1941年25期）。《汉语大词典》收同音的“文实”，是“名实；《春秋》笔法，谓字面上贬之，而实际上褒之”义。《汉语大词典》也收“文理”“文理”“实科”等。

【信友】信徒；教友。译仁勒西姑娘由英京致厦诸信友公函（《通问报：耶稣教家庭新闻》1906年193期）；劝信友看圣书（《圣心报》1909年1期）；瑞士国信友朝觐露德圣母（《善导报》1914年15期）；武汉天

---

① “内部2”表示晚清期刊还存在新质词语“内部1”，1、2仅为本文新质词语标序。

主教信友募集救国储金热（《崇德公报》1915 年 5 期）；信友逝世噩耗（《兴华》1917 年 28 期）；全国信友公鉴（《公教白话报》1928 年 17 期）；敬致公教进行会各会员及全国信友书（《公教进行》1930 年 21 期）；如何写对“信友祷词意向”（《中国天主教》2017 年 4 期）。《汉语大词典》收同音的“信友”，是“诚实守信的朋友”义。《汉语大词典》也收“信徒”“教友”等。

【中校】中学。中校及师范校（《申报》1906 年 7 月 29 日）；公立中校开美术展览会（《北洋官报》1909 年 2153 期）；本署司袁批宁波府禀中校添置家具请将充公款拨给由（《浙江教育官报》1910 年 33 期）；参观第一师校与第五中校赛球记（《课余丛刊》1911 年 1 期）；本署司袁批台州府椒江中校禀拨临时费由（《浙江教育官报》1911 年 68 期）；全省中校地址一览（《教育周报》1913 年 22 期）；崇实中校将开运动会（《来复》1921 年 173 期）；令西安省立各中校劝勉教职员迅速上课（《陕西教育周刊》1929 年 46 期）；中校学生利用暑期留校补习（《闽政月刊》1937 年 1 期）。《汉语大词典》收同音的“中校”，是“官名；主帅所在的营帐；军衔的一级，低于上校、高于少校 ”义。《汉语大词典》也收“中学”“高校”等。

【总章】总则，总章程。法国赛会总章（《时务报》1898 年 63 期）；附同乡会总章（《湖北学生界》1903 年 3 期）；湖口学务公所总章（《江西官报》1906 年 11 期）；详督宪拟呈本处总章暨自治公所办法章程文（《湖北自治公报》1910 年 1 期）；安邑县各级小学校儿童图书馆总章（《山西教育公报》1928 年 262 期）；交通大学学生会总章（《交大月刊》1929 年 1 期）；中国健美学会总章（《健与美》1947 年 4 期）。《汉语大词典》收同音的“总章”，是“西方总成万物而章明；乐官名；古宫观名”义。《汉语大词典》也收“总则”“简章”等。

除上述例子外，《汉语大词典》失收的可能还有：[①]“埃（埃及）、爱人（爱尔兰人）、奥（奥地利）、磅（镑）、镑2（磅）、保教（保护宗教）、布（保加利亚）、布景2（布市景况）、波1（波兰）、波2（钋）、裁书（有关缝纫的书）、偿金（赔偿金）、丹（丹麦）、德（德国）、发性（发情）、法（法国）、法船（法国轮船）、法官2（法国官员）、法教（法国宗教）、法人2（法国人）、法王2（法国君王）、法相（法国首相）、法医2（法国医生）、藩部（外交部）、藩臣（外国大臣）、方式2（方形）、分关（分支海关）、分会（分支协会）、附答（附带答复）、改刊（重新刊登）、刚德（外国人名）、高地3（高丽地方）、高王（高丽君王）、购书（购买图书）、官班（官员学习班）、官校（官员学校）、官治（官府统治）、硃（磷）、海镜（探测海洋的仪器）、行主（商行主人）、合造（共同制造）、劾案（弹劾案）、华使（中国使节）、华英1（中国英国）、华英2（汉语英语）、华族（中华民族）、脚轮（脚踏小轮）、教督（宗教里的监督者）、教约（宗教条约）、金豆（黄金颗粒）、近局（近况）、近史（近代史）、晋绅（山西的官绅）、景风（风景）、拉瑟（提琴）、理结（审理完结）、领约（领事条约）、流气2（液态空气）、龙卷（龙卷风）、枚（米）、美（美国）、美报（美国报刊）、美工（美国工人）、美女（美国女子）、美日（美国日本）、美意（美国的意见）、米（美国）、墨（墨西哥）、内款（内资）、内状（内框）、挪（挪威）、普（普鲁士）、普法（普鲁士法国）、气管2（汽笛）、切手（邮票）、曲度（曲线的角度）、全美（美国全境）、日工2（日本工人）、瑞（瑞士）、三业（农工商业）、商律（商法）、商校（商业学校）、土2（土耳其）、土布2（土耳其与布加利亚）、土帝（土耳其帝王）、土人2（土耳其人）、土王（土耳其帝王）、外相（外交部长）、微分（微积分）、希（希腊）、西商（外国商人）、西士

① 这些词语存在双音节词与双音节词组、同音与多义的辨别问题。括号外为《汉语大词典》已收词条，括号内为未收的同音词，作为提示与参考。“埃（埃及）”表示《汉语大词典》收“埃”，但未收表“埃及”义的同音的“埃”。例如，“埃皇受册（《万国公报》1879年553期）；埃棉病瘟（《湖北商务报》1902年120期）”等。其他类似。

（西方教士）、西塾（外国学校）、西斋（西学专斋）、下水（船舶入水）、小象（小照片）、校具（教具）、校令（学校规章）、新款（新款式）、新声（新气象）、行轮（行驶轮船）、性分（性质成分）、雪梨（巴黎）、压气（压缩空气）、洋铜（洋白铜）、洋庄（洋行）、仰角（仰视的夹角）、义（义大利）、义人（义大利人）、意（意大利）、英皇（英国皇帝）、英儒（英国知识分子）、英士（英国知识分子）、优生（优等学生）、犹人（犹太人）、月会（每月聚会）、在堂（在校）、振子（急速振动的机件）、支会（分支协会）、植学（植物学）、智人（智利人）、中东（中国日本）、中波（中国波兰）、中里（中国式长度）、中欧2（中国欧美）、中佐（中等佐官）、种学（种族学）、总辖（总管辖）、佐治2（外国人名）”等。

二、多义，例如：

【哀告】报丧的文告。苏州商务总会哀告（《申报》1908年11月19日）；先皇出殡之哀告（《大同报》1910年13期）；本报记者徐先生维岱逝世哀告（《大同报》1914年26期）；先父沈松茂开丧出殡缓期之哀告（《申报》1919年2月26日）；恐讣未周谨此哀告（《申报》1920年9月3日）。《汉语大词典》收“哀告”，仅有“哀求”一个义项。《汉语大词典》也收“哀凶”“哀乐”“哀祭”“哀辞”“哀词”等。

【班次】班级次序。悉遵西学班次分编（《万国公报》1883年736期）；云阳县禀变通中小学堂班次一案（《四川学报》1907年5期）；法政学堂扩充班次（《四川教育官报》1907年11期）；请送入北京大学专科或插入预科班次由（《江苏教育行政月报》1913年2期）；兼习外国语班次业已排定（《北京大学日刊》1922年1110期）；本会附设法文科添设班次（《寰球中国学生会周刊》1930年379期）；市一小扩充班次续招插班生（《山西通讯》1940年12期）。《汉语大词典》收“班次”，仅有“官员按品级排列的位次；指同级之官；补授官职的次序；泛指排列的次序或等级；执行工作任务的规定时间顺序或次数；有固定路线和定时往来的交通工具开行的次数”六个义项。《汉语大词典》也收“班级”“次序”等。

【爆发力】爆炸的威力。下濑火药爆发力最大（《大陆》1904年2期）；十九日住樊城之火药局突然爆炸肇祸极惨附近房屋均为震毁火药局原址已成一坑罹祸者约百余人当时有巨石飞过汉水而坠于距离该局五百码之处亦可见其爆发力之猛矣（《申报》1912年9月30日）；十八日俄飞机六架又来牡丹江投弹幸爆发力不大火车照常行驶（《申报》1929年11月20日）；这是一个有爆发力的炸弹，深深地投在我底心中（《申报》1935年10月24日）；世界爆发力最猛的新炸药（《国际新闻》1942年9期）。《汉语大词典》收“爆发力”，仅有“体育运动中指在短暂间突然产生的力量”一个义项。《汉语大词典》也收“爆发”等。

【病车】救护车。东三省防疫之景况：病车（《东方杂志》1911年1期）；欧洲战地红十字会病车之内容（《礼拜六》1915年79期）；呈一件呈请病车购置费准予发给由（《市政月刊》1930年1期）；为火政处救护病车事（《上海公共租界工部局公报》1931年5期）；医院病车（《协医校刊》1931年3期）；上病车（《青年知识画报》1941年2期）；改订病车收费办法（《警察月刊》1945年2期）。《汉语大词典》收“病车”，仅有“有毛病、出故障的车辆”一个义项。《汉语大词典》也收“病房”“汽车”“救护车”等。

【裁判员】主持裁判的人员；法官。各省商埠拟设裁判员（《振华五日大事记》1907年46期）；添设商务裁判员（《北洋官报》1909年1997期）；外务部奏请添派海牙公断院裁判员折（《外交报》1910年12期）；奏派海牙裁判员（《吉林官报》1910年10期）；札饬汕头警务所通禀将裁判员归并审判厅参用各节遵照督批办理文（《广东警务官报》1910年8期）；英国驻沪裁判员苏谋礼原稿（《进步》1912年4期）；江苏苏州商务总会提出之拟请特设商事裁判员意见书（《中华全国商会联合会会报》1916年2期）；赴欧专使王宠惠被举为国际法庭副裁判员（《东方杂志》1921年20期）；国际法庭裁判员之选举（《英语周刊》1921年312期）；国际法庭之美国裁判员（《星期评论：上海民国日报附刊》1928年17期）。《汉语大词典》收“裁判员”，仅有“在运动竞赛过程中，依据竞赛规程和竞赛规则，评定运动员（队）成绩、胜负和名次的人员”一个义项。《汉语大词典》也收“裁判官”“裁判”等。

【测度】测量，度量。日俄互认船舶积量测度证书（《外交报》1910年25期）；马年龄之测度（《科学》1915年7期）；苛杂的境界线及其测度的标准（《民间意识》1934年17期）；飞机高度之测度（《军事杂志》1935年77期）；测度聋人敏感性之器具（《女铎》1940年12期）；论测度技术进步的模式（《科学学与科学技术管理》1983年2期）。《汉语大词典》收“测度”，仅有“猜测，料想”一个义项。《汉语大词典》也收“测估”“测算”“揣度”“度量”等。

【车价】车费；票价。车价利民（《万国公报》1893年53期）；论淞沪铁路车价之贵（《昌言报》1898年4期）；拟订划一车式车价（《北洋官报》1906年1067期）；京奉津浦两路减收小工之车价（《铁路协会会报》1915年38期）；改定孩童车价（《铁路协会会报》1918年72期）；广九路最近之车价（《东省经济月刊》1927年1期）；行走旧金山与纽约间之长途汽车，车甚大，有二层，附有卧铺，昼夜开行，车价远较火车为廉，由车窗可浏览途中风景及大都市（《科学的中国》1933年5期）；旅行中的车价（《海风》1946年20期）。《汉语大词典》收“车价”，仅有“雇车的费用”一个义项。《汉语大词典》也收“车票”“票价”等。

【恶剧】恶劣的事情。撄其怒者汤火不辞忍其辱者儒冠亦溺种种恶剧无法无天（《申报》1890年4月28日）；莲阳械斗之恶剧（《振华五日大事记》1907年3期）；悍妇忿夫斩女之恶剧（《时事报图画杂俎》1908年318期）；酒楼恶剧（《十日小说》1909年5期）；妯娌争产之恶剧（《齐塘月刊》1926年5期）；清华之拖尸恶剧（《天津商报画刊》1934年13期）。《汉语大词典》收“恶剧”，仅有“恶作剧”一个义项。《汉语大词典》也收“恶劣”“悲剧”“惨剧”等。

【馆主】馆的主人或负责人。通闻馆主去世（《万国公报》1875年322期）；和眠琴馆主春日书怀原韵（《寰宇琐纪》1876年11期）；赠栉云馆主（《著作林》1900年3期）；读国粹报感赠馆主（《国粹学报》1908年5

期）；省会警察厅长批大公报馆主王英烈禀请立案由（《福建公报》1913年574期）；赠欧碧馆主（《复旦年刊》1924年6期）；时报馆主出险（《记者周报》1930年15期）；新组图书馆委员会：有建议校长任免馆主权（《南开大学周刊》1931年101期）；申报馆主史量才先生在沪杭路上被暗杀（《儿童晨报》1934年213期）；纽约时报馆主逝世（《时兆月报》1935年6期）。《汉语大词典》收“馆主”，仅有“唐朝多指总领弘文馆、修文馆等馆务的高级官员”一个义项。《汉语大词典》也收“馆东”“主人”等。

【合拍】合照。女中大志士郑素伊陈婉衍童同雪合拍小影（《女子世界》1904年7期）；安多尼学校高小科第四班毕业纪念合拍（《圣教杂志》1922年9期）；国民政府侨务委员会欢迎华侨会同拜谒总理陵墓合拍纪念（《侨务汇刊》1928年1期）；两个小朋友合拍一照留为纪念（《良友》1929年38期）；题弢庵师与夷俶合拍小照（《东华》1935年82期）；在佳木斯与袁牧之合拍影片（《星期六画报》1947年48期）。《汉语大词典》收“合拍”，仅有“符合节奏；符合；共同摄制”三个义项。《汉语大词典》也收“合照”“合影”“拍摄”等。

【黑点】太阳黑子。太阳黑点（《鹭江报》1903年50期）；太阳发现黑点（《大陆》1905年1期）；标式的太阳之黑点（《学生》1917年3期）；日面黑点究为何物乎（《学生》1920年2期）；太阳面忽出现黑点（《新民报》1920年12期）；太阳中黑点之神秘（《医事月刊》1923年1期）；太阳出现二大黑点（《英美烟公司月报》1926年2期）；日中黑点与无线电之影响（《科学》1929年8期）；今年日球球面黑点忽然稀少之研究（《海军期刊》1931年2期）；最近之太阳大黑点（《新科学》1940年4期）；太阳黑点阻碍无线电交通（《无线电世界》1946年6期）。《汉语大词典》收“黑点”，仅有“黑色小点；比喻过错”两个义项。《汉语大词典》也收“黑子”“太阳黑子”等。

【花票】印花票据。手持志诚庄假花票十二张（《申报》1878年5月23日第3页）；武汉各钱庄历来行用花票每票一张计足钱一千文如欲换钱随到随发并无期限人皆便之名曰花票者以票上印有花草人物诗句等样也（《申报》1879 年 2 月 20 日 2092 号 3 版）；所出花票当日已兑出大半（《申报》1898 年 5 月 5 日第 2 页）；保花票说（《江西官报》1905 年 10 期）；南澳县县长呈复拟抽花票捐情形文（《广东财政月刊》1922 年 7 月）；九江市政府取缔花票（《中央银行旬报》1929 年 16 期）；令庐山管理局查禁牯岭商会滥发花票勒限收兑缴局焚毁（《江西省政府公报》1934 年 5 期）；监制印税花票（《新税政》1942 年 3 期）。《汉语大词典》收“花票”，仅有“旧指被土匪绑架的女人”一个义项。《汉语大词典》也收“印花”“邮花”“印票”等。

【教师】教士；牧师。新来中国传教教师（《中国教会新报》1868 年 12 期）；苏州长老会鲍教师来稿第三次（《中国教会新报》1869 年 44 期）；浙江浸礼教会新立教师（《万国公报》1878 年 489 期）；续耶稣教师大会纪录（《中西教会报》1891 年 3 期）；伦敦会教师慕维廉先生遗像（《万国公报》1900 年 142 期）；天津清真大寺总教师劝认国民捐说（《敝帚千金》1905 年 7 期）；李四维教师传略（《通问报：耶稣教家庭新闻》1916 年 687 期）；论教师宜指导穆民（《清真周刊》1921 年 4 期）；耶稣为大教师（《青年友》1922 年 10 期）；公理会之女教师（《兴华》1924 年 25 期）。《汉语大词典》收“教师”，仅有“教授歌曲、戏曲、武术等技艺的人；向学生传授知识、执行教学任务的人”两个义项。《汉语大词典》也收“教士”“牧师”等。

【解法】求解的方法。正负开方诸解法难易异同说（《南洋七日报》1901 年 14 期）；一元方程式之解法（《数理化学会杂志》1909 年 1 期）；方程式之三角解法（《数理化杂志》1911 年 2 期）；纂数之解法（《学艺》1912 年 2 期）；正弧三角形之解法（《友声》1913 年 1 期）；几何学问题解法之要领（《学生》1917 年 11 期）；积分之特别解法（《南京高等师范学校校友会杂志》1918 年 1 期）。《汉语大词典》收“解法”，仅有“解救的方法；讲法”两个义项。《汉语大词典》也收“算法”等。

【金货】黄金（制品）。暹罗金货本位问题（《大陆》1903 年 6 期）；

筹议收聚金货（《山东官报》1906 年 6 期）；五十日之金货计算（《学报》1907 年 6 期）；论金货本位兼告度支部诸公（《北洋法政学报》1907 年 46 期）；购买金货与抵制观察（《银行周报》1919 年 29 期）；英法德三国中央银行操纵国内金融市场金货输出输入政策之研究（《民心周报》1921 年 45 期）；金货溢出伦敦发生之大恐慌（《国际公报》1925 年 26 期）；金货行市（《金融经济月刊》1938 年 1 期）。《汉语大词典》收“金货”，仅有“金属铸的钱币”一个义项。《汉语大词典》也收“金币”“黄金”“银货”等。

【开班 2】班级开课。图画开班（《广益丛报》1906 年 121 期）；法政研究会开班（《北洋官报》1907 年 1315 期）；督宪批璧山县详筹议教练所接续开班经费文（《四川官报》1909 年 14 期）；批龙岩中学校详附设补习科俟八月开班时再行编入本科肄业乞示遵由（《福建公报》1916 年 131 期）；本科一年级各生报习法文者太少，本年不能开班应一律兼习德文（《北京大学日刊》1918 年 211 期）；体育干事教练班开班（《南开周刊》1921 年 22 期）；本学期开班学程统计（《大夏周报》1930 年 93 期）；民众讲习所定期开班授课（《教化通信》1943 年 54 期）。《汉语大词典》收“开班”，仅有“按班开车（开班 1）”一个义项。《汉语大词典》也收“开课”“开学”等。

【款洽】款待洽谈。款洽美国伯理玺天德（《万国公报》1877 年 455 期）；日俄款洽（《益闻录》1880 年 77 期）；款洽西宾（《鹭江报》1903 年 30 期）；俄皇款洽日使（《大同报》1907 年 13 期）；国王与伤兵之款洽《（兴华》1917 年 39 期）；黄鹤楼畔之宾主款洽（《大同》1926 年 1 期）；李全荣李芳草二君到时自当妥为款洽复请察照由（《商务月刊》1937 年 3 期）。《汉语大词典》收“款洽”，仅有“亲密；亲切”一个义项。《汉语大词典》也收“款待”“洽谈”“接洽”等。

【矿夫】矿工。以汽机之马力若干者而合用矿夫几何（《申报》1877 年 10 月 11 日）；德国矿夫罢工（《广益丛报》1906 年 121 期）；弹压矿夫同盟罢工（《北洋官报》1906 年 1112 期）；初十日美利坚伊里诺斯州石炭矿夫罢工告终（《东方杂志》1910 年 10 期）；矿夫罢工之解决谈（《世界大势》1919 年 23 期）；矿夫及其暗影（《思想》1928 年 1 期）；意医证明硫黄矿夫与肺结核之关系（《新医药杂志》1935 年 4 期）；爱迪生把他的蓄电池应用到矿夫用灯和矿中机车（《科学画报》1947 年 5 期）。《汉语大词典》收“矿夫”，仅有“矿兵”一个义项。《汉语大词典》也收“矿工”“矿丁”“船夫”“渔夫”等。

【历任】以往各界担任。美国历任总统合像（《外交报》1902 年 19 期）；法国历任总统（《东方杂志》1904 年 6 期）；记海地国历任总统事（《外交报》1904 年 7 期）；历任职员一览表（《无锡竞志女学杂志》1910 年 1 期）；法国历任总统之夫人（《妇女时报》1915 年 17 期）；本馆历任重要职员一览（《励志》1926 年 3 期）；美国历任总统退职后之生活（《文化革新导言》1929 年 7 期）；交通大学十六年至现在历任校长经过简表（《南洋友声》1931 年 11 期）；浙江省历任建设厅厅长到任日期一览表（《经济建设》1943 年 3 期）。《汉语大词典》收“历任”，仅有“谓先后连续担任各项职务”一个义项。《汉语大词典》也收“历届”“历次”“一任”“后任”等。

【派出所 2】派出的基层机构。丝业创设派出所（《成都商报》1910 年 7 期）；代理店及派出所存款（《申报》1911 年 3 月 6 日）；中国银行派出所暂行章程（《直隶公报》1913 年 3499 期）；福建省各公路工程派出所组织条例（《福建省政府公报》1920 年 10 期）；令各分站站长、派出所所长以后收解军品弹药务必逐细点查按类接收填明转解应不混乱文（《兵站半月刊》1927 年 1 期）；吉林省公署据满洲中央银行吉林分行电报合并奉字业字两支行组设派出所日期请鉴核等情仰知照文（《吉林省公署公报》1932 年 232 期）。《汉语大词典》收“派出所”，仅有“我国公安部门的基层机构，管理户口和基层治安等工作（派出所 1）”一个义项。《汉语大词典》也收“介绍所”“收容所”等。

【铺位】店铺的位置。本报迁定铺位之图（《农工商报》1907 年 20 期）；铺位选择法（《农工商报》1908 年 37 期）；呈省长据工务局呈请函致英领事转饬屈臣氏遵照拆让铺位由（《广州市市政公报》1923 年 77 期）；招投新街市铺位（《齐塘月刊》1930 年 4 期）；增建国货商场铺位工程告竣（《国货半月刊》1934 年 3 期）。《汉语大词典》收“铺位”，仅有“火车、轮船、旅馆和医疗机构为旅客、伤病员等设置的床位”一个义项。《汉语大词典》也收“店铺”“商铺”“席位”等。

【侨人】侨民。各国请摩国保护侨人（《大陆》1905 年 16 期）；议许属地侨人招募后备兵（《时报》1906 年 3 月 30 日）；侨人对华侨社团之公论（《侨务》1924 年 123 期）；侨人娴园艺流风海外盛誉长存（《华侨周报》1933 年 44 期）；漫画侨人郑光汉（《泼克》1937 年 1 期）。《汉语大词典》收“侨人”，仅有“东晋南北朝时称流寓江南的北方人为侨人；踩高跷的人”两个义项。《汉语大词典》也收“侨民”等。

【劝业】劝导实业。给照劝业（《知新报》1897 年 40 期）；河南宜开设劝业储蓄银行说（《河南官报》1900 年 98 期）；第五回内国劝业博览会参考馆规则（《农学报》1902 年 184 期）；公举劝业场商董（《北洋官报》1906 年 1035 期）；陕西劝业道致事务所电文（《劝业会旬报》1909 年 6 期）；福建劝业会近闻（《农商公报》1916 年 9 期）；陕西各县劝业所成立感言（《河南实业周刊》1923 年 6 期）；实业部管理北京劝业场规则（《实业公报》1938 年 6 期）；南洋劝业会杂咏（《侨声》1942 年 6 期）。《汉语大词典》收“劝业”，仅有“努力从事其事业”一个义项。《汉语大词典》也收“劝导”“实业”等。

【散学】结束学习；放假。浔溪公学学生第二次散学始末记（《政艺通报》1902 年 21 期）；电告留学生散学事（《北洋官报》1905 年 869 期）；开学迟而散学早（《广益丛报》1909 年 208 期）；万航渡圣约翰学堂年终散学演说（《约翰声》1909 年 2 期）；五台同乡暑期补习学校举行散学典礼（《来复》1929 年 549 期）；划一各级小学开学散学日期（《县政半年刊》1938 年 1 期）。《汉语大词典》收“散学”，仅有“放学”一个义项。《汉语大词典》也收“散会”“放学”等。

【势力】能量。物理学的势力不灭论（《江西》1908 年 1 期）；energy

势力不灭之原则（《学报》1908 年 12 期）；生活体与势力不灭之现象（《霞文潮》1920 年 1 期）。《汉语大词典》收“势力”，仅有“权力，处于高位而产生的威力；泛指政治、经济、军事等方面的力量；犹派头，架子；犹势利”四个义项。《汉语大词典》也收“势能”“能量”“力量”等。

【誓书】誓词，誓言，保证书。凡已录取者应于入学堂以前偕同保证人二人按照第三号书式填写誓书呈送本堂并缴上学期费（《申报》1908 年 8 月 5 日）；附实行团团员志愿誓书（《社会杂志》1911 年 4 期）；参议院咨覆妥存袁大总统受职誓书文（《临时政府公报》1912 年 46 期）；服务誓书式样（《中央周报》1930 年 110 期）；上海市市立学校免费生之家长或保护人誓书（《上海市政府公报》1932 年 127 期）；同盟会入党誓书（《中国革命史迹》1936 年第一集）；对所具自裁状和誓书一定要说到做到绝不作伪装假（《革命行动》1944 年 2 期）。《汉语大词典》收“誓书”，仅有“即盟约；即誓券”两个义项。《汉语大词典》也收“誓词”“誓言”“保证书”等。

【水线】水底电线。因田庄台河内水线中断以致电报不通（《申报》1898 年 5 月 6 日）；添设水线（《湖北商务报》1899 年 26 期）；布设水线（《集成报》1901 年 18 期）；美电局已得敷设横滨上海水线权（《大陆》1905 年 20 期）；汕头水线整理（《交通丛报》1920 年 66 期）；赣粤间电报由水线转递（《交通公报》1924 年 624 期）；电各局改订沪厦港水线转递国内电报核收办法（《电政周刊》1927 年 6 期）；电力管理委员会禁止轮船停泊电力水线处（《广州市政府市政公报》1933 年 431 期）。《汉语大词典》收“水线”，仅有“船壳外面与水平面的接触线”一个义项。《汉语大词典》也收“水面”“电线”等。

【头班】第一班；首届。时务学堂头班学生四月中文分数榜（《湘报》1898 年 113 期）；皖抚聂奏报武备学堂头班优等学生考校卒业援案请奖折（《鹭江报》1903 年 54 期）；广宗县为高等小学堂头班学生概归自费禀并批（《直隶教育杂志》1906 年 12 期）；宣威州知州禀高等小学头班学生毕业分别发给文凭由（《云南教育官报》1908 年 8 期）；井陉县禀自治研究所头班毕业并续开二班情形文并批（《北洋官报》1911 年 2697 期）；中文头班野外写生消息（《青年镜》1924 年 38 期）。《汉语大词典》收“头班”，仅有“犹首领；清代州县衙门里为首的差役”两个义项。《汉语大词典》也收“头号”“班次”等。

【外教】外国（外面）宗教。外教学堂（《圣心报》1908 年 257 期）；外教哑子（《圣心报》1908 年 257 期）；某姓一家父母子女共六人本皆外教（《圣教杂志》1917 年 2 期）；求为外教归化之详论（《圣心报》1927 年 11 期）；外教妇女终时奉教之机会（《公教周刊》1931 年 139 期）；一个外教媳妇的热心可风（《天主公教白话报》1936 年 11 期）；从未聆悉福音的外教青年（《公教白话报》1943 年 1 期）。《汉语大词典》收“外教”，仅有“佛教徒称佛教以外的儒、道九流为外教”一个义项。《汉语大词典》也收“外国”“宗教”等。

【晚课】傍晚或晚间就学。学俸金白昼每人每月计洋四元晚课每人每月计洋两元（《申报》1875 年 3 月 4 日）；入晚课之预备（《大同报》1907 年 14 期）；法政学堂特加晚课（《湖北教育官报》1910 年 8 期）；督部堂张咨学部据两江法政学堂详别科官绅两班插班各生拟开晚课补习请咨部备案文（《南洋官报》1910 年 122 期）；饭后的晚课（《家庭与妇女》1940 年 2 期）；提早晚课自修时间（《端中学生》1948 年 3 期）。《汉语大词典》收“晚课”，仅有“僧尼每天傍晚时分的念佛诵经”一个义项。《汉语大词典》也收“晚间”“课堂”“夜学”等。

【小相】小相片。用电气传小相新法（《大同报》1907 年 5 期）；元奎两儿弯弧握剑小相（《香艳杂志》1915 年 10 期）；题鬟华女士小相（《上海画报》1927 年 191 期）；谨呈于吾弟小相之灵前（《希望月刊》1929 年 3 期）；本报潘怡生君之公子静璋女士七岁小相（《图画晨报》1934 年 82 期）。《汉语大词典》收“小相”，仅有“傧相的谦称；称婚礼中的傧相；旧时对年龄较轻的成年男子的敬称”三个义项。《汉语大词典》也收“小像”“小影”“相片”等。

【学期】学习期限。蒙养学期八年（《申报》1902 年 5 月 5 日）；直督袁准出使日本大臣杨函商法政速成学生宽展学期饬学务处查照札（《北洋官报》1904 年 451 期）；宽展学期（《广益丛报》1905 年 60 期）；议展缓官费生学期（《直隶教育杂志》1907 年 18 期）；陆军部为陆军小学生应补足学期电（《奉天公报》1912 年 135 期）；2 页；批西乡县呈报该县高等小校第一学级学生刘兴汉等学期届满请照新章举行毕业并赍名册由（《陕西教育行政月刊》1914 年 10 期）；陕西巡按使吕调元呈报吏治研究所第一班学员毕业并请嗣后将学期延长以资深造由（《政府公报》1915 年 1160 期）。《汉语大词典》收“学期”，仅有“学年内所划分的若干阶段”一个义项。《汉语大词典》也收“学年”“学习”“期限”“日期”等。

【学事】学校事务。武康学事（《浙江新政交儆报》1902 年壬寅夏季五月）；布哇学事概况（《教育世界》1906 年 142 期）；意大利学事近况（《教育世界》1907 年 162 期）；学事一束（《教育杂志》1911 年 2 期）；亚东学事译闻（《余兴》1914 年 3 期）；学事零闻（《教育与人生》1924 年 19 期）；甘肃省临夏县公私立各级小学校学事比较表（《甘肃教育公报》1932 年 2 期）。《汉语大词典》收“学事”，仅有“从某人学习并侍奉之”一个义项。《汉语大词典》也收“学务”等。

【烟灰 2】鸦片粉末。或食生土或食生烟或食烟灰（《申报》1872 年 9 月 20 日）；配入烟膏烟灰（《申报》1898 年 3 月 26 日）；卖假烟灰（《浙江禁烟官报》1909 年 36 期）；收鸦片烟灰（《图画日报》1909 年 37 期）；巡按使饬准税务处咨解释缉获走私洋药土药熟膏烟灰赏款办法咨饬各关局遵照办理文（《四川财政汇编》1911 年 2 期）；烟灰收归国有，此所谓涓滴归公？（《拒毒月刊》1927 年 9 期）；解释以烟灰为治病之药剂不应论罪训令（《司法公报》1930 年 52 期）。《汉语大词典》收“烟灰”，仅有“烟吸完后剩下的灰（烟灰 1）”一个义项；《汉语大词典订补》补收“粉煤灰”一个义项。《汉语大词典》也收“烟膏”“烟土”等。

【夜班】夜间上学的班级；夜校。师范传习所添设夜班（《北洋官报》1907 年 1290 期）；法政添设夜班简易科（《安徽白话报》1908 年 1 期）；

研究所开设夜班（《湖南地方自治白话报》1910 年 1 期）；批山东提法司呈请法律学堂添设夜班未便照准由（《司法公报》1912 年 3 期）；小吕宋华侨公立中西学校夜班学生全体摄影（《菲律宾华侨教育丛刊》1917 年 1 期）；设立夜班师范（《教育周报》1918 年 219 期）；为普及学术于一般社会起见请各大学举办通俗学术讲习班晨班或夜班案（《北京大学日刊》1924 年 1407 期）；妇女夜班开学（《山东民众教育月刊》1933 年 2 期）；美国纽约市大学夜班之一瞥（《四川教育通讯》1947 年 30 期）。《汉语大词典》收“夜班”，仅有“夜里工作的班次”一个义项。《汉语大词典》也收“夜学”“夜校”等。

【药水 2】化学试剂。用药水浇泼火不能延烧（《申报》1872 年 9 月 20 日）；灭火药水（《点石斋画报》1886 年 77 期）；照相用显影药水新法（《亚泉杂志》1900 年 2 期）；药水代煤（《鹭江报》1904 年 73 期）；安徽财政厅饬奉巡按使饬准财政部咨严查惩办用药水溶蚀新币匪徒由（《安徽公报》1915 年 41 期）；药水炼铁法（《广东劝业报》1909 年 70 期）；救火药水制造法（《国民快览》1926 年 15 期）；放入显影药水中徐徐显出人像（《世风》1939 年 1 期）；退漆药水之制造法（《小工艺》1940 年 7 期）。《汉语大词典》收“药水”，仅有“液态的药（药水 1）”一个义项。《汉语大词典》也收“药剂”“试剂”等。

【译书 2】翻译的著作。摘译香港某司译书（《益闻录》1879 年 1 期）；译书进呈（《益闻录》1898 年 1794 期）；译书滞销（《北洋官报》1903 年 87 期）；译书：商标法（《江西官报》1904 年 30 期）；游学生晏才杰禀呈译书请审定批（《学部官报》1911 年 152 期）；禀请通饬购用译书（《北洋官报》1906 年 964 期）；译书两本（《老少年》1928 年 2 期）；外人重视译书出版（《立言画刊》1942 年 222 期）。《汉语大词典》收“译书”，仅有“古指异域向朝廷修好朝贡时的呈书；翻译书籍（译书 1）”两个义项。《汉语大词典》也收“译作”“译文”等。

【音学】声学。论音学（《中西闻见录》1874 年 21 期）；音学：乐理大意（《江苏》1903 年 6 期）；国际音学大会助兴员（《南大青年》1929

年“二十五周年纪念特刊”）；送历史语言研究所购运音学仪器免税验放护照请查收转发备用（《财政日刊》1931 年 1243 期）；第三章音学，第三节发音体的振动（《开明中学讲义》1933 年 3 期）；新近音学之发展（《科学世界》1934 年 8 期）。《汉语大词典》收“音学”，仅有“音韵学的旧称”一个义项。《汉语大词典》也收“声音”“声学”等。

【引水】引导船舶进出港口。大沽引水小轮船铁釜崩裂轰毙人命事（《教会新报》1872 年 208 期）；引水之某西人（《申报》1904 年 2 月 9 日）；引水之轮船（《申报》1903 年 4 月 1 日）；交通部咨外文部修订引水章程一案咨请迅将所派员名开示文（《交通公报》1922 年 79 期）；胶澳引水暂行规则（《胶澳公报》1923 年 73 期）；交通部咨税务处本部签注东海关引水分章及烟台港口指泊附则各条请责成代理总税务司仍遵前咨转饬照改文（《交通公报》1925 年 1123 期）；海军部引水传习所章程（《军事杂志》1931 年 38 期）。《汉语大词典》收“引水”，仅有“引导水流；引导船舶进出港口或在内海、江河一定区域内航行的专职人员”两个义项。《汉语大词典》也收“领港”等。

【原人 2】本人；当事人。如有假票前来切勿收用并将原人扣住扭交本号以便送究（《申报》1878 年 3 月 11 日）；如有仁人君子知其下落报信者谢洋五元将原人送到者谢洋十元（《申报》1898 年 5 月 19 日）；训令通县武清平谷安次四县取消前充田房官中原缴登录税款发还原人收领文（《京兆财政汇刊》1918 年 1 期）；笺函复法领准函送法人萧恒甫游历护照一纸已签印交原人收执由（《汕头市市政公报》1930 年 52 期）；拾到东西，交还原人（《新生活周刊》1934 年 5 期）。《汉语大词典》收“原人”，仅有“原始人（原人 1）”一个义项。《汉语大词典》也收“本人”“原本”等。

【约稿】条约文稿。约稿甫成（《万国公报》1894 年 64 期）；中美会订约稿（《益闻录》1895 年 1468 期）；中俄约稿（《益闻录》1896 年 1621 期）；英特约稿译闻（《政艺通报》1902 年 8 期）；李文忠所拟约稿（《外交报》1902 年 20 期）；美禁华工约稿强迫中国画押（《大陆》1905 年 5

期）；日本反对俄国约稿（《广益丛报》1906 年 101 期）。《汉语大词典》收“约稿”，仅有“预约稿件”一个义项。《汉语大词典》也收“条约”“文稿”等。

【**杂货店**】比喻存放或传播零散知识或消息的地方。新智识之杂货店（《新民丛报》1902 年 1 期）；新名词之杂货店（《杭州白话报》1902 年“增 1”）；新智识之杂货店（《图画日报》1909 年 44 期）；粉墨场中之杂货店（《民立画报》1911 年“六月”）；杂货店：扬州地名对（《双料五铜元》1914 年 16 期）；新智识之杂货店（《通问报：耶稣教家庭新闻》1918 年 800 期）；旧闻新知杂货店（《广益杂志》1919 年 5 期）；杂货店：工厂歌（《平民之友》1924 年 15 期）；国语杂货店（《小朋友》1925 年 191 期）；肚子里开杂货店（《小说》1934 年 1 期）。《汉语大词典》收“杂货铺”，未收“杂货店”；《汉语大词典订补》补收“杂货店”，仅有“售卖各种日用零星货物的店铺”一个义项。

【**增刊 2**】增加刊登。省出篇幅增刊要闻（《申报》1906 年 1 月 28 日）；续捐者随时增刊（《法政学交通社杂志》1906 年 1 期）；印铸局增刊法令辑览目录（《政府公报》1916 年 254 期）；中国公论社临时紧急增刊驳李济深维持政治分会之提案（《中国公论》1920 年 6 期）；生命月刊增刊英文的建议（《生命》1922 年 9 期）；诸君名次概以首字笔画为序唯先后加入诚恐尚有漏排尚希径函本会办事处以便下期增刊并此道歉（《中医杂志》1923 年 9 期）；本期因稿件拥挤，临时增刊两页（《中流》1943 年 6 期）。《汉语大词典》收“增刊”，仅有“报刊逢纪念日或有某种需要时增加的篇幅或另出的册子（增刊 1）”一个义项。《汉语大词典》也收“增订”“刊登”等。

【**真影**】照片。学生军游城之真影（《民报》1906 年 7 期）；黄河铁桥之真影（《豫报》1907 年 2 期）；通鉴学校演戏真影（《国华报》1908 年 1 期）；苏格兰维新宗教伟人罗格士先生因英法之战被掳至法国经法人派充船中摇橹犯时之真影（《画图新报》1912 年 7 期）；虞山名胜方塔真影（《小说月报》1914 年 3 期）；在坎拿大的森中夜间用电光摄取大种鹿之真影（《时兆月报》1927年6期）。《汉语大词典》收“真影”，仅有“法身的影像；祭祀时张挂的祖先画像”两个义项。《汉语大词典》也收“写真”“影片”等。

【织组】组织。苏省书吏织组法政学堂（《申报》1906年11月21日）；西班牙织组海军（《大同报》1909年12期）；上海急宜织组女子青年会（《妇女时报》1911年3期）；工商会议议决织组出口茶叶公司实行茶叶保育政策案（《协和报》1913年44期）；织组上海交易所之呈请（《银行周报》1918年14期）；社会团体织组程序（《江阴县政公报》1930年27期）；沪钱业公会织组特别保管委员会（《中行月刊》1932年3期）；电请准予织组全国轮船业公会联合会由（《航业通讯》1947年16期）。《汉语大词典》收“织组”，仅有“谓经纬相交，织为布帛；用于比喻排比辞句”两个义项。《汉语大词典》也收“组织”“组建”等。

【竹头木屑】比喻零星的、有用的知识或信息。外洋入口之竹头木屑：书籍入美（《新民丛报》1902年4期）；教育界之竹头木屑：美国大学之特长（《教育杂志》1909年7期）；竹头木屑：基督教公所与劝业会场之比较（《通问报：耶稣教家庭新闻》1910年412期）；商业界之竹头木屑（《福建商业公报》1911年24期）；体育界之竹头木屑（《教育研究》1913年8期）；竹头木屑之剩闻（《中华英文周报》1919年12期）；教学上的竹头木屑（《中华教育界》1921年12期）；夏令卫生中的竹头木屑（《民间旬刊》1931年24期）；竹头木屑：刘半农的“摩登”诗（《天文台》1937年50期）；竹头木屑：推背图（《茶话》1948年30期）。《汉语大词典》收“竹头木屑”，仅有“比喻可供利用的废置之材”一个义项。

【自行车2】自动运行的车；汽车。自行车连走六日能行一千八百里（《万国公报》1876年406期）；英创火油自行车（《时务报》1898年53期）；自行车①（《益闻录》1898年1751期）；四轮自行车（《知新报》

---

① 原文照录《益闻录》1898年1751期《自行车》：“西国近创自行车一种法以火油燃火推动车轮平地风驰电卷每下钟行三四十里需油不过二斤装人货外载油十余斤可行二百里之遥洵巧制也。”

1901 年 133 期)；电气自行车之速力胜于火车（《济南报》1904 年 77 期)；奥国军队电气自行车之进步（《军华》1911 年 3 册)；机关自行车（《中华教育界》1915 年 2 期)；一个坐自行车的督军和一个小兵式的财政厅长（《礼拜六》1922 年 169 期)；以前轮驱进之摩托自行车（《四海半月刊》1931 年 18 期)；摩托自行车之护腿之具（《工商新闻》1934 年 8 期)；电力自行车（《科学的中国》1934 年 7 期)；新速度的巨型机器自行车：这部机器自行车装有六个汽筒的引擎，车身重约一千五百磅，预备每分钟可行五里（《科学的中国》1935 年 11 期)。《汉语大词典》收“自行车”，仅有“俗称脚踏车”一个义项。《汉语大词典》也收“机动车”“汽车”“自动”等。

【总署 2】总机关；总局。日设总署（《北洋官报》1905 年 826 期)；邮政总署及造册处各款收入分届明细表（《邮传部交通统计表》1907 年“邮政”)；上海民政总署（《中国革命记》1912 年 18 期)；浙江内河水上警察各总署编制表（《浙江警察杂志》1914 年 11 期)；准东三省保安总司令部咨为委任锺世铭为东三省交涉总署署长（《奉天公报》1924 年 4523 期)；伪兴安总署改称蒙政部（《黑白》1934 年 10 期)；建设总署暂行处务规则（《政府公报》1938 年 23 期)；教育总署制定留日生证书（《开封教育月刊》1940 年 8 期)。《汉语大词典》收“总署”，仅有“清总理各国事务衙门的别称（总署 1）”一个义项。《汉语大词典》也收“总会”“官署”等。

【组合 2】组织起来的整体或团体。日本全国茶业组合中央会议（《湖北商务报》1899 年 9 期)；和兰国中禁酒组合之成立（《教育世界》1907 年 165 期)；拟办无限责任农业信用组合章程（《生活》1912 年 3 期)；覆上海青年会组合王正廷函（《江苏教育行政月报》1914 年 15 期)；提议改正青年会组合名称为青年会全国联合会意见书（《青年》1915 年 2 期)；今后劳动界必要的组合（《惟民》1919 年 2 期)；日本产铜组合之成立（《银行周报》1920 年 25 期)；英国皮货商组合成立（《毛革杂志》1921 年 2 期)；美国新组合之煤油界托辣斯（《矿业》1929 年 5 期)；海城养鸡组合成立（《农业进步》1935 年 4 期）；日本四大工业组合从事清算（《金融周报》1945 年 6 期）。《汉语大词典》收“组合”，仅有“组织成整体”一个义项。《汉语大词典》也收“组织”“集合”等。

【坐客】乘客。恐中国载客之价坐客不能出也（《湘报》1898 年 176 期）；电车售票人问坐客曰你车费付了没有（《星期汇报》1913 年 1 期）；电车坐客之冲突（《铁路协会会报》1918 年 73 期）；飞车中之坐客（《现代学生》1931 年 4 期）；图为电车中一查票员在向一坐客索票（《玲珑漫画》1932 年 1 期）；右图为英国新制之公共汽车，车身全系金属制成，可容坐客三十五人（《建设评论》1948 年 7 期）。《汉语大词典》收“坐客”，仅有“座上的客人；谓留客入席”两个义项。《汉语大词典》也收“乘坐”“乘客”等。

除上述例子外，《汉语大词典》失收的可能还有：① “按置（安放布置）、霸王（大王）、白货 1（白瓷）、白货 2（白布）、败坏（腐败堕落）、斑点（小事情）、包封（邮政包裹）、包裹（邮政包裹）、宝诀（秘诀）、报 2（电报）、报社 2（书报社）、暴动 2（喷发）、暴发 1（爆发）、暴发 2（爆炸）、暴现（突然出现）、爆烈 1（喷发）、爆裂（喷发）、悲感（悲伤的感觉）、变象（变局）、辩护 2（律师）、表式（表格格式）、别录（副刊附录）、冰窟（冰窖）、冰冷（衰败）、冰鞋（雪橇）、冰鱼（使鱼冰冻）、兵警 2（军队警讯）、病夫（比喻羸弱的中国）、补给 2（提供）、不自由（没有自由）、部门（门类）、部院（部与院）、裁判 2（鉴别）、裁判 3（法官）、采访（新闻信息采集）、采风（采集风土人情）、彩（彩票）、惨淡（不景气）、惨剧 2（悲剧）、插花（插花地）、差点（不同点）、馋涎（垂涎）、车栈 2（车行）、撤退 1（召回）、撤退 2（撤职）、成功（形成）、赤轮（红血球）、酬报（报酬）、出品（出口的产品）、出入（出口

---

① 这些词语也存在双音节词与双音节词组、同音与多义的辨别问题。括号外为《汉语大词典》已收词条，括号内为未收的义项，作为提示与参考。“按置（安放布置）”表示《汉语大词典》已收“按置”，为“处置；惩处”义，但未收“按置”的“安放布置”义。例如，“按置电线之火车图（《协和报》1910 年 1 期）；香港新会所按置地基石礼（《上海青年》1917 年 6 期）”等。其他类似。

进口)、出院2(离开枢密院等)、初步(初始阶段)、初级2(初始阶段)、初阶(初始阶段)、初中(初等中等)、川河(四川的河流)、川路(四川的铁路)、辞书2(辞职信)、次(指数的值)、粗工2(粗糙的工艺)、大帮(大批)、大革命(泛指大型革命)、大舞台1(大型舞台)、代耕(代替耕作)、党事(政党事务)、导线1(火药的引线)、导线2(事变的近因)、灯具(烟灯用具)、底层(底下的楼层)、地球(全世界)、电报3(发电报)、电船(电气船)、电汇2(电报汇登)、电雷(电气炸弹)、电扇2(电暖扇)、电筒(话筒)、电阻(电报阻止)、店家(商人)、町(日语村镇)、顶上(最好)、东(日本)、东学2(日本学校)、东学3(朝鲜国学)、动态(变化的)、毒气(有毒气体)、短期(短时期)、锻铁2(炼铁)、墩(吨)、多数2(复数)、恶化(强行乞讨)、发火(发射)、法典(系统的法律)、法官1(法院审判官)、番号(编号)、反激2(反抗)、防水(防止渗水)、飞车1(自行车)、飞车2(飞机)、飞船(飞机)、飞轮2(飞驰的轮船)、飞球(飞机)、飞翼(飞行伞)、飞舟(飞机)、非2(不属于某范围)、分3(货币单位)、分间(分钟)、粉墙(粉刷墙壁)、风台(报风台)、富源2(财富之源)、概略(概况)、感(感想)、高地2(高原)、高中(高等中等)、稿件2(文稿)、告辞(辞职)、工程2(机械功)、工时(工作时间)、工艺品2(工业品)、公电2(公开的电报)、公股(公共的股份)、公例2(公法)、公律2(公法)、公启2(公告)、公社(公会)、供求2(招供求情)、勾萌(萌芽)、股(基层机构)、顾问(供咨询的人)、怪相3(怪现象)、官商(官吏与商人)、官绅(做官的绅士)、官瘾(官卖的烟土)、规画(规划)、轨制(铁轨制式)、国产2(国货)、国产3(国家财产)、国民党(非特指中国政党)、国闻(国计民生的新闻)、过(分子结构中有过氧基结构的)、过程(路程)、海面(海域)、号2(表名称)、号3(表日期)、合演2(联合操演)、核销(审核撤销)、黑货2(黑瓷)、横过(横贯)、轰炸(爆炸)、红轮(红血球)、候选(候补)、虎(厉害的人)、花界2(鲜花界)、花烟间2(妓女)、花纸(彩纸)、化炼(化学提炼)、画品(画作)、画一(划一)、缓解2(暂缓收取)、黄白(黄种人白种人)、黄册(表册)、黄货(黄瓷)、回(届)、回光(反光)、汇报2(集中报道)、会演2(联合操演)、火柴头(火柴梗)、机关2(关键)、机轮(轮船发动机)、基地(地基)、极限(数学变量)、急性(发病急剧的)、集团(集合为团体)、技师(技工)、检查2(检验)、检查3(检察)、检察员2(检查员)、检定2(鉴定)、减色(减成)、讲舍(教室)、交路(交还路权)、焦炭2(焦灰)、教道(教义)、教规(教育规章)、教民2(教士与乡民)、教务2(宗教事务)、教长2(教务长)、接头3(连接的部分)、结构(构成整体的各个部分及其结合方式)、结晶3(结果)、结局(结果)、结论(结语)、金市(黄金市价)、进出(进口出口)、进级(升级)、进阶(升级)、禁闭2(查禁关闭)、救急(急救)、救济(司法扶助)、就学(在校学习)、举(选举)、举选(选举)、据地(据点)、军政司(管理军政的机构)、军资(军费)、开车3(通车)、开会2(开赛会)、开赛2(开赛会)、开堂(开学)、开厅(开庭)、开演2(开始演习)、开园(开学)、考查(考察)、科(动植物分类单位)、客货(客人与货物)、空盘(买空卖空)、库存(库中现存的)、宽展(宽限延长)、来稿2(外来稿件)、来函2(外来书函)、蓝(蓝靛)、冷房(有冷气的房间)、里面(本质)、理(物理)、立定2(签订决定)、联合政府2(联合王国)、两江(松花江黑龙江)、龙(消防水龙)、路车(火车)、路费(修路费用)、路工2(铁路工程)、路票(铁路彩票)、轮车(汽车)、轮轴2(螺旋桨)、螺蛳(螺丝)、蛮方(未开化的地方)、慢性(发病缓慢的)、梅(梅毒)、门诊(在家里看病)、密电2(秘密的电报)、密电3(秘密发报)、民工2(民间兴修的工程)、民警1(民众事件)、民警2(民众与警察)、民有(私有)、末途(末路)、母(创立者)、木杆(木质电杆)、脑(樟脑)、内观(内在情状)、内国(国内)、内销2(户部报销)、内资(国内资本)、能力(能量)、拟制2(准备制造)、年表(年报)、牛(厉害)、农场(农业试验场)、女博士(女性博士)、排演2(排列操演)、赔偿(赔偿款)、皮带1(传动带)、皮带2(皮质水管)、四

（功率单位）、片影（掠影）、平和（和平）、凭单（凭据）、剖割（解剖）、旗船2（挂旗帜的商船）、气管3（排气管）、汽船2（飞艇）、汽管2（排气管）、汽炉2（锅炉）、汽艇（飞艇）、汽筒2（气缸）、枪弹2（枪支弹药）、强硬2（坚硬）、侨寓（在国外居住）、窃犯（窃贼）、寝室（宿舍）、青年团（非特指共青团）、请退（辞职）、球2（军用气球）、区划（区域划分）、驱逐出境2（驱赶出所属境地）、屈折（曲射折射）、诠索（查找）、人学（人类学）、溶和（化合）、柔声（被动态）、软（不含或少含钙镁等盐类的水）、赛（赛会）、三岛2（英伦三岛）、三国（三个国家）、三界（三个领域）、三省2（三个省）、商场2（商埠）、商会2（商业赛会）、商界2（通商界限）、商团2（商业团体）、社会2（公司）、绅董2（具有绅士身份的董事）、神教（以神对象的宗教）、省内（省域之内）、圣女（修女）、圣心（上帝的心怀）、石板2（石版）、石版2（石板）、实学（自然科学）、食物（比喻赖以生存的东西）、试水（下水）、收报（收取电报）、收获（获得）、收考（招考）、收录（录取）、收取（录取）、书社（书报公社）、水电2（水底电线）、水夫（消防员）、水衣（潜水衣）、水质2（水分）、司令员2（司号员）、私费（自费）、私贿（私下贿赂）、私约（密约）、四大金刚（非特指宗教神灵）、松动1（金融宽松）、松动2（病情好转）、颂言（颂词）、俗话（白话）、随员2（使馆随从）、损益（缺点优点）、缩影2（缩印）、滩工（河滩工程）、谈丛（丛谈）、谈天2（谈论天体）、炭（碳）、探查2（探险）、探侦（侦探）、堂1（学堂）、堂2（教堂）、糖精2（浓缩的糖汁）、套车2（有车套的车）、体量（体重）、天皇（日本君王）、天神（上帝）、铁线（铁路线）、通报2（综合性报纸）、通电3（通电报）、通字（通用文字）、统领（总统）、投机（投资）、投票2（投标）、突冲（冲突）、图案2（文案）、图式（图样）、团防（团勇防卫）、外权（国外权势）、外商2（外务部商务部）、外事2（国外事情）、外政（外交事务）、晚学（傍晚或晚间就学）、王（垄断者）、维持会（非特指沦陷区的临时组织）、卫生丸（保健药丸）、文部（学部）、文明（有文化的）、武员2（使馆武官）、务虚（不讲究实际）、物种（作物种子）、西纪（公元）、下级2（低一级的）、险（保险）、现象2（现状）、乡佐（乡董）、香油（精油）、详论（详细论述）、小班2（新科进士的班列）、小票2（执照）、小社（小型协会）、小影（小照片）、效力（约束力）、写真（照片）、卸装2（装卸）、新党（非特指中国政党）、新民（新的国民）、新派1（新流派）、新派2（最新委派）、新月（新的卫星）、新造（新制造）、兴业（振兴实业）、性理学2（物理学）、凶耗（不好的消息）、休学（停课放假）、选集2（挑选结集）、学年2（学龄或学习年限）、学时2（学时时间）、噱谈（趣谈）、巡（警察）、巡船（巡洋舰）、亚2（化学价较低的）、烟草（香烟）、烟癖2（吸食香烟的恶习）、言语（语言）、演技2（表演技艺）、艳容（美容）、摇车（电车）、药力（火药威力）、要件4（重要的物件）、曜日（星期日）、野鸡3（零工）、一般2（一斑）、移植1（转移）、移植2（移居）、移殖2（移植）、遗景（遗留的景象）、义捐2（为资助公益事业而捐献）、义勇军（非特指中国的军队组织）、议会2（会议）、议事堂（议场）、议席2（会议的席位）、议员2（一般议事机构的成员）、议约2（议定的条约）、议长2（一般议事机构的负责人）、异物（不应存在身体组织的其他东西）、译述2（从事翻译著述的人）、阴阳（阴极阳极）、因循敷衍、印像（冲洗照片）、影灯（幻灯）、影片3（电影胶片）、影响（施加的作用）、应响2（响应）、应征3（应该征收）、映像（照相）、硬（含较多钙镁等盐类的水）、用语3（选用的语言）、鱼毒（鱼体毒素）、鱼艇（鱼雷艇）、鱼油（一种油漆）、语汇2（术语）、浴场2（浴室）、预订（预定）、员役（职员）、源起2（发源）、月刊2（按月刊印）、云石（大理石）、运动员2（活动家）、杂话（杂感）、杂货（零散的知识）、杂货铺（比喻存放或传播零散知识或消息的地方）、杂志2（杂记）、杂种（不同的人种）、爆裂2（炸裂）、择要（选择的重要的东西）、贼党（乱党）、增强2（倍增强健）、摘除2（摘掉除去）、占地2（占领地）、战舰2（战机）、章程书（章程）、障害2（障碍物）、真际（真相）、正科（主科）、证券2（证书证件）、证言2（作证的言论）、政学（政治学）、枝指（节外生枝）、执照2（护照）、直觉2（直观的感觉）、直属2（直隶省属）、直译2（今语解说古语）、指派2（指定摊派）、制麻（制作麻皮）、质地（地质）、质点2（要点）、智囊（智慧）、中额（中奖的钱额）、中世（中世纪）、钟点3（点）、钟头2（钟）、周期（元素分类）、主讲（主讲人）、主位（本位）、助学（捐助办学）、住院2（住校）、祝文（教徒祷告文）、著书（著作）、专条（专门新闻）、庄家（钱庄主人）、装配（安装配备）、装置3（装修）、追减（再次减少）、子弟（子女）、自掘坟墓（挖掘自家的坟墓）、自由车2（汽车）、总办2（全面办理）、坐谈（座谈）、座船（旗舰）”等。

第三章

释义不确

释义不确是指词义解释存在某些偏差。释义是辞书的核心任务，辞书的质量在很大程度上取决于释义的水平。《汉语大词典》释义确切详备，“释义的水平是相当高的”,① 但是，由于多种因素制约，部分词语的解释不够精确，还有可商之处，主要表现在外延、内涵、感情色彩、义项分合等方面。晚清期刊中200余条新质词语可以为完善释义提供参考。例如：

【辩护士】 辩护人。议员与辩护士（《大陆》1904年10期）；第二回万国辩护士会（《法政杂志》1906年2期）；法政学堂将加习辩护士（《大同报》1910年6期）；审判厅将设辩护士（《北洋官报》1911年2734期）；浙江提法司核准辩护士登录（《浙江公报》1912年234期）；角冈辩护士之妙论《法学新报》1928年21期；辩护士制度之研究《法学丛刊》1936年6期。《汉语大词典》收“辩护士”，释义为“即辩护人。常含贬义”；收“辩护人”，释义为“法律名词。受被告人的委托或者经法院许可或指定，在法庭上为被告人辩护的人”。“辩护士”是“辩护人”“律师”，为法律用语，是现代司法制度进步的产物，“常含贬义”不妥。当然，“辩护士”有时为黑恶势力或反动利益辩护，从而沾染贬义色彩。

【彩票】 奖券的一种。助赈彩票（《申报》1879年9月23日）；彩票盛行（《益闻录》1889年911期）；彩票将开（《鹭江报》1903年53期）；有奖储蓄与彩票（《保险与储蓄》1924年3期）；彩票与公路（《大众画报》1933年1期）；发行彩票案已在研究中（《经济特讯日译》1943年114期）；对体育彩票的一点认识（《哈尔滨体育学院学报》1985年3期）；

---

① 陈增杰．论《汉语大词典》的修订［J］．辞书研究，1998（04）．

试论彩票销售的市场属性（《山西财经学院学报》1997 年 2 期）；挥洒属于彩票的光与热（《国家彩票》2021 年 5 期）。《汉语大词典》收“彩票”，释义为“旧时奖券的一种”。从上述书证看，“彩票”不仅仅局限于“旧时”，从产生之日起，尽管属性和类型可能不完全一样，但它几乎存在于至今的各个时期。

【搭客 1】乘客。按察司代受亏搭客伸冤（《遐迩贯珍》1855 年 7 期）；长江搭客价目（《益闻录》1882 年 151 期）；用气球搭客之壮举（《通问报：耶稣教家庭新闻》1907 年 265 期）；杜色耳林破坏搭客飞艇德国号图（《协和报》1911 年 47 期）；飞行停止时搭客下地之状况（《东方杂志》1916 年 11 期）；京师空中游览搭客规则（《政府公报》1921 年 1826 期）；横渡大西洋之搭客飞艇（《时兆月报》1928 年 5 期）；由飞机中掷下救生索之摄影，此为挽救搭客之新方法（《时兆月报》1928 年 4 期）；德搭客飞机堕地惨剧（《飞行月刊》1929 年 15 期）；沪蓉航空之搭客票价总计（《趣味世界》1930 年 2 期）；乘启明号飞机首次开航之三搭客（《民间周报》1934 年 57 期）；中美线处女航：搭客之一小部分，穿黑衣者为于斌主教（《中美周报》1947 年 260 期）。《汉语大词典》收“搭客”，释义为“乘坐车船的人”；收“乘客”，释义为“搭乘车、船、飞机的人”。从上述书证看，除了“车船”外，乘坐“气球”“飞艇”“飞机”等空中交通工具的“乘客”也是“搭客”。

【低能儿】1. 生理或精神有缺陷的、智力低下的儿童。2. 常用以喻指无能耐的人。脑威之保护低能儿事业（《教育杂志》1909 年 9 期）；低能儿算术初步教授（《中华教育界》1913 年 11 期）；敬告有低能儿之家庭（《妇女杂志》1919 年 7 期）；怎样去补助低能儿的作业（《宝山县立师范学校校刊》1926 年 1 期）；低能儿之精神卫生（《长寿》1935 年 138 期）；一个碧眼的浪人挽着她手向我们这里走来见我们返身望她露出得意的笑容好像说低能儿（《申报》1932 年 11 月 5 日）；反之男子当中却有许多是低能儿仅知花天酒地的胡闹而不事生产的（《申报》1936 年 6 月 20 日）。《汉语大词典》收“低能儿”，释义为“生理或精神有缺陷的、智力低下的儿童。常用以喻指无能耐的人”。前者为本义，后者为比喻义，建议义项分开单列，加上“1”“2”等序号。

【东国】日本。东国之统领西乡中将（《申报》1874年7月22日）；东国版图（《益闻录》1883年233期）；睹樱花思东国（《清议报》1899年16期）；东国近闻（《经济丛编》1902年8期）；古代日本的“东国”（《外国问题研究》2013年3期）。《汉语大词典》收“东国”，义项1释义认为“东方之国”“近代多指中国以东的日本、朝鲜等国”；义项4释义为“犹东方。指亚洲。一说，指中国”。从上述书证看，“东国”指“日本”。义项4单一书证引自毛泽东（《念奴娇·昆仑》）词：“一截遗欧，一截赠美，一截还东国。”① 此处“东国”也指“日本”，而非“亚洲”或“中国”。建议将义项1、义项4重新梳理，明晰“东国”所指。

【东省】东三省的省称。东省铸钱（《益闻录》1896年1573期）；大清东省铁路公司告白（《申报》1898年1月16日）；东省盛京辽阳等处（《申报》1905年8月5日）；东省近信（东三省）（《重庆商会公报》1907年75期）；东省三督抚咨本部文（《商务官报》1907年22期）；令卸任东省铁路公司督办郭宗熙呈报交卸兼任督办东省铁路公司事宜任务日期由（《政府公报》1919年1278期）。《汉语大词典》收“东省”，义项5释义为“民国时期对东三省的省称”。从上述书证看，晚清时期“东省”也指“东三省”。此外，“东省”义项4释义为“清代对山东省的省称”，也不完全正确，清代之后也有“东省”指“山东省”。例如，“山东巡按使蔡儒楷呈遵令择尤酌保东省河工出力人员吴建勋等分别奖励缮折请示文并批令（《政府公报》1914年947期）；咨山东巡按使东省办理教育等项要政准于田赋正额加收附捐以加至十分之一五为止请转行饬遵文（《税务月刊》1916年27期）；准司法部咨复济南协和医学分校请在东省就近领取尸体已令行查照文（《教育公报》1917年11期）”等。

---

① 1958年12月21日，毛泽东为词的下半阕批注：“昆仑，主题思想是反对帝国主义，不是别的。改一句，‘一截留中国’，改为‘一截还东国’。忘记了日本人是不对的。这样，英、美、日都涉及了。别的解释，不合实际。”

【多头】从事商品、有价证券交易的人，预料货价将涨而买进现货或期货，伺机卖出。论买多头空头（《申报》1879 年 11 月 28 日）；买进者名曰多头（《申报》1907 年 10 月 30 日）；金商做半月余多头，最近银底过丰将使银价下跌（《商业杂志》1927 年 5 期）；印棉多头了结缺少买风（《纺织时报》1934 年 1072 期）；在多头市场的三个阶段中超越道琼斯指数（《投资与信用研究》1993 年 10 期）；如何能预防大盘多头陷阱（《证券市场研究》2004 年 21 期）；多头依旧乐观（《证券市场红周刊》2005 年 12 期）；你具有多头情结还是空头情结？（《西南金融》2009 年 1 期）；多头完爆空头，中字头急速攀升（《证券市场周刊》2014 年 2055 期）。《汉语大词典》收"多头"，义项 1 释义为"资本主义社会和旧中国的交易所中投机方式之一"；收"多头"，义项 4 释义为"旧时从事投机交易的人，预料货价将跌，先卖出期货，俟跌价后再买进而赚取差额"。从上述书证看，除了"资本主义社会""旧中国""旧时"外，其他社会或时期也普遍存在"多头"和"空头"。

【复选】再一次选举；再一次挑选；再一次评选。论单选复选之利弊（《预备立宪公会报》1908 年 18 期）；宪政编查馆奏京旗选举请归顺属办理并请饬府尹充复选监督折（《政治官报》1908 年 442 期）；复选人数（《广益丛报》1909 年 209 期）；初选复选区之配置（《北洋官报》1909 年 2036 期）；各省众议院议员复选当选人一览表（《东方杂志》1913 年 9 期）；飞花棉业联合会复选会长（《纺织时报》1925 年 232 期）；美国总统复选（《青鹤》1933 年 7 期）。《汉语大词典》未收"复选"，《汉语大词典订补》补收，释义为"再一次挑选；再一次评选"。从上述书证看，除"挑选""评选"外，"复选"与"初选"相对，有"再一次选举"义。

【公告 1】政府或团体等向公众发出的通告。天津县议事会议覆公告（《北洋官报》1909 年 2239 期）；公告：市政公所收受市民投函简章（《市政通告》1914 年 50 期）；消费公社公告（《北京大学日刊》1918 年 114 期）；青岛商科大学招生公告（《奉天公报》1922 年 3639 期）；英商对于苛税华茶之公告（《钱业月报》1924 年 4 期）；东省铁路公告汇编（《东省经济月刊》1926年6期)；公告：郑维城启事：本人入学证遗失声明作废(《北大日刊》1931年2577期)；鲁迅先生纪念委员会筹备会公告(《世界知识》1936年6期)；物资局八月一日公告(《农本》1942年61期)。《汉语大词典》收“公告”，义项1释义为“政府、团体对重大事件发布的通告”；收“公示”，释义为“指政府机关或团体下达的指示、通告等”；收“通告”，义项2释义为“普遍通知的文告”。从上述书证看，“公告”即“公示”或“通告”，“公告”的主体多种多样，既可能是“政府、团体”，也可能是“个人”；“公告”的对象五花八门，既可能是“重大事件”，也可能是“一般事情”。

【广货】广东出产的货物。买广货(《申报》1872年5月2日)；广货公所创设研究会(《商业杂志》1910年1期)；广货药材所受战事之打击(《绍兴医药月报》1926年8期)；大力振兴“广货”，“广货”大有可为(《厂长之友》1986年4期)；略论广货市场拓宽策略(《商业经济文荟》1997年3期)；广货危机及广货品牌战略(《特区与港澳经济》2000年1期)；经济新常态下广货内销体系的构建研究(《中国商论》2017年20期)。《汉语大词典》收“广货”，义项1释义为“旧称广东出产的货物”。从上述书证看，除“旧时”外，“广货”在当代社会中普遍存在。

【黄水1】黄河水。黄水尚未长发(《申报》1872年10月22日)；山陕大旱黄水来源甚弱(《申报》1877年9月21日)；东省沿河各州县连年黄水为灾(《申报》1898年4月28日)；黄水入微山湖苏北转安鲁西未脱险(《中央时事周报》1933年34期)；黄水会勘察潼关险工(《陕西水利月刊》1934年2期)；山东拟利用黄水浇田(《天主公教白话报》1936年22期)。《汉语大词典》收“黄水”，义项1释义为“泛滥的洪水”。从上述书证看，“黄水”就是“黄河水”，不宜解释为“泛滥的洪水”。当然，以前黄河经常泛滥成灾，误将“黄水”解释为“洪水”。《汉语大词典》书证分别引自老舍《宝船》第一幕第二场：“幕启：天昏地暗，黄水横流。一片锣声，众人惊叫：‘水来了！水来了！逃命啊！’”田汉《洪水》：“地点：黄水南侵中的某大堤。”此处“黄水”就是“黄河水”义，而非

“泛滥的洪水”义。

【汇寄】通过银行或邮电局等划拨邮寄钱财或物品。中国各处教会赶寄所作各件至沪汇寄赛会事（《万国公报》1875年335期）；每家捐收二百金汇寄灾区（《申报》1898年5月30日）；咨出使各国大臣札驻各国游学生监督将各国实业学堂章程搜罗汇寄本部文（《学部官报》1910年130期）；学宪叶准劝业道刘咨奉督部堂李札准东三省督抚咨请汇寄籽种札饬农业学堂查覆文（《云南政治官报》1910年654期）；致外交部检送本院公报请汇寄美国交换书报处函（《参议院公报》1916年23册）；外省请领律师证书应由各高检厅汇寄布告（《司法公报》1917年75期）；苏联之汇寄条例：外币及珍品（《上海总商会月报》1924年12期）。《汉语大词典》收“汇寄”，释义为“通过银行或邮电局划拨款项”。从上述书证看，除“汇寄款项”外，也涉及“章程”“籽种”“公报”“证书”“珍品”等物品。

【监理员】负有监察管理责任的人员。监理员郑君（《申报》1906年11月24日）；准咨送蚕桑改良会监理员规程由（《安徽实业杂志》1918年15期）；学生银行查帐员马寅初、徐新六及监理员王建祖、胡钧、徐宝璜报告（《北京大学日刊》1918年114期）；派该员为天津电话局出纳监理员由（《交通公报》1928年29期）；交易所监理员规程（《商业月报》1931年9期）；在监理员手下逃脱（《农业机械》1988年9期）；如何做一名合格的农机监理员（《农业机械化与电气化》2003年1期）。《汉语大词典》收“监理员”，释义为“负有监察管理责任的官员”；收“监理”，义项3释义为“负有监督管理责任的职能人员”。从上述书证看，“监理员”即“监理之人员”，不一定都是“官员”。

【检察厅】检察机关的通称。沈阳地方检察厅布告（《奉天公报》1929年6012期）；吉林高等检察厅通缉人犯表（《吉林省公署公报》1932年177期）；日本检察厅法（《法律评论》1947年11期）；中华人民共和国最高人民检察院特别检察厅起诉书（《人民日报》1980年11月21日）；贵州三个地方审判厅和三个地方检察厅（《贵州文史丛刊》1994年2期）；韩国《检察厅法》简介（《人民检察》1996 年 3 期）；最高检设立死刑复核检察厅（《民主与法制》2013 年 8 期）。《汉语大词典》收“检察厅”，释义为“旧中国检察机关的通称”。从上述书证看，除“旧中国”外，“检察厅”在国内外或当代社会中普遍存在。

【金婚】结婚五十周年的婚姻。国王金婚（《教会新报》1873 年 223 期）；金婚之礼（《申报》1904 年 11 月 21 日）；上海姚志梁先生金婚贺联第一集（《妇女杂志》1919 年 6 期）；沉默的金婚（《人民日报》1986 年 12 月 16 日）；铁牛的金婚佳侣（《中国老年》1990 年 3 期）；金婚的理由（《老年健康》2004 年 10 期）；摄影家为百对农村老人拍摄金婚照（《中国老区建设》2012 年 10 期）。《汉语大词典》收“金婚”，释义为“西方风俗，结婚五十周年，称‘金婚’”。从上述书证看，尽管“金婚”起源于西方，但在国内社会也普遍存在。

【禁运】禁止运输。禁运铜钱（《益闻录》1896 年 1557 期）；禁运外省铜元（《江西官报》1905 年 11 期）；理藩部咨邮传部请饬火车站禁运芦盐文（《政治官报》1909 年 590 期）；批建宁县详米价昂贵请暂禁运由（《福建公报》1916 年 138 期）；交部通令各路局遵照颁行禁品清单禁运文（《交通丛报》1924 年 102 期）；菜牛耕牛一体禁宰禁运（《江苏省政府公报》1928 年 53 期）；淮南煎草禁运地点应否酌予变通之饬议（《盐务汇刊》1933 年 17 期）；西南的运输与华南禁运问题（《更生》1940 年 1 期）；禁运货物赴非沦陷区（《中国经济评论》1941 年 3 期）；纱布禁运华南（《见闻》1946 年 13 期）；水泥船禁运大形势和小苦恼（《中国船检》2004 年 9 期）；危化品禁运波及当前农药营销（《农化新世纪》2008 年 8 期）；我国内河封闭水域拟禁运剧毒化学品（《天津航海》2016 年 3 期）；新版《内河禁运危险化学品目录》剖析（《交通企业管理》2020 年 4 期）。《汉语大词典》收“禁运”，释义为“一国禁止对某国输出或由该国输入全部或部分商品”。从上述书证看，“禁运”主要发生在国与国之间，但国家内部区域也存在禁止运输等现象。

【精虫】精子。考察公孙树精虫（《时务报》1897 年 42 期）；印度先民知地球绕日及人身有精虫二事（《民报》1908 年 24 期）；羊齿类植物的受精现象与精虫（《现代学生》1933 年 7 期）；螽斯精虫形成之研究（《昆虫与植病》1934 年 4 期）；蜜蜂之精虫（《中国养蜂杂志》1936 年 7 期）；武昌某大学教授剖视狗精虫，结果谓其机能虫体均较人类者强大，若使其延年体外于医药上或有贡献（《阳春小报》1936 年 55 期）；有精虫的植物（《科学的中国》1937 年 7 期）；几种稀释液对牛精虫的生存力初步比较试验（《中国畜牧学杂志》1958 年 2 期）；公猪无精虫怎么办？（《中国畜牧杂志》1988 年 2 期）。《汉语大词典》收“精虫”，释义为“指人的精子”。从上述书证看，人有“精虫”，“螽斯”“蜜蜂”“狗”“公猪”等动物也有“精虫”，甚至某些植物也有“精虫”。

【开班 1】按班开行。小轮开班（《商务报》1900 年 29 期）；瓜河小轮仍未能开班（《北洋官报》1905 年 790 期）；领事电争小轮开班日期（《山东官报》1906 年 127 期）；宁绍商轮不允运兵：宁波独立谣言之由来，开班暂行停驶（《国际协报》1918 年 81 期）；嘉善汽船已开班（《芦墟》1922 年“创刊号”）；沪汉航空邮运突然开班（《邮票新声》1929 年 3 期）；扬子江全部开班，南北洋海轮将增新船（《星槎》1930 年 13 期）；中德航空：六月后开班（《邮声》1930 年 6 期）；部咨取缔不依法定手续投机开班轮船（《江苏省政府公报》1932 年 1050 期）；民众公司常汉轮开班（《聚星》1933 年 6 期）；南昌市轮渡地点及开班时间表（《市政半月刊》1935 年 9 期）；中苏航空正式开班（《时事月报》1940 年 2 期）。《汉语大词典》收“开班”，义项 1 释义为“按班开车”。从上述书证看，除“车”外，“开班”也涉及“小轮”“商轮”“轮渡”等水上交通工具以及“飞机”等航空交通工具。

【恳亲会】诚恳交流感情与信息的聚会。自由平权恳亲会于本月十六日在大坂府下新街扇屋内开筵（《申报》1882 年 10 月 8 日）；女塾举行恳亲会（《北洋官报》1905 年 887 期）；中日商人之恳亲会（《广益丛报》1906 年 103 期）；南北美洲之恳亲会（《万国公报》1906 年 214 期）；政闻社新年恳亲会纪事（《政论》1908 年 4 期）；天足会之恳亲会（《竞业旬报》1908 年 19 期)；贫儿院第一次恳亲会（《教育杂志》1909 年 11 期)；庚戌首义新军同志组织恳亲会(《海珠星期画报》1928 年 8 期)；第一中心小学开恳亲会（《南声》1936 年 47 期)；恳亲会漫谈（《端中学生》1948 年 4 期)；大陆台胞代表团应邀参加旅日台胞举行的恳亲会（《人民日报》1980 年 7 月 28 日)；推动两岸蒋氏宗亲联谊交流，海峡两岸世界华人厦漳蒋氏恳亲会举行（《海峡姐妹》2012 年 9 期)。《汉语大词典》收“恳请会”，释义为“旧时学校邀集学生家长，以相互沟通情况，展示学生作业，并辅以游艺助兴的一种活动形式”。从上述书证看，“恳亲会”从产生一直沿用至今，标注“旧时”不妥；“恳亲会”多由学校举行，但不限于学校，例如，“政闻社”“天足会”“贫儿院”等众多机构组织都可以举行。

【来文】 送来或寄来的公文等文稿。来文：劝徽州人不要裹脚的道理（《安徽俗话报》1904 年 4 期)；来文：续无鬼论演义（《安徽俗话报》1904 年 13 期)；民政长来文一（《上海市公报》1912 年 1 期)；雷震先生来文（《医学杂志》1927 年 1 期)；结业学员来文分类统计（《广东训练团团刊》1943 年 25 期)；来文：万能之歌！(《上海邮刊》1948 年 6 期)；来文摘登（《材料保护》1994 年 7 期)；市场大潮一劲舟——记陕西省富平县粮食局局长金来文（《现代企业》1996 年 10 月)；来函、来文摘登（《抚州师专学报》1999 年 6 期)。《汉语大词典》收“来文”，释义为“送来或寄来的公文”。从上述书证看，除“公文”外，“送来或寄来”的可能是信件、论文等不具有“公文”属性的其他“文稿”。

【厘务】 厘捐事务。整顿厘务（《益闻录》1882 年 156 期)；讲求厘务（《四川官报》1904 年 7 期)；厘务局奉筹旧金山赈款（《赏奇画报》1906 年 2 期)；财政部批湖南唐辰等请改良厘务章程办法呈（《临时政府公报》1912 年 52 期)；呈一件报石码兼江东桥厘务委任朱焕新接充由（《福建公报》1916 年 267 期)；布告招商承办四会厂厘务文（《财政公报》1926 年 150 期)；清末九江地方厘务人员薪酬水平与厘金浮收关系研究（《中国经济史研究》2019 年 5 期)。《汉语大词典》收“厘务”，义项 2 释义为“厘捐”，也就是“厘税”。从上述书证看，“务”即“事务”，“厘务”类似

“税务”“财务”等，是关于“厘捐”的“事务”。

【煤饼】煤末加水等制成的饼状的煤块。烧柴炭煤饼于炉（《申报》1875年2月2日）；煤饼八十六包（《申报》1911年10月28日）；围窑烧砖用煤饼点火试验成功（《建筑材料工业》1958年16期）；易燃点火煤饼（《商场现代化》1977年6期）；易燃煤饼的推广为什么那么慢？（《解放日报》1980年9月19日）；送煤饼（《作家天地》2005年216期）。《汉语大词典》未收“煤饼”，收“煤球”，释义为“煤末加水和黄土制成的小圆球，是做饭取暖等的燃料”；《汉语大词典订补》补收“煤饼”，释义为“蜂窝煤”。从上述书证看，“煤饼”“煤球”“蜂窝煤”均为煤末加工制成的燃料，但三者分别为“饼状”“球状”“蜂窝状”，形状存在明显差异。

【木厘】木税。裁并木厘（《湖北商务报》1899年32期）；木厘减色（《商务报》1900年22期）；增缴木厘（《南洋七日报》1901年1期）；会议木厘分别山贩水贩五分十分并另设专卡委员办理详（《江西官报》1904年13期）；饬议抽收木厘办法（《北洋官报》1908年1653期）；汶川县禀请分抽木厘一案（《四川教育官报》1909年8期）；本司批常德府知事呈木商协会新增木厘恐妨碍第二女师范校款请核示祗（《湖南教育公报》1913年3期）；呈请转令鲁作藩等将已收上新河木厘款项如数措缴由（《江宁县教育行政月刊》1929年18期）。《汉语大词典》收“木厘”，释义为“清代专向木商征税的局卡”；收“木税”，为“对木商征收的厘金税”义。从上述书证看，“木厘”显然就是“木税”，并非征税机构“局卡”。《汉语大词典》单一书证引自《二十年目睹之怪现状》第四回：“谁知他去年办镇江木厘，因为勒捐闹事，被木商联名来省告了一告。”此处“木厘”也是“木税”义，而非“局卡”义。

【侨民】侨居外国的人。合美属保皇会侨民三万三千人上粤督李鸿章书（《清议报》1900年46期）；侨民兴学（《东方杂志》1904年6期）；函请保护侨民（《北洋官报》1905年819期）；记中国在爪哇侨民之现状（《广益丛报》1906年99期）；华洋侨民入籍之章程（《大同报》1909年7期）；南洋各国侨民状况（《华侨杂志》1913年2期）；侨民子弟回国就学规程（《江苏教育公报》1921年3期）；提倡侨民职业教育与侨民补习教育（《华侨周报》1933年40期）；侨委会办侨民教育函授学校（《教育杂志》1940年7期）；无国籍侨民居留规则（《法令周刊》1946年27期）。《汉语大词典》收“侨民”，义项3释义为“今称侨居外国而保留本国国籍的人”。从上述书证看，“侨民”的“国籍”状态存在多种情形，不一定“保留本国国籍”。

【秋操】秋季操练与检阅军队。法属秋操（《集成报》1897年21期）；拟阅秋操（《画图新报》1893年3期）；预备秋操特别旗帜（《大陆》1905年13期）；德于一千九百〇八年调查德国秋操自行车队事纪（《南洋兵事杂志》1909年34期）；晋军举行秋操（《来复》1921年180期）；德国陆军秋操（《东方杂志》1924年19期）；法国在意边附近秋操（《黄埔月刊》1930年4期）；我国海军本年在长江中举行秋操之旗舰（《礼拜六》1934年574期）；二十九军秋操竣事（《国闻周报》1936年46期）。《汉语大词典》收“秋操”，释义为“清末秋季操练与检阅军队”。从上述书证看，“秋操”兴起于“清末”，但不限于“清末”，后来时有延续。

【入口】外国或外地区的人或货物运进来。禁人入口（《益闻录》1882年138期）；纪金山入口人数（《北洋官报》1903年122期）；闻澳洲推日人入口之感情（《东浙杂志》1904年1期）；檀香山拟弛华工入口禁例（《北洋官报》1905年577期）；澳洲议改正外人入口例（《北洋官报》1905年834期）；哥仑比亚仍未除亚洲人入口之禁例（《大陆》1905年18期）；要求严定东人入口条例（《吉林官报》1907年28期）；李钦使电告中英国对于华人入口之定税（《华商联合报》1909年5期）；美国限制外人入口（《北洋官报》1910年2633期）；英属坎拿大改订华人入口新例（《外交报》1910年11期）；美国施行外人入口之新律（《中国实业杂志》1914年9期）；不识字华人不得入口（《华侨商报》1920年6期）；英国限制牲畜入口（《农商公报》1923年11期）；南洋荷属华工入口问题（《农商公报》1923年第3期）；暹罗限制华人入口新例（《银行周报》1927年40期）；英属海峡殖民地仍限制华工入口（《时事月报》1931年3期）；澳洲改善华人入口条例（《中山华侨》1947年3期)。《汉语大词典》收“入口”，义项2释义为“外国或外地区的货物运进来”。从上述书证看，“入口”既涉及货物输入，也涉及“日人”“华工”“外人”“华人”等人员输入，类似“入境”。《汉语大词典》收“进口”“出口”，释义也存在同样的问题。例如，“南非将抵制印商亚人进口（《大同报》1907年12期)；各属准外交部咨巴西各国对于移民进口办法明白宣示（《奉天公报》1920年3003期)；菲人投函各函报反对华人进口（《华侨努力周报》1927年10期)；限制移民进口人数（《海外情势》1933年2期)；从五月起华工进口可增至二千人（《外交部公报》1934年5期)；出口人数（《万国公报》1883年741期)；禁止流民出口办法（《北洋官报》1906年971期)；再饬严禁华工出口（《并州官报》1908年24期)；汕头洋务局禀报出口人数（《农工商报》1908年24期）等。

【士官】军队准尉和军士的统称，泛指初级军官。俄士官教练韩人（《时务报》1897年37期)；俄国士官之放弃满洲论（《大陆》1904年1期)；日本限制士官学生（《四川学报》1906年2期)；督练处设立士官研究所（《山东官报》1906年26期)；哭留学法国军营学堂张士官勉昌（《寰球中国学生报》1906年3期)；美国纽约士官学校内之战捷纪念碑（《教育世界》1907年144期)；德国之海军士官将加（《协和报》1913年3期)；蒋介石之士官（《国闻周报》1926年35期)；浙江省保安处士官教育团暂辖驮载训练队教育大纲（《浙江保卫月刊》1934年5期)。《汉语大词典》收“士官”，释义为“日本军队尉官的统称”。从上述书证看，除日本外，中国、俄国、法国、美国、德国等也有“士官”，且“士官”也不完全等同于“尉官”：二战前，日本军衔分为将官、佐官、尉官、准士官、下士官和兵，计六等十六级，“士官”包括准士官即准尉和下士官即军士，一般理解为“初级军官”。

【土膏】国产的鸦片。嗜吃土膏（《申报》1874年5月20日)；八省土膏统捐试办章程（《东方杂志》1905年8期)；又议覆请以土膏统捐改名土药统税片（《南洋官报》1906年46期)；决裁土膏统捐局（《广益丛报》1907年155期）；各铺不准兼卖土膏（《浙江禁烟官报》1909年7期）；洋药加税停止土膏杂捐（《申报》1911年6月18日）；土膏三十两洋药二十一两（《申报》1924年1月29日）。《汉语大词典》收“土膏”，义项3释义为“鸦片”；收“土药”，释义为“第二次鸦片战争后，清政府开放烟禁，当时将国产的鸦片称为‘土药’”；收“土烟”，释义为“清末以本国产的鸦片为土烟，与‘洋烟’对称”；收“洋膏”，释义为“旧指鸦片。参见‘洋药’”；收“洋药”，释义为“旧指从国外输入的鸦片”；收“洋烟”，释义为“鸦片的俗称”。从上述书证看，“鸦片”分国产的和外洋的两类，前者为“土膏”“土药”“土烟”，后者为“洋膏”“洋药”“洋烟”。建议这一组词语注意区分“土”“洋”，且统一释义表述。

【校旗】代表学校的旗帜。举校旗致敬（《申报》1906年8月4日）；我校之校旗（《少年》1916年10期）；十四周年的校旗（《山东公立农业专门学校校友会杂志》1920年1期）；六师附小又议校旗案定校色校徽校旗（《时报》1922年9月30日）；制定校旗条例（《市政公报》1928年8期）。《汉语大词典》收“校旗”，释义“署有学校校名的旗帜”。一般而言，校旗涵盖校名、校徽、标准字、标准色等学校识别系统的基本元素，但是否必须“署有学校校名”，则不完全肯定。从实际看，有些学校的校旗只有特定的图案或色彩，没有校名；此外“署有学校校名的旗帜”也不一定都是“校旗”，“校旗”是一种符号，是“代表学校的旗帜”。

【游艺会】以文艺表演、技艺展示、物品售卖等为内容的集会。上海创设化学游艺会（《直隶教育杂志》1906年7期）；理化传习所游艺会记（《理学杂志》1907年3期）；右为己酉下学期游艺会文算专修科生对客挥毫成绩品其一其五张生志学所书其二寿生瑞年所书其三严生斌所书其四王生玉龄所书（《女学生杂志》1910 年 1 期）；游艺会内容之披露①（《女学生杂志》1911 年 2 期）；游艺会化学实验部红色瑙砂粉霜轻粉之定性分析（《江苏省立第五中学校杂志》1915 年 2 期）；三月十八九两日上海青年会举行第三次体育游艺会练习游泳术颇为娴熟（《少年》1916 年 4 期）；嘉兴之赈灾游艺会：右为商场之一斑（《时报图画周刊》1921 年 47 期）；河汾中学校展览游艺会之盛况（《来复》1927 年 442 期）；赴识字运动游艺会归来后的几句话（《红叶》1931 年 36 期）；慈善卖物游艺会（《东方画刊》1939 年 1 期）。《汉语大词典》收“游艺会”，释义为“以文艺表演、游戏等为内容的集会”。从上述书证看，“游艺会”除“文艺表演、游戏”外，还涉“学业展览”“技艺展示”“物品展销”等多种内容。

【招领】出公告让人认领。招领失孙（《点石斋画报》1886 年 80 期）；招领失马（《山东官报》1906 年 98 期）；出示招领桑秧（《河南白话科学报》1909 年 39 期）；招领妻女（《浅说画报》1911 年 986 期）；警务公所招领遗失女孩牌示（《云南政治官报》1909 年 397 期）；招领幼童（《浅说日日新闻画报》1910 年 517 期）；招领妻女（《浅说画报》1911 年 986 期）；迷路小孩招领（《警务丛报》1912 年 27 期）；招领神经病妇女（《警务丛报》1914 年 37 期）；准变动没收动物招领年限令（《司法公报》1917 年 83 期）；夏令补习证书招领（《杭州青年》1922 年 11 期）；警厅招领迷路男孩（《浙江警察杂志》1922 年 65 期）；收发课外洋邮件招领（《北大日刊》1929 年 2222 期）；函鄞县地方法院为育婴所留养被拐男女小孩三十一名诸感困难拟由本府设法招领或许人讨领或移送他处希查照见覆由（《宁波市政月刊》1930 年 3 期）；无名尸招领处（《万人杂志》1931 年 1 期）；截获食盐，公告招领（《平汉路刊》1948 年 113 期）；招领醉鬼（《民间故事选刊》2005 年 12 期）。《汉语大词典》收“招领”，释义为

---

① 原文节选《女学生杂志》1911 年 2 期《游艺会内容之披露》：“此次游艺会节目共分七部（一）演讲部（二）理科试验部（三）商业部（四）成绩部（五）运动部（六）音乐部（七）本校教育出品部。商业部中分三大类（一）饼食类（烹饪部自制者）（二）书籍类（自出版者或由捐赠者）（三）手工类（分美术手工教育手工应用手工三项）。”

“出公告叫失主领取失物”。从上述书证看，“招领”的对象不一定都是“物”，也可能是“孙”“妻女”“小孩”等“人”；即使是“物”，也不一定都是“失物”，也可能是“无主之物”或其他物品。

【招募】 募集人员或财物。招募股份（《申报》1883年9月30日）；实行招募民债（《山东官报》1905年31期）；调员招募路股（《北洋官报》1906年924期）；派员出洋招募路股（《广益丛报》1907年146期）；鄂省筹拟招募公债（《北洋官报》1907年1439期）；纽约民政署近方招募债款美金五千万元（《东方杂志》1908年5期）；俄议会赞成招募内债（《陕西官报》1908年9期）；旨准开矿招募外股（《国风报》1910年21期）；函覆殖边银行筹办处理事已分函官绅商各界代为招募股款由（《福建公报》1914年779期）；招募阳伞工厂之股份（《实业旬报》1919年2期）；山西省银行招募商股办法（《中行月刊》1931年2期）；中纺公司纺织印染整理工厂招募新股（《中外金融周报》1941年34期）；中华水产公司着手招募商股（《东方渔业》1948年2期）。《汉语大词典》收“招募”，释义为“募集人员”。从上述书证看，除了“募集人员”外，也涉及“股份”“民债”“路股”“公债”“债款”“内债”“外股”“股份”等财物。

【蒸馏】 把液体加热使变成蒸气，再使蒸气冷凝成液体，以与其他组分分离或除去所含杂质。酿造蒸馏及人工饮料制造机械（《政艺通报》1903年6期）；蒸馏（《通学报》1908年18期）；蒸馏水之简易制造法（《实业浅说》1919年184期）；煤之低温蒸馏（《科学》1924年6期）；煤膏蒸馏后之产物及其用途（《工场》1931年2期）；佛拉斯加蒂博士正在从加省产的果实中蒸馏芳香的精（《科学画报》1936年5期）；华北煤炭低温蒸馏之研究（《科学》1937年5期）；玉蜀黍蒸馏残渣用作酱油原料（《农学》1944年2期）。《汉语大词典》收“蒸馏”，义项2释义为“把液体加热使变成蒸气，再使蒸气冷却凝成液体以除去其中所含杂质”。从上述书证看，“蒸馏”的目的不一定都是“除去其中所含杂质”，也可能是“与其他组分分离”。

【钟楼】 安装时钟的较高建筑物。香港大钟楼（《申报》1873年6月

17 日）；广州青年会募捐购地标志之钟楼（《青年》1911 年 9 期）；登无锡图书馆钟楼远眺口占（《消夏集》1918 年 1 期）；上院的钟楼，沐在夕阳里（《交大学生》1937 年 2 期）；让江汉关钟楼奏响中华民族的旋律——江汉关大楼建设始末（《武汉文史资料》2004 年 1 期）；合肥电信大钟楼幕墙工程设计介绍（《安徽建筑》2006 年 1 期）；带钟楼的小学（《青春阅读》2006 年 10 期）；南安市市民广场钟楼防裂措施（《工程质量》2007 年 8 期）；时隔 8 年，黄石再次响起悠悠钟声迎新年（《潇湘晨报》2021 年 1 月 1 日）；钟楼建于 2004 年，高 20 米，采用电力驱动。由于地震发生时，电力中断，楼顶四面时钟的指针永远定格在 14 时 28 分，这也让它成为汶川特大地震的标志物之一。（《四川日报》2021 年 6 月 10 日）。《汉语大词典》收“钟楼”，义项 2 释义为“近代指安装时钟的较高建筑物”。从上述书证看，不限于“近代”，现当代也有较多新建的“钟楼”。

【主力舰】海上作战的主力战舰。主力舰亦在其内（《申报》1905 年 5 月 29 日）；美国照约拆毁主力舰（《英语周刊》1925 年 493 期）；主力舰限制声中之英国两巡舰（《海军期刊》1928 年 2 期）；左为英国今日最新式之主力舰之一“刚勇号”（《时兆月报》1933 年 8 期）；英小型潜水艇袭击德国舰队重创德主力舰（《国际新闻周报》1943 年 40 期）；美第七舰队明年将更换主力舰（《航空知识》1997 年 8 期）；主力舰沉没背后的力学知识（《物理教学》2009 年 12 期）。《汉语大词典》收“主力舰”，释义为“战列舰和战列巡洋舰的统称”。从上述书证看，“主力舰”在近代多指“战列舰和战列巡洋舰”，但是在不同时期所指不完全一样。

除上述例子外，《汉语大词典》释义不确的可能还有：①“白果（也指鸭蛋）、邦交（义项分开单列）、保送（也指入学）、博物学家（不限于旧时）、操典（不是书）、触觉（义项分开单列）、催命符（义项分开单列）、

① 语义是变化的，用今天的眼光看，这些释义不一定有问题，但立足于晚清，现有的释义则不一定完全准确。括号外为已收此条，括号内为“释义不确”的提示。“白果（也指鸭蛋）”表示《汉语大词典》收“白果”，释义为“鸡蛋的别名”，但从“不准立鸡鸭白果公司（《商务官报》1906 年 2 期）”看，“白果”也可能指“鸭蛋”。其他类似。

大班1（非特指新科进士）、大潮1（义项分开单列）、大潮2（义项分开单列）、大臣（义项分开单列）、大修（义项分开单列）、代言人（也指律师）、担任2（也指承担赋税）、倒车2（也涉及轮船）、电工（也指电报局员工）、法部（不限于清代）、法学（义项分开单列）、范本（不限于书画艺术或文学作品）、肺病（义项分开单列）、分1（义项分开单列）、分2（义项分开单列）、分派（也涉及分发分配钱财）、风扇（义项分开单列）、纲领（不限于政党、政府）、革命党1（不限于国内）、工棚（不一定临时）、公会（不限于工商业）、公积金（不限于资本主义企业）、公学（义项分开单列）、公演（也指演讲）、功牌（不限于将士）、攻守同盟（义项分开单列）、宫门抄（不限于清代宫廷）、怪相1（不限于相貌）、龟（不一定开设妓院）、归化（不限于旧时）、规银（不限于上海）、规元（不限于上海）、行店（不一定在路旁）、行栈（不一定替人存放货物并介绍买卖）、黑货1（也涉及赃物）、华工（不限于国外）、华人（义项分开单列）、化分（义项分开单列）、会话（义项分开单列）、活泼2（不限于手头）、机汽（蒸汽机）、激动（激起）、极乐国（极乐的地方）、假定（暂定）、尖端（义项分开单列）、监护人（不限于未成年人或精神病人）、监院（也涉及学校）、兼课（同时教授或学习）、检察员1（不限于我国）、讲习所（义项分开单列）、交配（繁殖）、角色（演员）、绞刑（不限于旧时）、脚行1（义项分开单列）、脚行2（义项分开单列）、教长1（不限于中国伊斯兰教）、接轨（义项分开单列）、接头1（不一定条状物）、金币（义项分开单列）、进化论（不限于达尔文主义）、警犬（义项分开单列）、纠葛（义项分开单列）、久假不归（长期请假不回）、旧社会（不特指旧中国）、军籍（义项分开单列）、咖啡（义项分开单列）、开盘（义项分开单列）、旷工（不限于职工）、老虎灶（义项分开单列）、冷血动物1（义项分开单列）、冷血动物2（义项分开单列）、理学（不一定旧称）、路线（铁道线路）、路政（不限于行政管理）、麻醉剂（义项分开单列）、蛮族（野蛮的民族）、面影（照片）、瞄准（不限于射击）、民军（不限于辛亥革命）、民族主义1（不限于资产阶级）、摩托（不限于三轮）、摩托车

（不限于三轮）、魔鬼（包括人和势力）、拿手好戏（义项分开单列）、闹丧（不一定搅闹）、年鉴（义项分开单列）、排日（也涉及物品）、炮灰（不限于非正义战争）、聘用（义项分开单列）、平等（义项分开单列）、枪伤2（义项分开单列）、青年会2（不限于日本留学）、清道夫（不限于旧时）、晴雨计（义项分开单列）、驱逐出境1（不一定严重违法）、人民代表（不特指我国）、人民政府（不特指我国）、赛艇（赛船）、丧钟（义项分开单列，不限于宗教）、商部（不限于清末中央）、身灵（生命）、身税（也涉及移民税）、圣神（不限于太平天国）、实景（实际情形）、师团（不限于外国）、史论（义项分开单列）、使犬（不限于清代）、收费1（义项分开单列）、收费2（义项分开单列）、寿命（义项分开单列）、疋头（主要指布匹）、司（义项分开单列）、司令员1（不限于中国人民解放军）、俗体字（不限于字体不规范）、素质（义项分开单列）、损失（义项分开单列）、水龙头2（也涉及消防水带）、探险（义项分开单列）、特任（不限于辛亥革命）、提议1（义项分开单列）、提议2（义项分开单列）、体操（体育）、天方夜谭（义项分开单列）、天父（不限于太平天国）、铁炉2（炼铁炉）、铜模（也包括铜元模型）、退让（退还让步）、外部2（不限于清末）、外人（义项分开单列）、万国（义项分开单列）、万牲园（不特指皇家的三贝子花园）、卫队（不限于旧时）、文科（义项分开单列）、武士道（不限于日本武士）、乡董（乡村董事）、湘军（不限于清末）、湘勇（不限于清末）、橡皮图章（义项分开单列）、消防（义项分开单列）、小儿科（义项分开单列）、小轮（义项分开单列）、小学生（义项分开单列）、写真器（还包括录像机）、新体诗（五四之前也有）、新文学（五四之前也有）、选辑（义项分开单列）、学报（介绍学问的报刊）、学董（学校董事）、学额（义项分开单列）、燕尾服（不限于十八、十九世纪）、洋膏（外国产的鸦片）、洋气1（也指洋人习气）、洋烟（外国产的鸦片）、夜车（不限于火车）、医官（不一定尊称）、移交（也包括人）、肄业（不一定未毕业）、银婚（不限于西方）、引力（义项分开单列）、豫算（宜与预算对应）、豫想（宜与预想对应）、元旦（义项分开单列）、战车（义项分开单列）、战舰1（义项分开单列）、长三（不限于上海）、招商（义项分开单列）、招商局（不限于轮船招商局）、折扣1（义项分开单列）、折扣2（义项分开单列）、真谛（义项分开单列）、支出（义项分开单列）、支柱（义项分开单列）、殖民（义项分开单列）、中华民族（最先特指汉族）、重演（义项分开单列）、专访（专人采访）、庄主（钱庄的主人）、总监（义项分开单列）、总长（不特指辛亥革命后）、组织2（义项分开单列）、组织3（义项分开单列）”等。

第四章

书证空缺

书证是辞书中用来证明释义的文献例证。书证的作用十分重要，“语言事实，在辞书中表现为例句或书证，这是释义的根本、基础、土壤，有人喻为‘黄金储备’”。[①]《汉语大词典》“作为一部历史性的语文词典，更注重援引书证，尽可能地做到溯源究流，显示出汉语词汇发展的轨迹和运用的全貌”，[②] 但是具体到某些词条，有的书证空缺，有的书证单一，有的书证晚出。晚清期刊中 6000 余条新质词语可以为《汉语大词典》补充与完善书证提供参考。

书证空缺是指义项没有列举书证。书证空缺使得许多词条“成了无血无肉的‘骷髅’”，[③] 并连锁引发了义项失收、释义不确等问题。造成《汉语大词典》书证空缺的原因主要有两个：一是主观上，《汉语大词典编纂手册》规定有些释义清晰的词条可以不要书证；二是客观上，搜集资料时未能发现有些词条的书证。例如：

【白土 1】陶土、瓷土的俗称。议星子县出产白土麻石饬据厂商加认捐数详（《江西官报》1905 年 30 期）；祁门白土请准益中外运事致江西瓷业公司缄（《上海总商会月报》1923 年 6 期）；江西乐平县耐火白土概述（《地质论评》1947 年 3 期）。《汉语大词典》收“白土”“瓷土”，没有书证；收“陶土”，单一书证。

【保育】今专指对儿童的保健养育。鄂兼督端公开办女子速成保育科

① 张志毅，张庆云．理论词典学［M］．北京：商务印书馆，2015：402.
② 李申等．《汉语大词典》研究［M］．北京：商务印书馆，2015：9.
③ 曲文军．《汉语大词典》疏误与修订研究［M］．济南：山东人民出版社，2012：217.

榜示（《四川官报》1904年6期）；幼稚园保育实习谈（《教育杂志》1910年6期）；保育婴孩的方法（《妇女杂志》1927年7期）；儿童保育常识（《江西妇女》1940年3期）；幼儿园保育价值的失落与回归（《学前教育研究》2020年8期）。《汉语大词典》收“保育”，没有书证；收“保健”，单一书证；收“养育”，三个书证。

【表决权】在会议上参加表决的权利。均有表决权（《申报》1910年9月29日）；多数表决权（《英文杂志》1923年1期）；股东会议中股东表决权回避问题（《华股研究周报》1943年1期）；聚焦民法典之小区业主表决权（《江淮法治》2020年18期）。《汉语大词典》收“表决权”，没有书证；收“表决”，两个书证。

【兵操】旧时指军事操练。初阅该处兵操（《申报》1882年1月12日）；奖赏兵操（《益闻录》1895年1517期）；合演兵操（《教育杂志》1905年16期）；大同学校秋季兵操图（《新民丛报》13期）；师范生添课兵操（《直隶教育官报》1909年20期）；留英海军学生在英练习舰演习兵操（《海军公报》1930年11期）。《汉语大词典》收“兵操”“兵式体操”，没有书证；收“兵式操”，单一书证。

【初等教育】最初阶段的教育。伦敦初等教育之状况（《万国公报》1906年210期）；各国初等教育一览（《教育世界》1907年143期）；世界潮流与初等教育之商榷（《江苏教育行政月报》1915年10期）；对初等教育中开展国学的几点思考（《华夏教师》2018年5期）。《汉语大词典》收“初等教育”“高等教育”，没有书证；收“中等教育”，单一书证。

【菜场】买卖蔬菜、肉类等副食品的场所。持篮到小菜场买菜（《申报》1887年6月28日）；建造菜塲（《北洋官报》1903年194期）；管理菜场规则（《浙江官报》1911年36期）；上海市商营菜场奖励办法（《上海市政府公报》1932年114期）；负一楼的菜场（《三联生活周刊》2020年49期）。《汉语大词典》收“菜场”，没有书证；收“菜市”“商场”，两个书证。

【车照】行车的执照。检查车辆合格，准许行驶的凭证。本总局移南洋印刷官厂查获私给车夫无印车照之陈瑞芝文（《江南警务杂志》1911 年 12 期）；函淞沪警厅车夫李友生等伪造十月份车照人证并获送请查办迅拘车主卞连生到案文（《上海市公报》1926 年 24 期）；遗失乙种运照车照奉令作废（《昆铁旬刊》1948 年 7 期）。《汉语大词典》收“车照”，没有书证；收“证件”，两个书证。

【代乳粉】用大豆和其他有营养的原料制成的粉状食品。以其可以代替鲜奶供婴儿食用，故名。小儿代乳粉（《申报》1882 年 8 月 5 日）；育婴代乳粉（《申报》1899 年 10 月 20 日）；牛栏牌肥儿代乳粉功效良好（《快乐家庭》1936 年 4 期）；豆质代乳粉（《现代农民》1944 年 2 期）；代乳粉与点心渣儿（《食品与健康》2010 年 4 期）。《汉语大词典》收“代乳粉”，没有书证；收“奶粉”，单一书证。

【代销】代理销售。山东代销直隶公债票（《大陆》1905 年 13 期）；本署司咨云南贵州两省提学司请停派代销教育官报文（《四川教育官报》1910 年 2 期）；上海商务印书馆代销本会会报（《中华农学会报》1921 年 7 期）；合作社能否代销食盐？（《合作评论》1941 年 3 期）；代销种子未备案违反规定被处罚（《农村新技术》2020 年 3 期）。《汉语大词典》收“代销”，没有书证；收“销售”，两个书证。

【到场】亲自到某种集会或活动的场所。莫不到场躬贺竣功（《申报》1872 年 10 月 30 日）；新宁铁路开幕巡警兵士到场保护拍照（《交通官报》1910 年 23 期）；判决之宣告与律师之到场（《法律评论》1925 年 89 期）；珍重中医界选举权必须人人到场投票（《南汇医学月刊》1947 年 2 期）；新形势下制约城区消防救援力量到场时间的几点思考（《中国减灾》2021 年 2 期）。《汉语大词典》收“到场”，没有书证；收“到来”，三个书证。

【道木】枕木。京奉路局禀本部铁路总局与日商三井洋行购定道木订立合同呈请查核备案文（《交通官报》1910 年 23 期）；指定堆存旧道木地点（《津浦铁路日刊》1936 年 1508 期）；道木投标之核准（《铁路协会会报》1920 年 88 期）；窃道木犯已送法办（《平汉路刊》1948 年 41 期）。《汉语大词典》收“道木”，没有书证；收“枕木”，没有书证。《汉语大词典订补》收“枕木”，补充一个书证。

【地峡】海洋中连接两块陆地的狭窄陆地。西伯利亚铁路及亚米利加地峡开凿（《清议报》1900 年 35 期）；开凿克拉地峡与新加坡前途（《华侨半月刊》1936 年 85 期）；古代南海航程中之地峡与地极（《南洋学报》1948 年 2 期）；构想中的克拉地峡运河（《交通与运输》2003 年 6 期）。《汉语大词典》收“地峡”，没有书证；收“海峡”，两个书证。

【店东】旧时称旅店或商店的主人。因计较多少与店东角口（《申报》1873 年 4 月 29 日）；店东另有别就不克照顾（《申报》1898 年 5 月 10 日）；批木匠林木米等禀控店东周鸿图等苛挟停工由（《福建公报》1914 年 804 期）；药材店东开除工人之调处（《农工周刊》1927 年 25 期）；店东养女钟情（《西风》1941 年 56 期）。《汉语大词典》收“店东”，没有书证；收“房东”，三个书证。

【定购】预先约定购买货物。定购铁舰译闻（《万国公报》1880 年 596 期）；定购军械（《四川官报》1905 年 15 期）；纸币不许向外洋定购（《广东劝业报》1909 年 91 期）；理科研究所新定购各书细目（《北京大学日刊》1917 年 21 期）。《汉语大词典》收“定购”，没有书证；收“订购”，三个书证。

【断交】绝交。一般指两国断绝外交关系。雅仙亦从此与某生断交（《申报》1873 年 5 月 6 日）；韩俄断交（《济南报》1904 年 48 期）；波兰将与捷克断交（《时事旬刊》1920 年 16 期）；哥危两国或将断交（《新天津画报》1943 年 27 期）；委内瑞拉宣布与美国断交（《世界知识》2019 年 4 期）。《汉语大词典》收“断交”，没有书证；收“交往”，四个书证。

【二十四史】指二十四部纪传体史书。问春秋二百四十年事实有与二十四史中相似者能详举否（《申报》1876 年 3 月 15 日）；二十四史篇目例要问答第一（《蒙学报》1898 年 27 期）；二十四史校勘记叙（《小说月报》1916 年 11 期）；二十四史成书经过考略（《新东方》1941 年 3 期）；毛主席看中《二十四史》什么（《炎黄世界》2021 年 7 期）。《汉语大词典》收“二十四史”，没有书证；收“二十四友”，两个书证；收“四史”，单一书证。

【发言人】代表某一政权机关或团体发表意见的人。发言人姓名（《申报》1899 年 10 月 1 日）；第五条无发言人通过（《申报》1911 年 8 月 2 日）；外部发言人谈话（《剪报》1932 年 11 期）；东北解放军发言人总结一年战绩（《群众》1948 年 50 期）；不要越界充当公共安全事故发言人（《江淮法治》2018 年 21 期）。《汉语大词典》收“发言人”，没有书证；收“代言人”，两个书证。

【防疫】预防传染病。防疫（《益闻录》1882 年 192 期）；天津防疫（《选报》1902 年 20 期）；时疫医院及防疫医院（《中国红十字会月刊》1921 年 2 期）；十月份防疫工作（《黄陂月刊》1942 年 6 期）；防疫教育如何帮助学生做到知行合一（《成才》2021 年 5 期）。《汉语大词典》收“防疫”，没有书证；收“防疫站”“防疫针”，单一书证。

【粉笔】黑板上写字作图所用之物。制造粉笔（《南洋官报》1904 年 124 期）；陆军小学堂教习候选府经历刘僩禀呈验所制粉笔请核示登报以励实业由（《云南教育官报》1909 年 22 期）；无灰之粉笔（《上海总商会月报》1924 年 5 期）；黑板揩上装粉笔（《科学大众》1947 年 2 期）；开封市义工协会携手爱心人士为四所乡村小学捐赠高档粉笔两万支（《中华志愿者》2019 年 5 期）。《汉语大词典》收“粉笔”，没有书证；收“黑板”，单一书证。

【封建制度】以封建地主阶级占有土地，剥削农民（或农奴）剩余劳动为基础的社会制度。德川时代之封建制度（《申报》1908 年 3 月 24 日）；中国之地方政治与封建制度（《向导》1923 年 23 期）；中国封建制度之消灭（《新生命》1929 年 5 期）；试析英国的封建制度及其宪政之生成（《环球法律评论》2011 年 4 期）。《汉语大词典》收“封建制度”，没有书证；收“社会制度”，单一书证。

【缝工】缝纫工人。缝工抢亲（《益闻录》1885 年 471 期）；缝工挟制（《益闻录》1898 年 1740 期）；缝工鸟（《消闲录》1904 年 99 期）；缝工加了钱（《劳动周刊》1921 年 14 期）；修补篷布缝工服务办法（《胶济日刊》1933年786期)。《汉语大词典》收“缝工”，没有书证；收“童工”，两个书证。

【岗警】站岗的警察。八号岗警(《申报》1909年2月28日)；颁发岗警画到簿(《北洋官报》1910年2408期)；小菜场须特设岗警(《思益附刊》1921年2期)；西村公路已加派岗警增防(《市政公报》1930年373期)；警局称可将被害情形报告就近岗警(《天津市》1948年10期)。《汉语大词典》收“岗警”，没有书证；收“岗亭”，两个书证。

【工商业】工业和商业的合称。论俄国将来之工商业(《时务报》1898年62期)；湖北工商业之进步(《商务报》1904年33期)；成都之工商业状况(《协和报》1915年44期)；改良管理与复兴工商业之关系(《工商管理月刊》1935年11期)；转型时期英国城市工商业组织的社会符号研究(《商丘师范学院学报》2020年5期)。《汉语大词典》收“工商业”，没有书证；收“商业”，单一书证。

【公墓】公共墓地。罗马之公墓(《万国公报》1907年221期)；上海工部局公墓章程摘要(《东方杂志》1918年10期)；公墓与火葬(《首都市政公报》1929年30期)；入葬公墓之利益(《川康建设》1944年4期)；去往公墓的路上(《诗潮》2018年1期)。《汉语大词典》收“公墓”，没有书证；收“墓地”，四个书证。

【公债券】公债债权人取本息的证券。凡供托者存物于官以为保证也不问金银货币与公债券及股券均可(《湖北商务报》1902年127期)；为发行公债券事(《江苏省公报》1912年17期)；五厘美金公债券挂失单(《大陆银行季刊》1927年1期)；公债券市价缓步前进(《交行通信》1932年16期)；美将发行整军公债券(《经济汇报》1941年6期)；公债券的沿袭(《中国航班》2013年3期)。《汉语大词典》收“公债券”，没有书证；收“债券”，单一书证。

【股份公司】集股经营的企业。公司获得的利润按各个股东拥有的股票额分配。股份公司(《万国公报》1882年683期)；上海商务总会呈本部职商陈志寅等集资创设轮船股份公司祈批示禀(《交通官报》1910年11

期）；股份公司会计之研究（《钱业月报》1927 年 2 期）；股份公司增资研究（《华股日报》1942 年 123 期）；首钢股份公司质量管理体系的变革（《首钢科技》2020 年 1 期）。《汉语大词典》收“股份公司”，没有书证；收“保险公司”，两个书证。

【旱桥】横跨在经常没有水的山谷、河沟或城市交通要道上空的桥。添建旱桥一座（《申报》1884 年 9 月 29 日）；旱桥（《申报》1910 年 8 月 1 日）；甘肃兰州之旱桥（《东方杂志》1915 年 9 期）；增筑复兴桥及取消原定旱桥（《浙赣铁路月刊》1935 年 5 期）；崇美大旱桥建造时情形（《良友》1941 年 164 期）；青藏铁路旱桥冻胀力的弹塑性分析（《铁道学报》2008 年 6 期）。《汉语大词典》收“旱桥”，没有书证；收“竹桥”，三个书证。

【虎疫】“虎列拉”的简称。防遏瘟病虎疫痘疹等疾（《申报》1910 年 3 月 29 日）；记今夏登州的虎疫（《通俗医事月刊》1919 年 3 期）；上海发生虎疫（《医事月刊》1924 年 10 期）；虎疫横行（《矿业周报》1932 年 202 期）；虎疫治疗法（《科学》1948 年 5 期）。《汉语大词典》收“虎疫”“虎列拉”，没有书证；收“黑死病”，单一书证。

【换算】把某种单位的数量折合成另一种单位的数量。上月份上海新关外国货币换算价目表（《中国商业研究会月刊》1910 年 1 期）；货币换算簿（《浙江公报》1915 年 1040 期）；长度地积换算表（《江苏省政府公报》1931 年 748 期）；一种液罐车质量换算系统的设计（《专用汽车》2019 年 2 期）。《汉语大词典》收“换算”，没有书证；收“计算”，两个书证；收“折算”，四个书证。

【机器脚踏车】方言。摩托车的旧称。修理钟表机器脚踏车一切泰西异样玩物（《申报》1898 年 4 月 11 日）；机器脚踏车之竞赛（《图画时报》1926 年 320 期）；机器脚踏车之鼻祖（《联益之友》1930 年 158 期）；英国机器脚踏车竞赛，第一名优胜者抵达终点（《艺文画报》1947 年 3 期）。《汉语大词典》收“机器脚踏车”，没有书证；收“脚踏车”，两个书证。

【寄宿】学生在学校宿舍里住宿。未告假私出或留非类寄宿者次日即逐出院课（《申报》1874 年 12 月 31 日）；论女子寄宿学校之可否（《教育世界》1905 年 93 期）；东京青年会总干事与寄宿学生之交涉（《教育周报》1917 年 185 期）；本校三十四年度学期学生寄宿办法（《省一联中校刊》1946 年 3 期）；农村寄宿制小学家校合作的困境与突破（《教学与管理》2021 年 8 期）。《汉语大词典》收“寄宿”，没有书证；收“寄宿生”，单一书证；收“走读”，两个书证。

【假象牙】赛璐珞的旧称。假象牙（《益闻录》1883 年 235 期）；假象牙制法（《振华五日大事记》1907 年 18 期）；日本假象牙工业之现状（《中华实业界》1914 年 6 期）；最初假象牙之发现（《科学》1933 年 2 期）；托运假象牙制品须有严密包装由（《东北铁路公报》1949 年 239 期）。《汉语大词典》收“假象牙”，没有书证；收“赛璐珞”，单一书证。

【京剧】亦称“京戏”。流行全国的戏曲剧种之一。京剧最重老生（《申报》1876 年 3 月 2 日）；记京剧之别裁（《二十世纪大舞台》1904 年 2 期）；京剧班本（《快活世界》1914 年 1 期）；京剧之关羽脸谱（《戏剧月刊》1930 年 3 期）；京剧动画叙事机制研究（《中国京剧》2021 年 3 期）。《汉语大词典》收“京剧”“京戏”，没有书证；收“评剧”“昆剧”，单一书证。

【考古学】根据发掘或古代遗物、遗迹研究古代人文历史的科学。史学考古学（《申报》1899 年 8 月 21 日）；论考古学莫备于金石（《国粹学报》1907 年 10 期）；研究所国学门考古学室藏器拓本价目（《北京大学日刊》1924 年 1596 期）；中国艺术考古学之发展（《南方杂志》1946 年 2 期）；仰韶文化在华夏文明进程中的考古学意义研究（《南都学坛》2021 年 5 期）。《汉语大词典》收“考古学”，没有书证；收“社会学”，两个书证。

【篮球】球类运动项目之一。把球投入对方防守的球架铁圈中算得分，得分多的获胜。蹴球会与篮球会（《申报》1910 年 10 月 16 日）；获优胜之华北篮球队（《东方杂志》1921 年 11 期）；系际篮球联赛十九日开始举行（《交大周刊》1948 年 43 期）；新时期职高篮球课堂教学改革思考（《青少年体育》2021 年 1 期）。《汉语大词典》收“篮球”，没有书证；收“足球”，两个书证。

【类人猿】灵长目猩猩科和长臂猿科动物的总称。与高等动物之有类人猿者较之（《申报》1908 年 2 月 5 日）；类人猿拾遗（《环球》1917 年 4 期）；类人猿动物心理学的研究（《新潮杂志》1934 年 1 期）；人与类人猿（《学生杂志》1939 年 5 期）；基干阔鼻猴脑的特征与类人猿的脑演化（《生物进化》2019 年 3 期）。《汉语大词典》收“类人猿”，没有书证；收“猿人”“猩猩”，三个书证。

【零售】零卖。或趸卖或零售（《申报》1872 年 12 月 12 日）；禁止零售镪水（《山东官报》1906 年 101 期）；零售邮票减价（《交通丛报》1920 年 71 期）；各重要都市生活费及零售物价指数（《统计月报》1941 年 59 期）；新型药品零售业态与商品分类（《中国药店》2021 年 6 期）。《汉语大词典》收“零售”，没有书证；收“零卖”，三个书证。

【免票】谓入场、乘车等不必购票。铁路免票章程（《北京五日报》1906 年 64 期）；稽核免票之办法（《铁路协会会报》1918 年 66 期）；各路局送到寒假免票（《东北交通大学校刊》1930 年 3 期）；美国公学征文优胜者免票飞京游览（《中航月刊》1948 年 3 期）；儿童免票（《新湘评论》2018 年 11 期）。《汉语大词典》收“免票”，没有书证；收“免税”，两个书证。

【脑贫血】脑部血管血液过少的病症。突患脑贫血（《申报》1902 年 12 月 31 日）；详论肢体痿废由于脑贫血者治法（《医学杂志》1930 年 58 期）；脑贫血之起因与处置及预防法（《牙科学报》1947 年 1 期）；坐着午睡易脑贫血（《现代班组》2008 年 3 期）。《汉语大词典》收“脑贫血”“脑充血”，没有书证；收“胃气痛”，两个书证。

【签收】收件人在指定单据或回执上签字或盖章，表示已经收到。开行之日其提单概不签收（《申报》1878 年 4 月 18 日）；挂号之信必须俟其本人亲自签收（《申报》1898 年 10 月 5 日）；通饬遵照社员购用物品运送办法签收货物由（《胶济日刊》1932 年 536 期）；加班费签收单一律扣贴印花希知照（《中国人民革命军事委员会铁道部平津铁路管理局局报》1949年137期）；快递未到却自动签收找谁赔（《债事纵横》2021年1期）。《汉语大词典》收“签收”，没有书证；收“签字”，三个书证。

【容积】容器或其他能容纳物质的物体的内部体积。附各国轮船容积数（《湖北商务报》1899年27期）；容积二千人之大教室（《女学生杂志》1910年1期）；沪宁杭甬两路消息查明邮车容积（《交通公报》1920年47期）；水箱容积比例尺（《机械世界》1948年1期）；汽车油罐车容积表计算的探讨（《计量与测试技术》2021年5期）。《汉语大词典》收“容积”，没有书证；收“体积”，单一书证。

【首富】指某个地区中最富有的人家。蒋氏为金陵首富（《申报》1904年7月2日）；世界首富海达拉巴王的神秘的宝藏（《青年知识画报》1938年11期）；有这么许多财产可算世界首富了（《海涛》1946年12期）；两位世界首富为它打得不可开交（《看天下》2021年15期）。《汉语大词典》收“首富”，没有书证；收“首位”，单一书证。

【体温计】测量人或动物体温用的温度计。西医有验病寒热表沪谚谓之医生寒暑表日本人谓之体温计（《申报》1902年6月23日）；体温计的使用法和注意（《妇女杂志》1921年8期）；体温计的用法（《医潮月刊》1948年8期）；体温计选用指导（《家庭百事通》2019年14期）。《汉语大词典》收“体温计”“温度计”，没有书证；收“体温表”“温度表”，单一书证。

【下半旗】先将国旗升至杆顶，然后下降到离杆顶约占全杆三分之一处，是公众表示哀悼的礼节。也称降半旗。各领事衙门得信后均下半旗（《申报》1877年4月7日）；特下半旗以志哀悼（《申报》1898年6月3日）；大清帝后奉安之期一律下半旗（《江苏省公报》1913年184期）；为悼灾民下半旗（《北洋画报》1930年445期）；罕见的联合国下半旗（《金秋》2007年10期）。《汉语大词典》收“下半旗”，没有书证；收“半旗”，单一书证。

【形容词】表示人或事物的形状、性质，或者动作、行为、变化的状态的词。启迪书中分文词为名词代名词动词形容词副词前置词转接词助动词感应词歇尾词（《申报》1906 年 12 月 9 日）；形容词之种类（《师范讲义》1910 年 3 期）；形容词比较上的错误（《初级中华英文周报》1932 年 534 期）；形容词之语尾（《新学生》1948 年 2 期）；动态形容词谓语句中体标记的认知功能研究（《外语研究》2021 年 4 期）。《汉语大词典》收“形容词”，没有书证；收“名词”，单一书证。

【义务教育】 国家法律规定一定年龄的儿童必须受到的一定年限和程度的普通教育。定六岁至十二岁七年间为义务教育年限于此期内必受寻常小学教育四年不得违犯（《湖北学报》1903 年 16 期）；法国实施义务教育之困难（《教育周报》1914 年 49 期）；世界各国义务教育之施行及年龄（《中华教育界》1920 年 6 期）；关于义务教育问题（《教育学报》1940 年 5 期）；把实现义务教育优质均衡放在优先发展的位置（《人民教育》2021 年 23 期）。《汉语大词典》收“义务教育”，没有书证；收“职业教育”，单一书证。

【有效期】 条约、合同等有效的期限。延长其有效期为十年（《申报》1911 年 7 月 26 日）；批杀虎口征收局应将所拟联合查验章程第七条税单有效期改为两月余准如拟办理（《税务月刊》1914 年 11 期）；沪特区法院延长有效期三年之协定（《英语周刊》1933 年 23 期）；美俄核裁军条约延长有效期（《财新周刊》2021 年 5 期）。《汉语大词典》收“有效期”，没有书证；收“日期”，三个书证。

【圆桌】 桌面是圆形的桌子。登厅前之圆桌高坐（《申报》1875 年 11 月 30 日）；堂司围坐三圆桌（《申报》1905 年 12 月 19 日）；讨论“领事裁判权”之圆桌会议（《青年进步》1925 年 86 期）；许美玲笑倒圆桌下（《戏世界》1947 年 352 期）；“一张圆桌”的十年历程（《杭州》2021 年 6 期）。《汉语大词典》收“圆桌”，没有书证；收“餐桌”，单一书证。

【章回体】 长篇小说的一种体裁。章回体：明日之战争（《江苏》1903 年 6 期）；以上各题用章回体或白话或文言听人自便（《申报》1904 年 12 月 6 日）；访下肢瘫痪的高产章回体小说家王占君（《文化宫》1985 年 8

期)；古典章回体小说的教学难点及解决策略（《中学语文教学参考》2021年5期)。《汉语大词典》收“章回体”，没有书证；收“章回小说”，单一书证。

【助听器】用晶体管制成的微型扩音装置。当时张伯伦君亦在曾以助听器听贝君演说（《申报》1909年9月25日)；发聋之助听器（《进步》1912年7期)；隐形的助听器（《立言画刊》1939年34期)；新型之扩音助听器（《医药学》1948年8期)；确选购与合理佩戴助听器（《农村电工》2021年5期)。《汉语大词典》收“助听器”，没有书证；收“扩音器”，两个书证。

除上述例子外，《汉语大词典》书证空缺的可能还有：“安家费、案1、案2、暗示2、暗室、八面锋、白金、白土2、百分数、百日咳、摆、帮会、镑1、包围、保护国、保护人、保护色、保皇会、保守派、保证书、报社1、报纸2、悲剧1、北冰洋、北欧、北洋、本位、比赛、比重、笔铅、笔译、币制、必修科、闭关、编制2、标本3、表册、表面、别人、冰河、兵棋、兵式体操、兵团、兵种、病床、病毒、病原虫、波动2、博物、哺乳动物、不成文法、不等式、部长、簿记、财产权、菜馆、菜子、参议院、草约、测报、测定、测绘、茶话会、差额、产业、常会、畅行、承包、承认、承印、城防、城区、呎、赤磷、抽样、出厂、出轨、初等小学、初战、处世哲学、处刑、畜产、畜疫、触觉、传染病、传声器、船员、词性、瓷土、辞典、辞去、辞书1、磁力、次长、丛谈、醋酸、催眠、存户、存款1、寸、时、搭客2、打靶、打字机、大潮1、大臣、大动脉、大队、大将、大理石、大使、大使馆、大事记、大王2、大尉、大洋洲、代办、代名词2、代数学、袋鼠、单轨、单数、单字、蛋白1、蛋白2、蛋白质、蛋粉、蛋清、导言、倒车1、倒车2、祷告、等温线、等腰三角形、地表、地磁、地方税、地方志、地积、地理学、地热、地下室、地下水、地下铁道、地质学、地轴、帝国主义、碘、电表、电池、电灯泡、电风扇、电告、电话机、电话局、电汇1、电解、电炉、电气风扇、电器、电热、电扇1、电子、店东、淀粉、靛蓝、靛青、吊车、定货、定量分析、东半球、东交民巷、东欧、东三省、动词、动力1、动脉、动物学、动物园、毒品、毒性、独立国、堵嘴、度、短篇、短枪、锻铁1、队、对流、对数、对外贸易、兑换券、吨位、恶性、耳垢、二元论、发动2、发动机、发凡、发明2、发音、罚款1、法人1、反比例、反光镜、反应、方案、方程、方程式、方积、放电、放款、放养、飞轮1、飞艇、非1、肥大、肺动脉、肺结核、肺气肿、分1、分2、分行、分解、分泌、分母、分设、分子、粉笔、风琴、风湿病、风雨表、否决权、敷设、辅币、妇科、附件、附属、附约、附则、副词、副净、改装、钙、概观、感光、感应、干馏、干路、干涉、钢印、钢渣、钢珠、缸管、港、港商、高等2、高等教育、高等学校、高地1、高根、高级、高温、高压、高原、革命2、根、工兵、工厂、工场、工程1、工程兵、工程师、工会、工科、工业、工业革命、工业品、工艺、工艺品1、公办、公报1、公报2、公法2、公告1、公共事业、公估局、公国、公海、公积金、公开审判、公仆、公式1、公私、公诉、公诉人、公学、公园、公约1、公约2、公债、功利主义、功牌、宫门抄、共产党、共产主义、共和制、钩虫、购买力2、孤儿院、孤立语、古生物、股金、骨粉、骨灰、钴、固定资产、固定资金、固体、故事、怪相2、光荣、光学、广告2、规划、硅、锅炉、国产1、国歌、国徽、国籍、国际、国际法、国际公法、国际私法、国家机关、国境、国库券、国乐、国民、国民经济、国庆、国庆日、国务卿、国有、国语1、国语2、国葬、海报、海豹、海牛、海狮、含羞草、函数、汉、汗腺、焊接、焊药、航道、航行、航空、航线、航运、毫、毫洋、号1、合金、核议、黑货1、黑铅、红帮、虹吸管、喉痧、后备兵、后肢、虎列拉、华西、化1、化合1、化合物、化学、坏处、环球1、环球2、缓行、幻视、黄磷、回避、汇费、汇款1、会操、混凝土、火车头、火油、货票、机匠、机器手、积分、基督教、基数、几何学、脊髓、脊柱、脊椎动物、脊椎骨、计数器、记分、纪元、技术员、寄递、寄费、寄生虫、寄宿舍、加仑、加伦、加冕、加速度、钾、假名、假释、尖端、检察、减息、简本、简章、碱、舰队、舰艇、将校、讲话、奖金、酱园、交配、交战国、焦煤、焦炭1、教具、教令、教务1、教育、教育学、教长1、教职员、接头1、揭幕、节肢动物、结晶1、结晶2、介字、戒烟2、届满、金本位、金额、金婚、金库、金属、金元、津、紧张、近代、近东、近景、京、京戏、经济2、经验、精虫、精神、精神病、精液、精油、精子、警犬、警员、竞技、竞赛、竞争、纠葛、酒精、酒石酸、救护、救生圈、拘押所、举办、巨额、绝交、绝症、军歌、君主国、菌、开车2、开工2、开炮、开印、勘误、堪布、抗捐、抗税、考勤簿、考取、课1、课2、课表、课外、口服、狂犬病、旷职、葵花、昆虫学、括号、括弧、阔叶树、蜡纸、来稿1、来信、蓝靛、蓝皮书、劳务、冷藏、冷藏库、冷光、冷气、厘3、礼帽、哩、理学、力学、历届、立定1、立方、立正、利率、利益均沾、例言、联单、两等小学堂、两面、两栖、两栖动物、两院、淋病、燐、领海、领空、领事裁判权、领事馆、领水、留任、留声器、流行性感冒、馏、六君子、龙洋、卵1、卵2、卵巢、卵子、伦理学、轮机、轮栽、轮轴1、螺钉、螺丝钉、螺丝帽、铝、绿肥、麻纱、麻疹、马铃薯、马蹄铁、马醉木、麦芽糖、满族、毛玻璃、毛巾、毛瑟枪、毛细管、煤层、煤毒、煤田、煤砖、霉菌2、美容、美容术、美术、美学、镁、门警、蒙古包、盟国、锰、米突、粎、秘书、密电1、密度、幂、免费、苗床、苗族、民办、民法、民工1、民权主义、民生主义、民事、民团、民校、民政2、民族1、民族2、民族主义1、民族主义2、命运、模型3、摩托车、磨牙、木炭画、钠、耐热、南学会、南洋大臣、脑充血、脑膜炎、脑神经、内耳、内河、内陆、内销1、泥塑、泥瓦匠、拟制1、逆袭、年会、年级、年礼、年利、黏液、镍、农牧业、农闲、农用、浓度、女皇、女王、欧、排、牌示、牌照、判例、炮艇、佩章、配、配方、配料、配药、盆地、皮肤病、皮革、皮夹子、铍、疲劳、漂白粉、票、票房、票夹、票选、聘用、平方、平方根、平均地权、平均数、平面镜、平面图、铺轨、葡萄糖、期、漆布、气管1、气枪、气球、气体、气温、气压、汽油机、铅版、铅笔画、铅印、铅中毒、前脑、前肢、潜水艇、潜水衣、潜艇、浅说、枪伤2、镪水、亲告、勤务兵、青铜时代、轻油、清帮、晴雨计、球1、区、曲射炮、曲线、权责、全球、全权代表、全员、缺席、确息、群岛、壤土、绕行、绕越、热量、人工降雨、人口税、人民政府、人造冰、人造丝、人证、日斑、日工1、日射病、绒毛、溶解、溶液、柔术、乳腺、入场券、入学、软膏、赛车、赛艇、三角函数、扫街、纱罩、晒台、山炮、商队、商港、商约、上古、上肢、少将、奢侈品、社会主义、射影、摄护腺、神经病、审判官、审判厅、审判庭、审判员、升班、升汞、升级2、生理学、生物学、生殖、生殖器、声带、声浪、声母、竔、圣诞节、圣父、圣体、圣子、师资、施事、石板1、石版1、石器、时针、实数、实用、拾零、食糖、食物中毒、食蚁兽、使者、世界观、市、市场、市斗、市长、式、试航、试纸、释放、收费2、收盘1、收盘2、手风琴、首相、首要2、寿险、受话器、受精、受事、书记2、书局、输出、输精管、鼠疫、树胶、数码、双轨、水泵、水彩画、水电1、水平面、水枪、水险、水质1、税金、税捐、税款、司、司法、私法、四联单、松节油、松香、苏打、俗体字、诉愿、酸、损失、所有权、索赔、台灯、太平天国、太平洋、太太2、太阳历、太阳系、谈话、钽、炭精、唐人街、糖精1、糖尿病、套车1、踢球、提取2、体温、体育场、天方夜谭、天花、天文台、天文学、萜、调制、铁管、铁甲舰、铁炉1、铁器时代、铁桥、厅、听诊器、庭、庭园、庭长、停版、停火、停歇、通分、通讯、同化作用、同盟国、铜牌、铜器时代、铜圆、童话、童婚、偷税、凸镜、图解、图书馆、涂料、土壤学、土星、土曜、团、团员、拖船、拖轮、脱靶、脱轨、脱毛、唾腺、外耳、外港、外国语、外汇、外货、外交、外界、外务、外销2、外债、外资、外族、完税、万牲园、网膜、网球、委员会、卫生裤、卫戍、卫星、味觉、胃癌、胃炎、胃液、文告、文理、卧车、斡旋、乌龙茶、无轨电车、无机、无机化学、无名英雄、无线电话、无烟火药、无烟煤、五金、五线谱、五洲四海、武丑、武旦、武官、武士道、物理、西洋参、西药、西医2、吸墨纸、锡纸、习惯法、习题、洗衣机、铣铁、系数、系统2、峡谷2、下落、下士、下肢、仙人掌、先决、显花植物、显微镜、显影、现役1、腺、霰弹、香烟、湘军、湘勇、镶牙、响尾蛇、向心力、项、橡、消防、消息、小刀会、小粉、小姐、小考、小数、小数点、协理、斜面、鞋粉、鞋油、写真版、写真器、写字台、心理、心理学、锌版、新名词、新闻社、新闻纸、新星、信袋、信管、信号、信号旗、信件、信筒、信箱、信用2、星期2、刑期、刑事案件、刑事法庭、刑庭、形而上学、兴奋剂、性1、性理学1、性状、休业1、休业2、修脚、修配、修业、须知、虚无主义、序论、序文、序言、选编2、选举权、学报、学董、学会、学级、学科1、学科2、学科3、学历1、学龄、学年1、学区、学时1、学士、学位、学院、学则、学制、血球、巡航、荨麻疹、压榨、鸭绒、牙床、牙医、亚1、氩、烟灰缸、烟煤、烟炱、延迟、延髓、沿线、盐、盐湖、盐碱地、眼帘2、演示、燕尾服、羊皮纸、洋磁、洋葱头、洋流、洋纱、洋装2、养老院、药理、药片、要件3、要求、耶稣教、冶金、野生、野营、夜场、夜工、夜战、液化、液体、一览、一览表、医科、以上、以下、义齿、义和拳、义和团、议定书、议席1、议长1、疫苗、益虫、阴部、音标、音符、音色、银杯、银本位、银婚、银牌、银洋、银圆局、引火线、印度教、印度洋、英镑、英尺、英寸、英里、英亩、盈裕、营业税、影戏、影印、应征2、硬度、硬抢、佣金、佣钱、用品、用语1、用语2、邮、邮汇、油船、油墨、油箱、游戏、有机、有机化合物、有机化学、有机体1、有机质、有期徒刑、有限公司、有线电报、诱导、余款、鱼雷、鱼雷艇、渔轮、渔业、雨量、雨蛙、雨鞋、雨靴、语文2、语言、语言学、浴场1、豫算、鐭、元1、元2、元帅、元素2、园艺、原素2、原罪、远东、院、约分、月租、运单、杂食、暂行、增订、增刊1、债权、债权人、债券2、债务人、占地1、站、站岗、站台、章回体、长度、长途电话、帐户、招生、照登、照相机、照相纸、照像2、侦探小说、真性、诊所、镇统、征文、正教、证券1、政法、政教、政教合一、政务院、政治经济学、政治学、症状、支出、执照1、执政党、直达、直系、直辖、职业病、职业学校、指挥刀、指挥员、制革、制海权、制剂、制品、制图、治外法权、致哀、致命伤1、致用、中稻、中耳、中国画、中将、中立国、中脑、中欧1、中线2、中药、钟点1、众议院、重力、重量2、重伤、重现、重音、重油、周、周报、主犯、主谋、主日、主体1、主体2、主席2、主刑、主义2、主义3、助动词、助攻、著者、铸铁、专电、专款、专条1、专条2、专线、专修、装甲、状纸、资产、子母弹、自动、自由、自由港、自由主义、自治、自转、字模、宗教、宗主国、总裁、总督、总纲、总会、总理1、总理2、总领事、总略、总统、总则、租费、租借1、租借2、租借地、租用、族、阻力1、组1、组2、组织1、最大公约数、最惠国待遇、最小公倍数、作物、作用、坐位、做礼拜”等。

第五章

书证单一

书证单一是指义项只列举了一个书证，形成孤证。"'孤证'是《汉语大词典》书证匮乏的典型表现"①，"一个义项一般以引三条书证为宜，必要时还可以多引一两个"②。晚清期刊新质词语可以为《汉语大词典》补充书证提供参考。例如：

【哀的美顿书】 英语 ultimatum 的译音。最后通牒。皇之哀的美顿书（《申报》1905 年 6 月 11 日）；高等会议致德哀的美顿书（《中华英文周报》1919 年 25 期）；"温和的哀的美顿书"（《新中华》1947 年 18 期）。《汉语大词典》收"哀的美顿书"，单一书证引自杨沫《青春之歌》第一部第七章。

【白墨】 白粉笔的别名。制造白墨法（《江西农报》1907 年 10 期）；半年白墨生涯的我（《新教育评论》1926 年 16 期）；为第十四区间中县保国民学校发明土制白墨仰即遵照仿制由（《江津县政府公报》1941 年 51 期）。《汉语大词典》收"白墨"，单一书证引自郭沫若《水平线下·到宜兴去》。

【爆裂药】 炸药，炸弹。新发明之爆裂药（《江苏》1903 年 7 期）；爆裂药发明家（《自由杂志》1913 年 2 期）；节述近世普通之爆裂药（《化学药业杂志》1925 年 6 期）。《汉语大词典》收"爆裂药"，单一书证引自《孽海花》第二九回。

---

① 曲文军．《汉语大词典》疏误与修订研究［M］．济南：山东人民出版社，2012：210.

② 汉语大词典编纂处．汉语大词典编纂手册［M］．上海：汉语大词典编纂处（内部资料），1981：40.

【败仗】 失利的战役或战斗。大打败仗（《申报》1877年9月10日）；打了败仗（《申报》1909年4月20日）；意国吃败仗兵士哗变（《田家半月报》1936年3期）；打败仗条约吃亏（《学习生活》1940年2期）。《汉语大词典》收"败仗"，单一书证引自沈从文《从文自传·辛亥革命的一课》。

【病变】 病理变化。由疾病引起的细胞或组织的变化。身体各部梅毒病变之证候（《医药学报》1908年7期）；退行性病变（《铎声》1925年11期）；肺结核症之心脏病（《中华医学杂志》1944年1期）；非动脉炎性前部缺血性视神经病变治疗进展（《国际眼科纵览》2021年2期）。《汉语大词典》收"病变"，没有书证；《汉语大词典订补》补充单一书证引自方富熹等《儿童的心理世界》第七章。

【博物学家】 对博通动物学、植物学、矿物学、生理学等自然科学专家的尊称。算学家格致家博物学家（《江苏》1904年12期）；病夫而成博物学家（《青年》1909年1期）；英国博物学家达尔文像（《世界画报》1922年34期）；介绍我国古代博物学家葛洪（《科学文艺》1983年2期）。《汉语大词典》收"博物学家"，单一书证引自《花城》1983年2期。

【捕捞】 捕捉捞取鱼类和其他水产经济动物。乘着月光刨冰捕鱼邀其同去捕捞（《申报》1886年7月22日）；捕捞法之种别（《申报》1906年6月7日）；日本墨鱼捕捞法（《浙江省建设月刊》1936年8期）；南海北部陆架区渔业资源捕捞现状研究（《中国渔业经济》2021年3期）。《汉语大词典》收"捕捞"，单一书证引自《文汇报》1983年3月9日。

【大力士】 谓力气特别大的人。张园之大力士（《舆论时事报图画》1909年21期）；可怜之大力士（《笑画》1924年7期）；上海著名大力士王邦夫（《现代体育》1944年2期）；白俄大力士（《收获》2021年1期）。《汉语大词典》收"大力士"，单一书证引自夏衍《野草》。

【弹痕】 枪弹或炮弹击中物体后留下的痕迹。遍体小弹痕不可胜数（《申报》1895年3月31日）；弹痕灿烂血迹模糊（《申报》1911年5月18日）；日军飞机扫射后车上之弹痕（《良友》1931年62期）；广东医院之弹痕（《香港九龙杂志》1932年4期）。《汉语大词典》收“弹痕”，单一书证引自郭希仁《从戎纪略》年。

【动产】与不动产相对。指金钱、证券、器物等可以移动的财产。动产银行（《申报》1890年9月12日）；动产不动产（《申报》1906年5月25日）；他人自尽出于意外不负何等责任没收物亦应以动产为限（《司法公报》1916年58期）；清理公有动产办法（《福建省政府公报》1943年1415期）；所有权保留动产执行的实务操作（《人民司法》2021年19期）。《汉语大词典》收“动产”，单一书证引自周而复《上海的早晨》第一部十二。

【堆栈】供临时存放货物的地方。客人寄货托存堆栈（《申报》1874年1月29日）；本总局谕催煤油商号亨利东等速建洋油堆栈文（《江南警务杂志》1910年7期）；堆栈失窃（《武进月报》1918年11期）；棉花堆栈防火法（《上海总商会月报》1923年5期）。《汉语大词典》收“堆栈”，单一书证引自郭沫若《洪波曲》。

【发奋图强】同“发愤图强”。学生发奋图强（《直隶教育官报》1909年20期）；学生之发奋图强（《大同报》1910年24期）；李世芳发奋图强（《立言画刊》1940年99期）；乘势而上求突破，发奋图强开新局（《学习与研究》2021年4期）。《汉语大词典》收“发奋图强”，单一书证引自《人民日报》1959年9月3日。

【访事人】旧指通讯社或报馆派往各地采访新闻的人。此系访事人所报其确否容再细查（《申报》1875年4月19日）；英国掌教与日报访事人问答节略（《时务报》1896年17期）；胶州访事人来信云（《昌言报》1898年6期）；访事人之造就法（《大同报》1912年8期）。《汉语大词典》收“访事人”，单一书证引自郑观应《盛世危言·技艺》。

【购拿】悬赏捉拿。搜缉余匪购拿首逆（《申报》1872年10月15日）；江西购拿乱首（《鹭江报》1904年81期）；购拿巨匪（《广益丛报》1910年230期）；为悬赏五百元购拿暗杀骆肇新律师凶手由（《上海律师公会报告书》1935年33期）。《汉语大词典》收“购拿”，单一书证引自

《廿载繁华梦》第二回。

【洪帮】洪门的别称。洪帮枭匪（《申报》1903 年 9 月 6 日）；上海洪帮大会（《兴华》1936 年 30 期）；洪帮老头子郑子良不愿做官（《海潮周报》1946 年 5 期）；话说洪帮（《档案与史学》1997 年 2 期）。《汉语大词典》收“洪帮”，单一书证引自陶成章《浙案纪略外纪·教会源流考》。

【婚期】结婚的日期。婚期略解（《教会新报》1873 年 223 期）；香港庆贺二皇子婚期（《教会新报》1874 年 275 期）；婚期有异（《东方杂志》1904 年 7 期）；俄公主之婚期有日（《协和报》1913 年 28 期）；蒲绿姬与红叶公子密订婚期（《电影月报》1928 年 2 期）。《汉语大词典》收“婚期”，单一书证引自午星《一个红军女游击战士》。

【混血儿】指种族不同的男女婚育的子女。天才多混血儿（《云南》1906 年 1 期）；长崎港的中日混血儿（《一般》1926 年 4 期）；美日混血儿十万名出世（《东南风》1946 年 19 期）；巴布亚人：上古血脉的混血儿（《博物》2021 年 1 期）。《汉语大词典》收“混血儿”，单一书证引自李劼人《大波》第一部第二章四。

【交易所】进行证券或大宗商品买卖的市场。癸卯夏参观东京股分票交易所渡边亨氏为述交易所之起源组织时促不及多谈聊记其略以示一班（《政法学报》1903 年 3 期）；所请设立汉口华商棉业交易所应毋庸议由（《农商公报》1921 年 3 期）；上海证券交易所股票行市指数表（《证券市场》1947 年 4 期）；交易所网络平台互动与超额商誉（《软科学》2021 年 5 期）。《汉语大词典》收“交易所”，单一书证引自邹韬奋《经历》十四。

【军国主义】把国家完全置于军事控制之下，一切为了侵略扩张的黩武思想和行为。军国主义（《经济丛编》1903 年 35 期）；德国反对军国主义之风潮（《新世纪》1907 年 21 期）；军国主义与平和运动之关系（《夏声》1908 年 7 期）；日本之军国主义（《东方杂志》1915 年 7 期）；军国主义的狂热（《申报每周增刊》1936 年 42 期）。《汉语大词典》收“军国主义”，单一书证引自瞿秋白《赤都心史》。

【课程表】标明学校教学的科目和进程的表格。平江县天岳书院课程表（《湘报》1898 年 93 期）；第四年分类课程表（《水产》1922 年 4 期）；美国国立商船学校课程表（《海事学生》1948 年 2 期）；基于 Android 平台的课程表管理系统（《现代信息科技》2020 年 4 期）。《汉语大词典》收“课程表”，单一书证引自张天翼《春风》。

【抛售】 大量卖出。本厂抛售丝经及双官下脚等货（《申报》1899 年 11 月 14 日）；忍耐者获利抛售者失机（《江苏实业月志》1921 年 25 期）；苏俄谋对我国抛售煤油之大企图（《矿业周报》1931 年 125 期）；美政府拟抛售大宗小麦（《农业周报》1931 年 77 期）；稳定黄金市场政府现无意大量抛售（《新税政》1943 年 1 期）。《汉语大词典》收“抛售”，单一书证引自李劼人《天魔舞》。

【皮酒】 即啤酒。出卖皮酒（《申报》1872 年 5 月 25 日）；皮酒空瓶所造之屋（《大陆》1905 年 2 期）；上海之皮酒消费额（《农商公报》1923 年 5 期）；皮酒从酒瓶倒出，重的碳酸气先在酒杯上打漩涡，而后沿杯边沉下（《科学画报》1938 年第 13 期）。《汉语大词典》收“皮酒”，单一书证引自《二十年目睹之怪现状》第六八回。

【人工呼吸】 用人工帮助呼吸的急救法。多用人工呼吸法（《重庆商会公报》1908 年 86 期）；以打气作用施人工呼吸（《英语周刊》1917 年 116 期）；救急法中之人工呼吸法（《广西卫生旬刊》1934 年 20 期）；追加反馈对心肺复苏口对口人工呼吸正确性的影响研究（《卫生职业教育》2018 年 5 期）。《汉语大词典》收“人工呼吸”，没有书证；《汉语大词典订补》补充单一书证引自许博渊《澳洲札记》。

【炭坑】 土法生产的煤矿；煤窑。赴高岛炭坑阅视出煤之所（《申报》1887 年 11 月 27 日）；抚顺炭坑之价值（《商务官报》1906 年 12 期）；炭坑爆裂（《国风报》1910 年 32 期）；炭坑里的炸弹（《洪水》1927 年 29 期）；德意志炭坑的救护队（《老实话》1934 年 49 期）。《汉语大词典》收“炭坑”，没有书证；《汉语大词典订补》补充单一书证引自《辽宁日报》2003 年 4 月 16 日。

【停战】 交战双方停止作战。停战议和（《教会新报》1874 年 283

期）；日巴停战（《益闻录》1898年1766期）；停战时美德财政之对照（《银行周报》1918年47期）；宣传停战（《七日谈》1946年28期）；齐天印：两周建好停战协议签字亭（《中国退役军人》2020年11期）。《汉语大词典》收“停战”，单一书证引自魏巍《东方》第五部第一章。

【信片】明信片。信片现有印成者每张售洋一分（《申报》1897年10月15日）；蓄音之信片（《政艺通报》1906年3期）；外国信片（《新银星》1928年1期）；一张退回来的信片（《无锡童报》1930年45期）；傀儡登基纪念信片正面（《宇宙风》1937年37期）。《汉语大词典》收“信片”，单一书证引自鲁迅《书信集·致李霁野》。

【烟户】吸食鸦片烟的人户。严禁烟馆清查烟户（《申报》1880年6月15日）；保定县禀戒烟会已将烟户戒净照案请奖文并批（《北洋官报》1911年2847期）；烟户之倒运（《吴江》1923年50期）；总计烟民一四九五人总计烟户三三零户（《长沙民报》1933年4期）。《汉语大词典》收“烟户”，单一书证引自《二十年目睹之怪现状》第十三回。

【月薪】按月发给的薪水。坐支月薪五六十两（《申报》1882年5月6日）；批汴洛路局禀更易人员酌加月薪请察核批示由（《交通官报》1910年28期）；辽宁安东商科高中拟聘请教授经济银行等课程之教员一位每周二十点月薪百元（《北大日刊》1931年2577期）；月薪五万男子的征婚惨剧（《看天下》2021年10期）。《汉语大词典》收“月薪”，单一书证引自邹韬奋《经历》二八。

【注目礼】军礼之一。以目注视受礼者之目。次第行注目礼（《申报》1905年4月25日）；举行注目礼（《图画京报》1928年30期）；童军列队经检阅台行注目礼（《大众画报》1934年7期）；宇视守护大阅兵长安街最庄严注目礼（《中国安防》2015年18期）。《汉语大词典》收“注目礼”，单一书证引自（《上海滩》1989年3期）。

【钻头】钻、钻床、钻探机上的刀具。钻头式样特妙故成事甚捷（《申报》1877年6月8日）；钻头镶金刚钻（《申报》1905年3月25日）；各种钻头（《时报图画周刊》1923年178期）；凿井所用的钻头（《导光》

1936年12期）；通用镶刃钻头开发（《工具技术》2021年8期）。《汉语大词典》收“钻头”，单一书证引自徐迟《哥德巴赫猜想·石油头》。

除上述例子外，《汉语大词典》书证单一的可能还有：“爱力、桉、案件、暗潮、八音匣、白宫、白果、白酒、白种、班本、版权、办公室、办理、办事员、半岛、半旗、帮、帮带、棒子手、保险、保险柜、报1、报端、报告、报关、报考、爆烈2、备忘录、被选举权、本部、本埠、本科、本能、本息、本质、逼良为娼、比价、笔算、闭会、闭锁、闭歇、弼德院、避风港、避雷器、避雷针、编列、编造、便所、辩护士、标本1、标记、标准时、表格、兵房、兵舰、兵轮、兵式操、病虫害、病房、病害、病历、病逝、剥夺、驳斥2、驳船、驳论、补给1、补课、捕虏、捕蝇草、不倒翁、不规则、布道、布景1、部试、裁判官、裁判所、采办、采购、参观、参谋、参赞、餐车、餐馆、餐具、惨杀、操场、草辮、草场、插班、插花、插画、插图、插言、查学、缠脚、产地、产额、产销、常备、常备军、场地、场子1、车行、车路、车头、车主、撤回2、撤消、陈列室、成分、成果、成品、成文法、承诺、城关、斥驳、冲锋、抽捐、抽水机、筹建、筹募、筹赈、丑闻、出口税、出诊、初等、初基、初级1、初级小学、初小、刍论、储蓄、传导、传道、传道会、床单、创伤、吹奏、纯利、刺激、从犯、粗工1、村长、存根、存货、撮影1、搭卖、答词、打球、打针、打字、大班1、大潮2、大纲、大革命、大观、大国、大考、大量、大年初一、大批、大扫除、大修、大学堂、大烟、大圆、大宗、大总统、代表、代课、代理人、代名词1、代数、代用品、贷款1、贷款2、担保、单薄、单车、胆小如鼷、旦角、蛋黄、当前、党魁、党首、岛国、倒嚼、倒帐、道钉、灯台、登录、低落、抵债、地方病、地权、帝党、电1、电报局、电车、电光1、电光2、电局、电力、电铃、电码、电瓶、电气车、电商、电丝、电调、电文、电信、电讯、电政、店员、垫付、垫款、奠基、跌价2、顶大、订约、定理、定质、东邦、东报、东方、东人、东省、东涂西抹、东文、东学1、东语、董、动员、督办2、毒瘤、毒素、毒液、独资、读本、短缩、短写、堆栈、对称、对象、吨、多数1、恶果、二花脸、发奋为雄、发刊词、发起人、罚款2、法部、法权、法王1、法医1、法政、藩邦、藩属、饭盒、房捐、仿办、访事员、放脚、放射2、飞行机、飞行器、肥料、肥田、匪首、废止、分段、分级、分局、分利、分年、奋发图强、风传1、风厉、封禁、佛郎、否决、弗、服役、浮力、福音堂、讣电、负伤、附加税、附刊、复查、复出、复习、复写纸、改编、改选、改造、概况、概算、橄榄油、干事、干线、纲、纲领、钢管、钢轨、钢精、钢琴、岗棚、高昂、高才生、高材生、高度、稿纸、告诉、哥弟会、割让、革军、革命军、阁抄、阁员、格致会、格致家、个人主义、更动、工部局、工房、工金、工人、工师、工薪、工业国、公车上书、公电1、公费、公告2、公函、公爵、公款、公立、公启1、公权、公式2、公塾、公推、功用、攻守同盟、供销、构造、古装、股款、股息、雇用1、雇用2、锢闭、锢禁、瓜皮帽、挂号、观测、官办、官方、官费、官荒、官界、官业、广告1、广义、龟、规银、规元、规章、轨枕、鬼奴、国宾、国粹、国防军、国货、国情、国权、国事犯、函购、函授、寒暑表、寒暑针、汉白玉、汉族、旱地、旱獭、旱烟袋、行店、行规、行号、行政、航程、毫水、毫银、合演1、合营、合众、和会、和文、和语、核准、贺电、贺年、黑板、黑籍、黑死病、横霸、红茶、红船、红利、红门、红藻、后劲、互惠、花鼓戏、花界1、花捐、花旗国、划归、华里、华历、化2、化脓、化验、画象、话机、欢送、欢迎、换约、唤起、皇权、回疆、汇划、汇款2、会办、会董、会费、会规、会期、会社1、会社2、会所、会堂1、会堂2、会演1、贿串、活泼1、活泼2、火轮2、火票、火漆、火险、货场、货样、货值、机车、机船、机动、机房、机关车、机关炮、机汽、机器局、机器人、机师、机制、基石、基围、激浪、激烈、激战、级长、极光、极乐国、辑著、籍、挤兑、计学、纪略、纪念碑、纪念册、纪念堂、纪事、继任、寄宿生、架设、架子花面、肩章、监院、检查员、检察厅、检察员1、检察院、检察长、检阅、剪除、简字、见端、见习、建议、建制、建筑2、建筑物、江防、讲师、讲台、讲堂、奖品、奖章、匠师、交仗、浇铸、角、角膜、角洋、绞刑、剿办、缴付、轿车、教鞭、教程、教官、教派、教室、教务长、教养院、教员、教职、结核病、结论、截止、解、戒烟1、界2、界碑、界牌、界约、借款1、金镑、金鸡纳霜、金洋、进口税、晋京、禁烟、禁运、经理、经销、精读、景泰蓝、警、警兵、警勇、警长、警政、竞走、旧学、救国、救生船、救生局、救生艇、救世军、就业、剧情、捐款2、卷烟、决裂、决论、军操、军港、军号、军警、军礼、军旗、军区、军属、军用、军政府、军装、均产、均沾、均霑、君权国、君主立宪、咖啡、开班1、开彩、开车1、开工1、开关、开会1、开幕1、开幕2、开票、开庭、开仗2、开诊、刊布、勘定、康梁、抗旱、抗议、抗战、考察、考绩、科学2、科学家、科员、科长、客车、课题、课长、恳亲会、空盘、扣、快车、快信、旷课1、旷课2、矿藏、矿床、矿井、矿坑、矿泉、矿物、矿政、来复、来复枪、来函1、栏、缆索、劳动、劳动者、老妈子、老虎凳、老虎灶、老人院、乐队、雷船、类叙、累犯、厘2、厘订、厘局、厘捐、厘捐局、厘税、里弄、理事、理事官、力争、历史小说、立案、利权、例案、例假、连锁、联防、联合政府1、炼铁、炼铁炉、炼狱、料货、临床、伶界、零用钱、领地、留声机、留音机、流产1、榴弹、榴弹炮、榴霰弹、龙头1、龙元、龙圆、路轨、路局、路矿、路政、轮渡、论理学、落差、落水、旅居、履历表、略传、麻醉剂、马力、马术、吗啡、卖空买空、蛮族、满月、毛货、毛皮、煤饼、煤斤、煤炉、煤气、煤汽灯、煤油、煤渣、霉菌1、美育、门岗、门诊、蒙塾、密令、密约、棉织品、面粉、面影、苗圃、民房、民选、民学、名词2、名额、名字、摩擦、摩托、魔鬼、魔术、末班车、末日2、墨银、默感、母金、母校、亩捐、木厘、木商、目、目无尊长、穆民、奶油、男性、脑精、闹丧、呢子、拟订、年俸、年假、年鉴、年金、农产、农产物、农户、农科、农奴、农艺、奴隶、女神、女学、欧风、欧美、欧人、排印、牌号、盘牙、炮船、炮击、炮舰、喷水池、疲缓、匹头、票价、票据、票纸、拼音、品物、平均、平圆、评赞、凭单、坡度、破裂、剖解、剖验、铺主、普通话、旗船1、旗号、旗舰、旗语、企鹅、起诉、起源2、气质、弃权、汽车2、汽机、汽炉1、汽轮、汽球、汽水、汽筒1、器乐、牵引、签发、钱号、枪毙、枪法、枪伤1、枪械、枪支、枪枝、强行、强水、抢险、侨居、侨民、切糕、侵入、青年会1、青年会2、轻气、清国、晴雨表、秋操、驱禁、权限、全国、全景、全权、全体、诠索、拳铳、拳党、确保、确认、群、群体、染色、热1、热2、热度1、人道主义、人生观、人学、人种、认股、认贼作父、任免、任期、日球、日曜、日曜日、日用品、鈤、柔道、如是我闻、入股、入口2、软木、软体动物、洒水车、三岛1、三点会、三省1、三育、散工1、散工2、色盲、伤势、商标、商部、商店、商股、商号、商会1、商界1、商品、商情、商业、上级1、上流社会、上院、社会教育、社交、社员、摄影2、申、身灵、身税、绅商1、绅商2、神经、神经衰弱、神学、升学、生产品、生活费、生死观、生态、生锈、声明1、声明2、圣诞1、圣灵、圣事、盛况、失慎2、师团、诗界、施肥、石印、时装、实行、实见、实科、实施、食道、食用、史论、史前、使馆、使犬、士兵、士官、世界2、世界语、市况、市政、势力范围、势力圈、事件1、事件2、事略、事业、适量、收费1、收缩、手表、手法、手工1、手工2、手工3、手工4、手铐、手套、首要1、书报、书记1、书业、书寓、疋头、输卵管、输入、输血、熟货、暑期、曙光、术科、水彩、水操、水稻、水喉、水警、水雷、水流、水龙头1、水龙头2、水泥、水手、水塔、水藻、水蒸气、税章、税制、睡佛、司机1、丝行、丝织品、私人、私吞、私章、思想、四舍五入、饲料、讼案、速成班、损公肥私、缩印、所在地、塌车、太阳糕、太阴历、瘫、弹参、弹力、炭坑、探海灯、探矿、探险、探照灯、堂长、烫伤、特刊、特派员、特性1、特制、特种、锑、提纲、提留、提取1、提要、提议1、题辞、体格、体育、体育馆、天秤、天权、天然痘、天体、田捐、条令、调取、调验、铁厂、铁道、铁杠、铁甲、铁甲兵轮、听觉、停课、通报1、通电2、通告1、通轮、通启、通儒院、通商、通史、通信社、通信员1、通信员2、通讯员1、通讯员2、同班、同学、铜帽、童子军、童子痨、统计、统计学、偷工减料、头盖、头盖骨、投标、投票1、投影、投资、突飞、图案1、图表、屠宰场、屠宰所、土1、土地税、土木工程、土人1、土硝、土烟、土药、土制、兔儿爷、推销、退股、退落、退伍军人、退休、退职、囤积、脱臼、拓殖、瓦斯、外币、外部1、外部2、外埠、外情、外商1、外销1、完捐、完全小学、万民牌伞、万万、旺销、唯物论、伟举、伟议、伪币、委员2、委员3、卫生衣、卫生员、胃溃疡、文件、文明结婚、文学家、文员、握手、诬证、无花果、无记名投票、无名小卒、无期徒刑、无神论、无线电、武生、武装、物证、西化、西礼、西式、西医1、吸收1、息借、锡箔、熄灯、熄火、习字、洗礼、戏剧、戏装、细节、细菌、细则、下达、下颚、下课、下水道、先烈、纤维、贤母良妻、显镜、现行法、现行犯、现货、现世、现势、现役2、限额、限制、宪兵、宪法、乡土志、相信、香槟酒、香肠、香水、香皂、享有、想象力、橡胶、橡皮、橡皮圈、橡皮树、橡皮图章、消费品、消暑、小班1、小儿科、小钱、小说家、小像、小学堂、小帐、小账、小照、校本、校风、校旗、校训、校友、校员、校长、校址、歇夏、协定2、协会、协商、协统、协议、协作、谐谈、写真师、卸任、卸装1、心脏1、心脏2、新兵、新剧、新派1、新任、新生、新世界1、新世界2、新式、新文学、薪工、薪津、薪饷、信差、信纸、星球、星洲、刑事犯、刑事诉讼法、型、幸运、性2、性能2、凶器、胸衣、胸针、修女、袖章、袖珍、绪言、续假、蓄电池、宣道、宣判、宣言、悬、选编1、选刊、选科、选区、选手、选送、选种、学案、学部、学程、学费、学俸、学界1、学历2、学术、学园、学员、雪崩、巡官、巡洋舰、巡长、训词、训练、训令、训条、压力1、压力2、鸦片鬼、牙粉、牙膏、哑铃、烟蒂、烟缸1、烟缸2、烟酒、烟癖1、烟士披里纯、烟嘴、延展、言不二价、盐乡、盐巡道、眼球、演词、演稿、演绎、演员、唁电、验试、洋瓷、洋东、洋痘、洋鼓、洋号、洋灰、洋籍、洋喇叭、洋历、洋炮2、洋气2、洋税、洋学、洋胰子、洋装1、洋装3、养老金、养路、养气、养伤、样品、药房、药水1、要件1、要件2、要员、野操、野鸡1、野鸡2、业商、夜车、夜景、夜盲、一分子、一年生、一周、医疗、医务、胰皂、移民、移殖1、遗传1、义民、义务、义赈、议事日程、异彩、译学、译著2、意见箱、意译、因果、引渡、引力、引擎、引水船、引言、印发、印花 2、印花税、印刷局、印刷所、印刷物、印税、盈亏、盈利、营业、赢利、影片 2、硬化、硬煤、硬直、用具、优长、邮包、邮便、邮便局、邮部、邮袋、邮电、邮购、邮片、邮券、邮筒、邮务、邮箱、油炸桧、油炸脍、游泳池、友情、有机体 2、有色人种、幼稚园、余额、语尾、语文 1、浴缸、预告、预后、预选、欲望、遇刺、豫科、豫想、元首、元质、原版、原件、原料 1、原料 2、原起、原质 2、原著、原子、源起 1、源渊、远航、院长、愿书、月报、月考、跃进、云土、陨铁、运动场、运动会、运命、杂感 1、杂评、在野党、在职、早退、造像、责任、增援、摘除 1、债券 1、债务、展缓、展览、展望、占有、战斗员、战况、战时、战史、战云、章回小说、帐册、帐单、障碍 2、招领、昭信局、昭信票、照、照会 1、照会 2、照录、照相 2、照章、折光、折扣 2、贞女、针、珍珠米、枕木、赈捐 2、争点、蒸馏、正规军、证明书、证书、政党、政体 1、政争、政治犯、政治家、症候、支部、支队、支应局、芝麻官、织物、值勤、职业教育、植物学、植物油、植物园、殖民、殖民地、殖民主义、纸浆、纸卷烟、纸票、纸烟、指北针、指纹、指印、志愿兵、制版、治权、致命伤 2、智能、中彩、中等教育、中华民族、中式、中线 1、中亚、中央、中医 2、终点、终审、钟楼、重量 1、重炮、重印、周刊、皱纹、珠算、主编、主动 1、主力、主力军、主人公 1、主人公 2、主任、主题、主席 1、主义 1、主因、助教、住房、住院 1、贮蓄、注册、注脚、注射、驻防、祝词、著作权、专车、专刊、专科、专利权、专卖、专用、专责、专制、转轮、转日莲、转学、转载、转帐、庄主、装运、装置 1、装置 2、壮举、撞车、准予、桌布、浊音、资格、资金、资政院、滋闹、滋养品、子金、子口税、自传、自行车 1、自来水、自立、自然科学、自然现象、自习、自尊心、棕色、总额、总经理、总理各国事务衙门、总理衙门、总司令、总主教、纵队、租 1、租 2、组织 3、组织学、最后通牒、作废、作工、作文、座右铭”等。

第六章

书证晚出

书证晚出是指义项首例书证的年代滞后。“为什么举例一定要举最早出现这个意义的书呢？因为了解一个字的一个意义从什么时候开始具有的，这很重要。这样，就不至于用后起的意义去解释比较早的书籍，造成望文生义的错误，不符合古人的原意。人们如果能把每个字的每个意义都指出始见书，功劳就大了，对汉语词汇发展史的研究就立大功劳了。”① 《汉语大词典》等辞书书证时代偏晚的问题，是一个比较普遍的现象。当然，书证溯源很难毕其功于一役，谁也无法保证找到的书证就是最早的，只能逐步往前推移。随着电子语料库的发展，书证溯源比以前卡片查阅简便了许多，但并不意味着书证举手之劳就能获取，更不意味着溯源这项工作就没有意义。② 晚清期刊新质词语可以为《汉语大词典》《近现代辞源》《100 年汉语新词新语大辞典》等辞书提前书证提供参考。

一、《汉语大词典》书证晚出

除“暗示 1、爸爸、报名、抱粗腿、爆裂药、大班 2、胆小如鼠、地学、电报局、顶刮刮、动字、短绌、服制、负担 2、改订、干部 2、公德、规律 1、国库、国债、行规、哗拉拉、换防、黄祸、会友、驾驶、教会、教书匠、进境、巨子、军火、开仗 1、刊、咳声叹气、狂热、口音、老大

① 王力．字典问题杂谈［J］．辞书研究，1983（02）．

② 数据库检索出来的往往是字符串，不一定是词；即使是词，在数以万计的语料中判断出最早用例也不容易，特别是多义词，究竟使用的是哪个义项必须一一辨别；工作轻松与否，总需要有人去做，把始见书证的时间往前推进一些，也就算做出了一点贡献；《汉语大词典》中所涉晚清期刊新质词语的书证大多晚出，可能影响到近现代词语的断代。

帝国、老妈子、老实话、佬、老佛爷、乐利主义、厘 2、遴派、名学、牛痘、女公子、汽筒 1、俏皮话、穷光蛋、群治、热忱、热诚、热度 1、日报、日刊、商务、烧锅、绅士、收据、手枪、说帖 2、天体、天演、同业、土匪、挖苦、外籀、顽固不化、细胞、血本、血管、呀、烟、烟灯、烟管、洋房、洋税、野心勃勃、以太、义民、议会 1、议院、轶闻、优胜劣败、源渊、陨铁、灶王爷、真空、猪仔 1、驻防、自由车 1、自由竞争、族类”等词语首例书证时间不晚于我们所见的文献外，《汉语大词典》其他晚清新质词语的首例书证均存在时间滞后的问题。下面分三类说明：产生于晚清，但可以在晚清范围内提前；产生于晚清，但首例书证在 1912 年以后；产生于晚清，但首例书证在 1949 年甚至 1978 年以后。①

（一）产生于晚清，《汉语大词典》或《汉语大词典订补》首例书证也为晚清，但晚出，仅以《汉语大词典》或《汉语大词典订补》部分首例书证引自晚清四大谴责小说为例。四大谴责小说分别为李伯元《官场现形记》、吴趼人《二十年目睹之怪现状》、刘鹗《老残游记》、曾朴《孽海花》，成书时间均不早于 1903 年。例如：

【帮凶】帮助行凶或作恶的人。日提帮凶（《益闻录》1891 年 1114 期）；帮凶宜办（《申报》1898 年 8 月 19 日）。《汉语大词典》收“帮凶”，首例书证引自《老残游记》第二十回。

【报馆】报社的俗称。问中外新报馆主人制铜帽法书（《中国教会新报》1870 年 109 期）；德人在占据地创设报馆（《清议报》1898 年 1 期）。《汉语大词典》收“报馆”，首例书证引自《二十年目睹之怪现状》第九回。

【便当】方便；容易。各码头如此便当（《申报》1872 年 7 月 17 日）；装货寄信搭客格外便当（《申报》1898 年 6 月 10 日）。《汉语大词典》收“便当”，首例书证引自《老残游记》第一回。

【裁判所】审判案件的场所。裁判所专管民间钱债讼事（《申报》1876

---

① 这里列举的书证早于《汉语大词典》等辞书，但并不一定就是所见最早书证，最早书证需要查阅更多文献。

年6月8日)；拘到为首之五人发裁判所治罪（《申报》1888年1月18日)；翌日始由警察署转送裁判所听候讯办（《申报》1890年12月9日)；世界第一之比利时裁判所（《新民丛报》1903年40期)。《汉语大词典》收“裁判所”，单一书证引自《孽海花》第十五回。

【娼寮】妓院。严禁匪人年下收取洋场娼寮烟馆规费示（《万国公报》1879年523期)；娼寮获匪（《述报》1884年“近闻”)；禁逐娼寮（《益闻录》1895年1482期)。《汉语大词典》收“娼寮”，首例书证引自《二十年目睹之怪现状》第五九回。

【出口税】国家对于出口货物所征的税。印度所征出口税极大计倍于中国之进口税（《申报》1874年5月20日)；日本将免出口税（《时务报》1897年48期)；废出口税（《湖北商务报》1899年15期)。《汉语大词典》收“出口税”，单一书证引自《二十年目睹之怪现状》第五一回。

【存根】票据、证件等开出后所留的底子，内容与票据、证件等相同，留存备查。遗失收捐联票一本除存根外内有是三百八十一号起至四百号止此念号以作废纸不作为凭（《申报》1873年5月2日)；学部咨订定各学堂修业文凭式样及存根簿式样文（《四川官报》1908年32期)。《汉语大词典》收“存根”，首例书证引自《二十年目睹之怪现状》第六十回。

【大过】处分用语。记大过一般是对性质较严重的错误的处分。一并撤任各记大过一次（《申报》1874年12月14日)；督宪发还崇宁县漏印禀件并记大过三次札（《四川官报》1905年12期)。《汉语大词典》收“大过”，首例书证引自《二十年目睹之怪现状》第四回。

【抵制】抗拒，制止。抵制东洋煤价（《申报》1882年11月19日)；抵制日本新政（《湘报》1898年66期)。《汉语大词典》收“抵制”，首例书证引自《官场现形记》第六回。

【电文】电报的文字、内容。电文简略未及详悉（《申报》1878年1月24日)；电文先行照录（《万国公报》1895年77期)；本日电悉详阅电文（《外交报》1902年27期)。《汉语大词典》收“电文”，单一书证引自《二十年目睹之怪现状》第四十回。

【趸卖】犹批发。整批出售。或趸卖或零售（《申报》1872 年 12 月 12 日）；趸卖零拆价格比众公道（《申报》1899 年 4 月 8 日）。《汉语大词典》收“趸卖”，首例书证引自《二十年目睹之怪现状》第八一回。

【法郎】法国、瑞士等国的本位货币，一法郎等于一百生丁。每人房金二十一法郎（《申报》1877 年 2 月 2 日）；俄国近向法国借款六千万法郎（《东方杂志》1904 年 1 期）。《汉语大词典》收“法郎”，首例书证引自《二十年目睹之怪现状》第五五回。

【顾全大局】照顾整个局面，使之不受损害。呜呼俄国钦差真可谓顾全大局之至者矣（《申报》1872 年 11 月 11 日）；考商务顾全大局（《华商联合会报》1910 年 13 期）。《汉语大词典》收“顾全大局”，首例书证引自《官场现形记》第十四回。

【罐头】罐头食品的简称。罐头牛肉（《申报》1878 年 10 月 23 日）；罐头制造法（《农工商报》1907 年 4 期）。《汉语大词典》收“罐头”，单一书证引自《二十年目睹之怪现状》第七十回。

【华历】指我国的农历。英本月九日即华历十八日（《申报》1873 年 9 月 20 日）；西历四月八号即华历三月十一日（《外交报》1903 年 8 期）。《汉语大词典》收“华历”，单一书证引自《二十年目睹之怪现状》第三三回。

【会党】清末对以反清复明为宗旨的一些民间秘密团体的总称。会党首恶（《遐迩贯珍》1853 年 3 号）；会党猖獗（《益闻录》1890 年 1025 期）；会党致函西报（《清议报》1900 年 62 期）。《汉语大词典》收“会党”，首例书证引自《二十年目睹之怪现状》第十五回回目。

【介绍人】居间沟通双方关系的人。介绍人桴亭启（《申报》1888 年 5 月 7 日）；将介绍人扭案求究（《申报》1898 年 8 月 4 日）。《汉语大词典》收“介绍人”，单一书证引自赵树理《登记》二；《汉语大词典订补》补充一个书证，引自《老残游记》第十六回。

【课卷】旧称试卷。本年十月二十八日课卷名次（《万国公报》1877 年 422 期）；大同学校课卷（《清议报》1899 年 23 期）。《汉语大词典》收

“课卷”，首例书证引自《二十年目睹之怪现状》第四一回。

【领港1】引导船舶进出港口。花旗国领港洋人投案（《申报》1873年5月30日）；领港各船均驶往烟台避冻（《申报》1898年12月26日）。《汉语大词典》收“领港”，首例书证引自《二十年目睹之怪现状》第五一回。

【龙骨】船只、飞机、建筑物等像脊椎和肋骨那样的支撑和承重结构。船底龙骨锐而不平（《申报》1873年2月10日）；英国新舰装配龙骨（《北洋官报》1911年2674期）。《汉语大词典》收“龙骨”，首例书证引自《二十年目睹之怪现状》第三十回。

【牛排】一种西菜。烧牛排（《申报》1884年5月10日）；牛排生菜点心水果（《申报》1908年11月12日）。《汉语大词典》收“牛排”，首例书证引自《官场现形记》第七回。

【牌九】赌具名。花笼牌九（《申报》1893年5月30日）；共赌牌九（《申报》1898年2月25日）。《汉语大词典》收“牌九”，首例书证引自《官场现形记》第十五回。

【商号】商店。邀集各商号会议（《申报》1872年12月2日）；授奖各商号姓名（《广益丛报》1906年103期）。《汉语大词典》收“龙骨”，单一书证引自《二十年目睹之怪现状》第二回。

【商业】以买卖方式使商品流通的经济活动。各项商业以盐商为首要（《申报》1875年6月7日）；论日本商业未必能争英国之利（《时务报》1896年12期）；英振商业（《知新报》1897年37期）；高等商业学校便览（《工商学报》1898年2期）。《汉语大词典》收“商业”，单一书证引自《二十年目睹之怪现状》第五五回。

【水烟袋】一种用铜、竹等制成的吸烟用具。烟经水过滤而吸出，吸时发出咕噜噜的响声。也叫水烟壶、水烟筒。造水烟袋之杨正松（《申报》1874年9月30日）；被妙手空空儿窃去水烟袋一枝（《申报》1898年5月21日）。《汉语大词典》收“水烟袋”，首例书证引自《官场现形记》第二回。

【写字间】旧称办公室为写字间。欲办者祈来写字间面谈（《申报》1873 年 8 月 31 日）；工部局写字间之失窃（《舆论时事报图画》1909 年 28 期）。《汉语大词典》收“写字间”，首例书证引自《二十年目睹之怪现状》第五七回。

【洋灯】指带有玻璃护罩的煤油灯。洋灯尽灭（《益闻录》1882 年 147 期）；英国小学校家事科洋灯拂拭摄影（《教育杂志》1909 年 10 期）。《汉语大词典》收“洋灯”，首例书证引自《二十年目睹之怪现状》第二九回。

【洋铁】镀锡铁皮或镀锌铁皮的旧称。奏请采办洋铁洋木等物造船疏（《教会新报》1872 年 209 期）；洋铁涨价（《湖北商务报》1899 年 3 期）。汉口铜锡洋铁匹头行情（《湖北商务报》1899 年 1 期）。《汉语大词典》收“洋铁”，首例书证引自《二十年目睹之怪现状》第三二回。

【银纸】方言。钞票。先银纸币半文不值（《申报》1894 年 8 月 3 日）；制三种银纸币（《大同报》1908 年 13 期）。《汉语大词典》收“银纸”，首例书证引自《二十年目睹之怪现状》第五七回。

【珍珠米】玉蜀黍的别称。去年珍珠米减收（《万国公报》1875 年 334 期）；西兵喜啖珍珠米（《图画报》1911 年 41 期）。《汉语大词典》收“珍珠米”，单一书证引自《二十年目睹之怪现状》第七四回。

除上述例子外，《汉语大词典》书证晚出的可能还有：① “包打听（1872 年）、报纸 1（1891 年）、背面（1873 年）、毕业（1897 年）、捕房（1898 年）、不要脸（1891 年）、财政（1889 年）、采办（1872 年）、彩票（1879 年）、查无实据（1901 年）、查帐（1881 年）、成（1875 年）、吃花酒（1880 年）、赤十字会（1896 年）、臭豆腐（1882 年）、传单（1901 年）、船主（1873 年）、戳记（1899 年）、存款 2（1875 年）、磋商（1901 年）、打野鸡（1872 年）、大菜（1874 年）、大考（1875 年）、大帅（1886

① 这些词语见于《汉语大词典》，首例书证引自晚清四大谴责小说，但书证在晚清期刊中还可以提前。“包打听（1872 年）”表示“包打听”在《汉语大词典》里首例书证引自晚清四大谴责小说，实际见于 1872 年的晚清期刊。例如，“包打听破案事（《申报》1872 年 6 月 20 日）；设有包打听（《申报》1905 年 5 月 11 日）”等。其他类似。

年)、当兵(1882 年)、电码(1898 年)、督办 1(1881 年)、督办 2(1870 年)、赌棍(1881 年)、段(1869 年)、趸船(1889 年)、发布(1876 年)、发电(1892 年)、防营(1885 年)、仿照(1878 年)、放洋(1900 年)、风厉(1881 年)、疯病(1872 年)、附刊(1887 年)、歌诀(1877 年)、阁抄(1895 年)、工师(1890 年)、公启 1(1874 年)、公所(1873 年)、股本(1898 年)、棍骗(1872 年)、国事犯(1898 年)、号码(1872 年)、合股(1872 年)、花红(1881 年)、火车(1872 年)、火酒(1898 年)、机船(1883 年)、基础(1902 年)、江防(1895 年)、交涉(1876 年)、脚夫(1882 年)、界线 1(1893 年)、借款 2(1898 年)、金镑(1896 年)、进口税(1874 年)、进款(1875 年)、京话(1901 年)、警钟(1876 年)、救生局(1876 年)、均沾(1882 年)、可恨(1881 年)、客栈(1872 年)、课题(1881 年)、苦力(1873 年)、力量 2(1875 年)、例案(1873 年)、料货(1899 年)、灵通(1874 年)、龙圆(1898 年)、律师(1872 年)、麻雀牌(1889 年)、吗啡(1900 年)、毛厕(1874 年)、么二(1869 年)、煤炉(1874 年)、煤油(1872 年)、密码(1884 年)、墨盒(1902 年)、墨晶(1885 年)、墨银(1883 年)、木商(1899 年)、内情(1898 年)、拟定(1887 年)、匿名信(1891 年)、奴性(1901 年)、挪动(1874 年)、拍马屁(1891 年)、皮酒(1872 年)、骗术(1883 年)、票号(1872 年)、票据(1872 年)、票纸(1872 年)、凭照(1902 年)、旗号(1873 年)、枪炮(1897 年)、敲诈(1882 年)、钦差大臣(1868 年)、清理(1876 年)、认可(1899 年)、舢板(1872 年)、舢舨(1872 年)、烧料(1899 年)、生锈(1897 年)、时表(1897 年)、书寓(1876 年)、说帖 1(1897 年)、讼案(1874 年)、随员 1(1875 年)、太太 1(1883 年)、谈天 1(1885 年)、体贴入微(1880 年)、贴水(1874 年)、退还(1892 年)、外销 1(1879 年)、文案(1875 年)、无奇不有(1872 年)、西服(1873 年)、衔牌(1875 年)、小班 1(1883 年)、小军机(1881 年)、写真师(1891 年)、新任(1870 年)、信差(1883 年)、信封(1873 年)、信局(1872 年)、信札(1872 年)、信纸(1872 年)、兴办

（1880年）、凶器（1854年）、选派（1854年）、学友（1881年）、巡捕（1871年）、巡捕房（1871年）、烟户（1880年）、烟泡（1873年）、盐巡道（1873年）、演说（1896年）、洋船（1873年）、洋大人（1902年）、洋东（1872年）、洋号（1882年）、洋火（1877年）、洋蜡（1879年）、洋枪（1872年）、洋商（1898年）、洋式（1875年）、洋文（1872年）、洋药（1873年）、洋胰子（1902年）、洋烛（1872年）、药房（1872年）、姨太太（1876年）、译书1（1881年）、银纸（1873年）、辕门抄（1874年）、灾情（1877年）、涨价（1881年）、帐册（1877年）、招商局（1873年）、赈款（1878年）、正凶（1872年）、支票（1873年）、支应局（1872年）、纸卷烟（1880年）、转租（1874年）、庄票（1872年）、字纸篓（1884年）、总办1（1875年）、坐办（1878年）、座位（1873年）”等。

此外，《汉语大词典》或《汉语大词典订补》首例书证引自汤颐琐《黄绣球》、张春帆《九尾龟》等晚清其他文献的词语，同样存在大量晚出现象。

（二）产生于晚清，但《汉语大词典》或《汉语大词典订补》首例书证晚出为1912年至1949年之间，仅以《汉语大词典》或《汉语大词典订补》部分首例书证引自鲁迅作品为例。鲁迅作品除《地底旅行》（1903年）与《域外小说集》（1909年）以外，绝大多数成书时间不早于1912年。例如：

【办事员】办公人员的一种职别，在科员之下。是岁即升授使署二等办事员迨一千八百七十八年复升一等办事员（《申报》1900年7月30日）；内务府小学堂办事员名单（《北洋官报》1904年218期）；浙省警务公所办事员名单（《北洋官报》1909年2229期）。《汉语大词典》收“办事员”，单一书证引自鲁迅《三闲集·在钟楼上》。

【爆炸】物体体积急剧膨大，使周围气压发生强烈变化并产生巨大的声响。爆炸之声（《申报》1875年12月7日）；火山爆炸再纪（《北洋官报》1904年481期）；北满俄车地雷爆炸记（《铁路协会会报》1916年49期）。《汉语大词典》收“爆炸”，首例书证引自鲁迅《故事新编·奔月》。

此外，《汉语大词典订补》补充另一义项，释义为“比喻知识、信息、人口等数量的急剧增加”，首例书证引自1984年9月7日《光明日报》。书证也晚出，例如，“罗马尼亚报刊就联合国世界人口会议发表文章，驳斥‘人口爆炸式的增长’是造成不发达的谬论（《人民日报》1974年8月15日）”。其三，除上述两个义项外，“爆炸”还可以补充第三个义项，即“令人意外或震惊的”，例如，“广西人喊出爆炸性的口号（《乌龙王》1948年241期）；美国贝纳斯发表爆炸性激烈演说（《田家》1948年17期）”等。

【出版物】已出版的书刊、图画等印刷品。部禁康有为出版物（《广益丛报》1909年193期）；中国之矿科出版物（《矿业杂志》1917年3期）；女青年与出版物之关系（《妇女杂志》1917年6期）。《汉语大词典》收“出版物”，首例书证引自鲁迅《二心集·上海文艺之一瞥》。

【剥制】剥取或削除外皮，加工制作。论剥制（《龙门师范学堂校友会杂志》1908年4期）；本部农事试验场动物委托剥制规则（《农商公报》1915年6期）；记剥制标本之制法（《江苏省立第一女子师范学校校友会杂志》1917年2期）。《汉语大词典》收“剥制”，首例书证引自鲁迅《热风·随感录五十三》。

【操衣】制服。谕换操衣（《北洋官报》1904年470期）；储材馆改良操衣（《北洋官报》1906年963期）；拟禁学堂着服操衣（《直隶教育杂志》1907年13期）。《汉语大词典》收“操衣”，首例书证引自鲁迅《集外集拾遗·今春的两种感想》。

【充公】没收归公。二年之内获到将其船充公（《遐迩贯珍》1854年6号）；赌产充公（《益闻录》1880年66期）；铜元充公（《江西官报》1903年1期）；页日充公战时所获之禁物（《北洋官报》1905年804期）。《汉语大词典》收“充公”，首例书证引自鲁迅《故事新编·出关》。

【订约】缔结条约或契约。订约派官（《教会新报》1874年285期）；高美订约（《万国公报》1882年701期）；日俄订约三条（《时务报》1898年64期）。《汉语大词典》收“订约”，首例书证引自鲁迅《书信集·致王冶秋》。

【二花脸】“副净”的俗称。又称架子花。传统戏曲角色。武生武旦武二花脸（《申报》1905 年 3 月 8 日）；半百粉脸二花脸（《京戏杂志》1935 年 2 期）；志五个武二花脸（《立言画刊》1941 年 155 期）。《汉语大词典》收“二花脸”，单一书证引自鲁迅《准风月谈·二丑艺术》。

【飞行机】飞机。西方美人之飞行机（《求是斋画报》1901 年 1 期）；研究飞行机报告（《东方杂志》1910 年 12 期）；法国与飞行机（《国风报》1910 年 20 期）。《汉语大词典》收“飞行机”，单一书证引自鲁迅《且介亭杂文·难行和不信》。

【购买力 1】一定时期内用于购买商品和支付生活费用的能力，即用于购买商品和支付生活费用的货币总额。满洲之地面积广大人口众多其购买力之大固无待言（《申报》1905 年 12 月 4 日）；购买心与购买力（《银行周报》1922 年 4 期）。《汉语大词典》收“购买力”，该义项首例书证引自鲁迅《且介亭杂文·难行和不信》。此外，《汉语大词典》也收“购买力 2”，释义为“单位货币能买到的商品或劳务的数量，即货币购买力”，没有书证，可补书证，例如，“购买力同夫谁肯先用其优币而存留劣币（《申报》1910 年 5 月 30 日）；物价与货币购买力李大钊（《甲寅》1914 年 3 期）；广州批发物价指数及银元购买力升降图（《统计汇刊》1926 年 1 期）”等。

【黑死病】即鼠疫。凡患鼠疫而死者，体现黑斑，故名。日本人呼为苦列拉译其义盖黑死病也（《申报》1894 年 7 月 3 日）；象之黑死病（《大陆》1905 年 1 期）；无药医的黑死病（《安徽白话报》1908 年 2 期）。《汉语大词典》收“黑死病”，单一书证引自鲁迅《且介亭杂文·病后杂谈》。

【黄包车】旧时一种用人拉的双轮车。推黄包车为生（《申报》1909 年 2 月 5 日）；黄包车（《白相朋友》1914 年 3 期）；招领遗失黄包车（《警务丛报》1914 年 43 期）。《汉语大词典》收“黄包车”，首例书证引自鲁迅《三闲集·路》。

【加工】犹加班。兼署鄂督端奏陈湖北枪炮局加工赶造情形片（《济南报》1904 年 33 期)；蒙自铁路法人极力经营现又奉其政府命令加工赶造限于年终告成（《安徽白话报》1908 年 3 期）；加工赶筑马路（《广肇周报》1919 年 32 期）。《汉语大词典》收“加工”，首例书证引自鲁迅《而已集·黄花节的杂感》。

【历史小说】小说的一种。描写历史人物和事件以再现一定历史时期的生活面貌和历史发展的趋势。历史小说：瑞西独立警史（《游戏世界》1900 年 15 期）；历史小说：东欧女豪杰（《新小说》1902 年 1 期）；甲部历史小说第一种（《月月小说》1906 年 4 期）。《汉语大词典》收“历史小说”，单一书证引自鲁迅《故事新编·序言》。

【门房】看门的人。忽见门房报道吴大老爷拜候（《申报》1908 年 10 月 3 日）；门房代理校长（《生活》1929 年 16 期）；喜讲英语的门房（《沪大周刊》1933 年 6 期）；门房之女（《新少年》1936 年 12 期）。《汉语大词典》收“门房”，首例书证引自鲁迅《彷徨·高老夫子》。

【明信片】专供写信用的硬纸片，邮寄时不用信封。也指用明信片写成的信。邮局明信片（《萃报》1897 年 11 期）；明信片源流（《万国公报》1905 年 193 期）；明信片更改旧章（《北洋官报》1907 年 1495 期）。《汉语大词典》收“明信片”，首例书证引自鲁迅《书信集·致增田涉》。

【奇装异服】与社会上一般衣着式样不同的奇异服装。悍奴数十人奇装异服形类痞棍（《申报》1883 年 12 月 16 日）；禁止奇装异服（《敝帚千金》1906 年 10 期）；中央警厅禁止奇装异服（《宗圣学报》1917 年 7 期）。《汉语大词典》收“奇装异服”，首例书证引自鲁迅《坟·从胡须说到牙齿》。

【轻气】即氢气。作轻气法（《画图新报》1881 年 1 期）；轻气流质（《知新报》1898 年 67 期）；燃烧轻气能出乐音（《商务报》1904 年 34 期）。《汉语大词典》收“轻气”，单一书证引自鲁迅《且介亭杂文二集·在现代中国的孔夫子》。

【神经质】指人的神经过敏、胆小怯懦、情感容易冲动的性质。又称忧郁质。神经质儿童之教育（《广东教育官报》1910 年 5 期）；神经质儿童（《兴华》1916 年 34 期）；神经与神经质之辨别（《中德产科女医学校月刊》1929 年 3 期）。《汉语大词典》收“神经质”，首例书证引自鲁迅《书信集·致萧军》。

【速成班】指将学习期限缩短，在较短时期内完成学业的特设班级。速成班学生四十名（《申报》1905 年 3 月 19 日）；咨复江督转饬两江师范学堂另造速成班毕业分数册转详咨部文（《学部官报》1907 年 36 期）；附设法政讲习速成班（《广益丛报》1908 年 163 期）；交通传习所第二届无线电速成班毕业志闻（《电气》1915 年 14 期）。《汉语大词典》收“速成班”，单一书证引自鲁迅《朝花夕拾·藤野先生》。

【特点】人或事物所具有的独特的地方。学堂章程之特点（《通问报：耶稣教家庭新闻》1906 年 234 期）；克鲁泡特金学说之特点（《民声》1914 年 21 期）。《汉语大词典》收“特点”，首例书证引自鲁迅《南腔北调集·我怎么做起小说来》。

【线装书】装订线露在封面外的书籍，常跟“洋装书”对举，代表我国古书。多读线装书（《申报》1898 年 7 月 20 日）；悟汉武帝时已有线装书（《申报》1918 年 6 月 10 日）；以国内旅行代替线装书（《晨报副刊》1923 年 10 月 24 日）；吴稚晖投线装书于毛厕论（《文化论坛》1932 年 3 期）。《汉语大词典》收“线装书”，首例书证引自鲁迅《且介亭杂文·买〈小学大全〉记》。

【信面】信封的正面。信面上书内平安家书（《申报》1872 年 12 月 11 日）；论信面（《通学报》1907 年 58 期）；信面写法（《民众旬刊》1931 年 16 期）；信面应写本会名义（《华北合作》1935 年 17 期）。《汉语大词典》收“信面”，首例书证引自鲁迅《书信集·致曹靖华》。

【洋痘】指用牛痘苗种痘。种洋痘（《申报》1876 年 1 月 3 日）；洋痘种制法（《农工商报》1908 年 28 期）；种洋痘（《培正青年半月刊》1923 年 8 期）。《汉语大词典》收“洋痘”，首例书证引自鲁迅《集外集拾遗补编·我的种痘》。

【要点】主要之点；主要内容。卫生要点一本二角（《申报》1888 年 7

月 6 日)；议争宁沪路权必知之要点（《江西官报》1905 年 28 期）；英俄协商之要点（《北洋官报》1906 年 1188 期）；本报改良之要点（《农工商报》1908 年 26 期）。《汉语大词典》收“要点”，首例书证引自鲁迅《书信集·致曹聚仁》。此外，《汉语大词典》收“要点”另一个义项“重要据点”，单一书证引自沙汀《记贺龙》。书证也晚出，可以提前到“惟附近之坡西特海湾洵为防御之要点其地势与旅顺背面之普兰甸南关岭相若（《申报》1905 年 5 月 24 日）；欧洲战争要点图（《欧洲风云》1914 年 1 期）”等。

【用具】供人使用的器具。席上之用具（《申报》1880 年 3 月 12 日）；瑞士学校颁给教科用具（《教育世界》1905 年 97 期）；普通教室建筑法及其用具（《教育界》1913 年 2 期）。《汉语大词典》收“用具”，单一书证引自鲁迅《书信集·致黄源》。

【医官】医生。美国水师医官（《申报》1873 年 3 月 7 日）；鼓励医官（《绍兴医药学报》1908 年 1 期）；培养医官（《医学世界》1912 年 15 期）；京绥铁路吴雨为医官一月十五日来电（《政府公报》1918 年 723 期）。《汉语大词典》收“医官”，单一书证引自鲁迅《集外集拾遗补编·我的种痘》。此外，释义为“对医生的尊称”，不一定是尊称，就是“医生”义。

【责任心】犹言责任感。论责任心与名誉心之利害（《新民丛报》1906 年 8 期）；教育家之责任心（《直隶教育杂志》1908 年 19 期）；论责任心为强国之基础（《南洋官报》1908 年 123 期）。《汉语大词典》收“责任心”，首例书证引自鲁迅《坟·我们现在怎样做父亲》。

【自信心】对自己的充分的信心。故先见之明为行政处事之必要而自觉心与夫自信心不得不发生（《申报》1910 年 10 月 24 日）；国民自信心大为增进（《申报》1919 年 5 月 4 日）；欲求成功须先有自信心说（《农趣》1926 年 10 期）。《汉语大词典》收“自信心”，首例书证引自鲁迅《书信集·致杨霁云》。

除上述例子外，《汉语大词典》书证晚出的可能还有：[①]“癌（1905年）、案件（1899年）、白话文（1905年）、笔战（1875年）、闭塞（1903年）、编订（1906年）、辩护1（1888年）、标金（1904年）、兵警1（1907年）、部员（1904年）、裁员（1882年）、操典（1904年）、插画（1902年）、插图（1903年）、弛缓（1906年）、筹集（1876年）、丑闻（1903年）、出（1897年）、初版（1908年）、初等（1898年）、雏形（1909年）、催命符（1910年）、登（1869年）、电光2（1905年）、电柱（1904年）、跌（1872年）、东省（1896年）、东学1（1898年）、读法（1911年）、短评（1899年）、惰气（1910年）、发条（1899年）、法王1（1903年）、反对（1899年）、反感（1909年）、返光（1898年）、范本（1907年）、飞涨（1896年）、废止（1881年）、封禁（1903年）、弗（1904年）、复写纸（1907年）、稿子（1889年）、革军（1911年）、革命党1（1904年）、革命军（1903年）、工部局（1871年）、公律1（1907年）、公事房（1876年）、古装（1886年）、观光（1896年）、官办（1900年）、官报（1878年）、官费（1905年）、官立（1884年）、贯通（1903年）、惯技（1873年）、国粹（1902年）、国民性（1908年）、国文（1903年）、过剩（1911年）、含混（1908年）、函问（1887年）、黑种（1898年）、候补（1889年）、花旗国（1868年）、画象（1904年）、会（1909年）、会考（1904年）、机关炮（1907年）、激烈（1905年）、急进（1905年）、纪念品（1907年）、纪念堂（1907年）、加工（1905年）、假定（1904年）、监理（1902年）、监学（1905年）、检查员（1906年）、检定1（1907年）、剪除（1910年）、简直（1909年）、讲稿（1909年）、降格（1904年）、角（1872年）、角洋（1896年）、教会学校（1897年）、教民1（1879年）、教务长（1907年）、截止（1872年）、戒烟1（1857年）、

[①] 这些词语见于《汉语大词典》，首例书证引自鲁迅作品，可以提前到晚清。“癌（1905年）”表示“癌”在《汉语大词典》里首例书证引自鲁迅作品，实际见于1905年的晚清报刊。例如，“癌之治疗法（《大陆》1905年4期）；癌之研究（《东方杂志》1913年1期）”等。其他类似。

金铁（1908年）、局部（1910年）、决论（1903年）、军政府（1911年）、开演1（1872年）、看客（1907年）、抗战（1902年）、考察（1898年）、课程（1870年）、扣留（1881年）、矿业（1886年）、来函（1870年）、了（1900年）、伶界（1907年）、领港2（1881年）、略传（1879年）、漫画（1908年）、明星（1904年）、模型1（1908年）、内部1（1884年）、凝固（1884年）、暖气（1899年）、女生（1892年）、排除（1896年）、旁听1（1900年）、炮车（1897年）、迫压（1911年）、普通教育（1897年）、旗袍（1890年）、枪击（1881年）、强水（1899年）、清国（1877年）、庆祝（1854年）、取得（1873年）、趣旨（1906年）、全景（1900年）、拳术（1903年）、缺点（1903年）、鈤（1903年）、如是我闻（1875年）、商办（1897年）、商情（1878年）、社会现象（1908年）、申（1868年）、神话（1903年）、生活费（1910年）、胜利（1904年）、石印（1879年）、时式（1911年）、实见（1907年）、实利（1904年）、实例（1905年）、事件1（1901年）、手法（1910年）、受洗（1857年）、书业（1905年）、曙光（1904年）、思潮（1902年）、四舍五入（1911年）、缩印（1879年）、谈判（1901年）、烫伤（1882年）、天权（1904年）、天然痘（1908年）、通信（1906年）、同乡会（1889年）、铜元（1900年）、铜模（1884年）、投稿（1910年）、土人1（1874年）、外埠（1897年）、旺盛（1889年）、文例（1907年）、文学家（1903年）、文艺（1881年）、问题（1899年）、喜剧（1908年）、下层社会（1906年）、下等人（1878年）、先驱（1910年）、先声（1878年）、嫌疑犯（1909年）、显镜（1890年）、现行（1878年）、现世（1902年）、现状（1898年）、相（1890年）、详情（1898年）、消路（1872年）、小说家（1903年）、小像（1879年）、校务（1905年）、校样（1901年）、谐谈（1906年）、新剧（1904年）、信片（1897年）、信用1（1908年）、刑场（1904年）、学界2（1900年）、学问（1881年）、言情（1875年）、洋服（1882年）、洋历（1879年）、养料（1898年）、养气（1876年）、要素（1900年）、议员1（1875年）、异彩（1909年）、译笔（1903年）、译稿（1897年）、译界（1906

年)、译述 1（1875 年)、译著 1（1888 年)、译著 2（1902 年)、意译(1903 年)、印花 3（1874 年)、印刷局（1907 年)、语文 1（1903 年)、预测（1903 年)、元质（1874 年)、杂感 1（1876 年)、杂感 2（1876 年)、杂评（1903 年)、赞同（1906 年)、摘要（1876 年)、债券 1（1874 年)、章回小说（1876 年)、账单（1876 年)、照会 1（1898 年)、诊断(1888 年)、政争（1911 年)、指针（1902 年)、致命伤 2（1905 年)、智识（1902 年)、众矢之的（1876 年)、重量 1（1904 年)、贮蓄（1904 年)、注射（1899 年)、资料（1903 年)、自传（1889 年)、自然物（1903 年)、作品（1909 年）”等。

此外，《汉语大词典》或《汉语大词典订补》首例书证引自郭沫若、茅盾、巴金、老舍、曹禺等其他现代文献的词语，同样存在大量晚出现象。

（三）产生于晚清，但《汉语大词典》或《汉语大词典订补》首例书证晚出为 1949 年以后，甚至 1978 年或 2000 年以后。[①] 例如：

【包工头】负责承包工程的人。包工头两人作主（《申报》1883 年 5 月 11 日)；监修工程委员与包工头（《申报》1910 年 6 月 29 日)；湖南长岳路线二包工头谷晓亭等呈（《政府公报》1916 年 248 期)；包工头勾结伪军摧残工会（《矿业周报》1933 年 248 期)；怡和纱厂包工头克扣工资案（《国际劳工通讯》1939 年 9 期)。《汉语大词典》未收“包工头”，《汉语大词典订补》补收，首例书证引自《人民日报》1995 年 1 月 23 日。

【避风港】供船只躲避大风浪的港湾。汉口议筑船只避风港（《东方杂志》1909 年 10 期)；嵊县之避风港（《良友》1928 年 31 期)；敌军准备星期一日晨早分头进袭石澳避风港等处（《申报》1938 年 3 月 20 日)。《汉语大词典》收“避风港”，没有书证；《汉语大词典订补》补充单一书证，引自《文汇报》2006 年 4 月 26 日。此外，《汉语大词典》也收“避风港”另一义项，释义为“比喻躲避激烈斗争的地方”，首例书证引自朱光潜

① 考察范围涉及 2010 年出版的《汉语大词典订补》。

《美学拾穗集·黑格尔的〈美学〉译后记》，时间也晚出，可以提前到“我仍爱着这生活的避风港我永远舍不得离开亲爱的小土屋呵（《申报》1947年3月3日）”等。

【避雷针】保护建筑物避免雷击的装置。避雷针（《申报》1884年5月24日）；避雷针（《图画日报》1909年78期）；避雷针之避雷理由（《大同周报》1913年2期）；避雷针的功用（《电友》1925年9期）。《汉语大词典》收“避雷针”，没有书证；《汉语大词典订补》补充单一书证，引自2005年王兴斌、洪燕《消逝的建筑》。

【病历】医疗部门记载病情、诊断和处理方法的记录。征求病死者之病历（《中西医学报》1910年8期）；死症病历之一例（《中西医学报》1910年8期）；初生婴儿急性盲肠炎病历报告（《中华医学杂志》1937年5期）；一份病历记录（《北京文艺》1980年4期）。《汉语大词典》收“病历”，没有书证；《汉语大词典订补》补充单一书证，引自1994年毕淑敏《预约死亡》七。

【餐车】火车上专为供应饭食的车厢。客车日多餐车甚不敷用（《申报》1907年12月28日）；英国大操所用行军之餐车（《东方杂志》1913年4期）；沪杭甬医务处注意餐车消毒（《京沪沪杭甬铁路周刊》1929年8期）。《汉语大词典》收“餐车”，单一书证引自《新民晚报》1992年7月25日。

【成文法】由国家依立法程序制定，并用文字公布施行的法律。论中国成文法编制之沿革得失（《新民丛报》1906年9期）；论周官法治为中国最早之成文法（《广益丛报》1907年146期）；物权种类未经成文法规定难以判决例定其效力之强弱（《法律周报》1915年102期）；成文法对国际私法的影响（《远洋运输》1985年6期）。《汉语大词典》收“成文法”，没有书证；《汉语大词典订补》补充单一书证，引自《人民日报》2008年10月8日。

【弹道】弹丸飞行的路线。烟火炮弹之直伸弹道图（《协和报》1911年24期）；平射弹道之影响于命（《浙江兵事杂志》1916年26期）；炮内弹道学小史（《兵工杂志》1929 年 1 期）；弹道学教科书（《图书评论》1932 年 2 期）。《汉语大词典》未收“弹道”；《汉语大词典订补》补收，首例书证引自 2003 年谈钧、刘海志《在波黑维和的日子·军火泛滥——失控的暴力》。

【法规】法律、法令、条例、规则、章程等法定文件的总称。海战法规英国派大陆派之异同（《外交报》1904 年 9 期）；译注日本会计法规（《商务官报》1906 年 5 期）；农工商部商标局法规（《北洋法政学报》1907 年 42 期）；德意志警察法规述要（《湖北警务杂志》1910 年 3 期）。《汉语大词典》收“法规”，首例书证引自《人民日报》1982 年 3 月 15 日。

【法医 1】法院中专门负责用法医学知识检验并鉴定涉及法律问题的人体组织及有关物证材料，协助审理案件的专业医务人员。遗体已由法医检验赣抚亦请英国医生代中国政府覆加检验（《申报》1906 年 3 月 13 日）；法医学：火伤之生前死后辨（《医药学报》1909 年 2 期）；德国法医剖检规条（《陆军军医学校校友会杂志》1918 年 12 月）；福建法医学会公函（《北京大学日刊》1922 年 1099 期）。《汉语大词典》收“法医”，没有书证；《汉语大词典订补》补充单一书证，引自《法制日报》2004 年 12 月 10 日。

【飞机】一种有动力装置的重于空气的航空器。飞机试新（《万国公报》1893 年 54 期）；游行空中之飞机（《政艺通报》1906 年 2 期）；气球与飞机沿革略（《国风报》1910 年 1 期）。《汉语大词典》收“飞机”，没有书证；《汉语大词典订补》补充书证，首例书证引自 1982 年张承志《黑骏马》第二部分第三章。

【肥私】犹肥己。张学勤历充优差损公肥私（《申报》1906 年 7 月 18 日）；本司支批嵊县王锦昌等控王尧灿等借学肥私致酿人命禀（《浙江教育官报》1909 年 10 期）；本署司袁批会稽相学礼禀朦串肥私由（《浙江教育官报》1910 年 24 期）；巡按使批射洪县民朱建堂以借公肥私等情具呈一案（《四川政报》1914 年 19 期）。《汉语大词典》收“肥私”，首例书证引自

《南方日报》1982 年 3 月 19 日。

【橄榄油】用油橄榄的果肉和核仁榨取的不干性油。橄榄油治病（《格致新报》1898 年 13 期）；橄榄油考（《商务报》1905 年 62 期）；意大利橄榄油产数（《万国商业月报》1908 年 5 期）；橄榄油产销概观（《中外经济周刊》1924 年 57 期）。《汉语大词典》收“橄榄油”，没有书证；《汉语大词典订补》补充单一书证，引自《文汇报》2008 年 6 月 8 日。

【钢轨】铺设火车、龙门吊车等轨道所用的钢条。钢轨价贱（《万国公报》1893 年 52 期）；俄廷定造钢轨（《知新报》1899 年 96 期）；奏请钢轨等项免税（《北洋官报》1908 年 1774 期）；试验钢轨法（《中华工程师会会报》1914 年 3 期）。《汉语大词典》收“钢轨”，单一书证引自《新华日报》1990 年 7 月 21 日。

【购阅】购买并阅读。照常购阅（《申报》1873 年 2 月 27 日）；湘抚俞中丞饬属购阅官报札（《鹭江报》1902 年 4 期）；督宪周准豫抚咨转饬购阅官报札（《南洋官报》1904 年 174 期）；饬属购阅牧植专书（《农工商报》1908 年 53 期）。《汉语大词典》未收“购阅”；《汉语大词典订补》补收，首例书证引自《新民晚报》1989 年 5 月 29 日。

【股价】股票价格。股价因是日涨（《申报》1882 年 5 月 17 日）；英国股价之平稳（《北洋官报》1906 年 1095 期）；英领所有各橡皮公司其名字股价表（《南洋群岛商业研究会杂志》1910 年 1 期）；美国钢铁股价奇昂（《银行周报》1926 年 25 期）；物价与股价（《华股日报》1942 年 151 期）。《汉语大词典》未收“股价”，《汉语大词典订补》补收，首例书证引自《新闻报》1988 年 3 月 31 日。

【轨枕】直接支承铁路钢轨的结构物。振兴林业以挽回轨枕之利权说（《湖北农会报》1910 年 6 期）；京汉铁路轨枕注炼厂（《中华工程师学会会报》1916 年 8 期）；试用混凝土轨枕意见书（《中华工程师学会会报》1918 年 3 期）；铁路旁宜种可作轨枕之树（《兴华》1925 年 41 期）。《汉语大词典》收“轨枕”，没有书证；《汉语大词典订补》补充单一书证，引自《人民日报》2001 年 3 月 28 日。

【果汁】鲜果的汁水或用鲜果汁水制成的饮料。论果汁之当饮与否（《通学报》1908年1期）；果汁之功用（《通问报：耶稣教家庭新闻》1908年292期）；果汁Juice制造法（《广东农林月报》1917年12期）；清凉饮料及果汁（《商标公报》1924年15期）。《汉语大词典》收“果汁”，没有书证；《汉语大词典订补》补充书证，首例书证引自2002年海岩《平淡生活》第十三章。

【合营】共同经营。合营铁道（《四川官报》1910年2期）；地方自治筹办处复嘉善事务所数人合营一种商业公推选民办法函（《浙江官报》1910年27期）；中美合营茶业之佳讯（《安徽实业杂志》1919年23期）；兰开夏六大纺织机制造厂将实行合营计划（《纺织时报》1931年821期）。《汉语大词典》收“合营”，单一书证引自《羊城晚报》1984年4月27日。

【贺电】祝贺的电报。发贺电（《申报》1902年6月6日）；补录督宪及学商军界致厦门美舰队提督贺电并复电（《南洋官报》1908年133期）；大总统继任贺电汇志（《中华全国商会联合会会报》1916年7期）；英皇贺电（《英语周刊》1918年168期）。《汉语大词典》收“贺电”，单一书证引自《新民晚报》1991年10月31日。

【假币】伪造的货币。苏臬亲提私造假币案（《通问报：耶稣教家庭新闻》1906年211期）；假币案（《小说丛报》1914年2期）；令总检察厅将山西太原地方审判厅判决阎俊藻及王巨林等行使假币二案提起非常上告（《司法公报》1914年5期）；投放假币之辨认法（《科学的中国》1937年3期）。《汉语大词典》未收“假币”；《汉语大词典订补》补收，首例书证引自《人民日报》2000年12月26日。

【棉织品】用棉纱或棉线织成的布和衣物。棉织品工人会（《申报》1909年5月2日）；中国输出之棉织品（《中华实业界》1914年1期）；棉织品之精练及漂白法（《实业浅说》1917年128期）；五月份英国棉织品之输出额（《银行周报》1922年25期）。《汉语大词典》收“棉织品”，没有书证；《汉语大词典订补》补充单一书证，引自1998年刘玉堂《山里山外》。

【农林】农业和林业的并称。农林机械（《申报》1890年6月22日）；农林学堂教习日本三户林学士上晋抚设手工学堂议（《南洋官报》1904年61期）；御史赵炳麟奏请推广农林折（《四川学报》1906年12期）；山东开办农林学堂（《北洋官报》1906年1066期）。《汉语大词典》收“农林”，首例书证引自1954年陈毅《满江红·送周总理赴日内瓦》词。

【暑期】暑假期间。讲武堂暑期旅行办法（《南洋兵事杂志》1907年12期）；上海城东女学社拟设暑期艺术会（《教育杂志》1909年6期）；暑期学艺成绩总评判标准（《江苏第三师范学校校友会杂志》1913年8期）；爪哇泗水中华女学校暑期摄影（《中华教育界》1914年18期）。《汉语大词典》收“暑期”，单一书证引自《新民晚报》1986年8月3日。

【续聘】继续聘用；延聘。续聘比国工程司数十员（《申报》1899年3月27日）；续聘日本女教员（《北洋官报》1906年961期）；续聘专科教员（《两广官报》1911年20期）；咨外交部武昌高师续聘美教员华尔伟咨请备案文（《教育公报》1921年1期）；本会续聘名誉理事表（《医学杂志》1922年6期）。《汉语大词典》未收“续聘”，《汉语大词典订补》补收，首例书证引自《文汇报》1997年5月27日。

【炎症】机体受到较强烈有害刺激后的反应现象。多有红、热、肿、痛、机能障碍等症状。炎症（《万国公报》1890年20期）；肠窒扶斯赤痢及内部有炎症忌用黄耆说（《中西医学报》1911年14期）；产后炎症之预防与疗法（《医药杂志》1921年2期）；急性化脓性炎症治疗上之新说（《同德医药学》1924年5期）。《汉语大词典》收“炎症”，没有书证；《汉语大词典订补》补充书证，首例书证引自2002年唐师曾《我在美国当农民·红色峡谷》。

【邮购】通过邮汇、邮寄手续，购买货物。外埠邮购随到随寄（《申报》1905年3月22日）；呈送苗圃长邮购采集各种子表由（《河南林务公报》1925年11期）；内地医师邮购麻醉药品应请中央速颁相当条例案（《医事汇刊》1930年2期）；美国邮购店之经营及其优弱点（《社会科学论丛》1932年2期)。《汉语大词典》收"邮购"，单一书证引自《人民邮电报》1991年1月5日。

【殖民主义】 资本主义的一种殖民侵略政策。世界殖民主义之发达(《万国公报》1903年172期)；暗合殖民主义(《申报》1909年3月3日)；越南敲起了殖民主义的丧钟(《时代杂志》1948年45期)。《汉语大词典》收"殖民主义"，没有书证；《汉语大词典订补》补充单一书证，引自《文汇报》2007年7月1日。

【终审】 法院对案件的最后一级审判。安重根终审之状态(《广益丛报》1910年226期)；大理院奏终审擅杀窃贼不服上诉人犯李春青仍照原判定拟折(《浙江官报》1910年46期)；解释终审判决违背法令之救济方法函(《司法公报》1920年123期)；对于终审裁决不得抗告(《法令月刊》1929年1期)。《汉语大词典》收"终审"，没有书证；《汉语大词典订补》补充单一书证，引自《解放日报》2009年6月18日。此外，《汉语大词典订补》补充"终审"的"指对书刊稿件或影视戏剧等进行最终的审查"义，单一书证引自《云南日报》2010年2月25日。书证也晚出，可以提前到"关于终审验收县志稿的几点思考(《河南史志》1992年5期)；在县市志稿终审人员座谈会上的讲话(《陕西地方志》1992年1期)"等。

【著作权】 指著作者按照法律规定对自己的著作所享有的权利，如发表、修改以及取得稿酬等。日美保护著作权条约(《政艺通报》1906年18期)；论著作权(《教育世界》1907年149期)；论万国会议保护著作权(《外交报》1909年21期)；论著作权法出版法亟宜编定颁行(《广益丛报》1910年240期)。《汉语大词典》收"著作权"，没有书证；《汉语大词典订补》补充单一书证，引自1990年《中华人民共和国著作权法》第一章第二条。

【撞车】 车辆相撞。列车撞车(《申报》1880年2月19日)；批京汉路局禀柳林撞车该公司押车人惨遭殒命恳给抚恤由(《交通官报》1910年9期)；安定车站撞车之原因(《铁路协会会报》1917年53期)；函机务处仰严予惩办司机施昌在黎洞撞车情形呈复备察由（《粤路丛报》1925 年 1 期）；市长因撞车受伤（《兴华》1928 年 45 期）。《汉语大词典》收“撞车”，没有书证；《汉语大词典订补》补充单一书证，引自《上海风采》1988 年 6 月 16 日。

除上述例子外，《汉语大词典》书证晚出的可能还有：①“办结（1983 年）、保险（1984 年）、报端（1986 年）、本金（1995 年）、本息（1995 年）、避雷器（2005 年）、编队（1984 年）、编号（2007 年）、便所（1981 年）、标本 1（2007 年）、标准时（2007 年）、病变（1989 年）、病害（1995 年）、补选（1982 年）、捕捞（1986 年）、捕蝇草（2002 年）、测算（1981 年）、抽水机（1999 年）、创收（1985 年）、从优（1984 年）、存货（2006 年）、搭卖（1988 年）、搭售（1986 年）、大舞台 2（1990 年）、代购（1984 年）、代任（2001 年）、弹壳（2003 年）、店主（2003 年）、独资（1993 年）、发奋图强（1959 年）、仿建（1995 年）、仿用（1989 年）、纺纱（2006 年）、飞行器（2007 年）、辐射（2008 年）、复出（1988 年）、感言（2000 年）、工薪（1986 年）、观赛（2001 年）、规费（1996 年）、果皮（1994 年）、海界（1989 年）、合营（1984 年）、合照（1985 年）、核准（2007 年）、红衣主教（2002 年）、划定（1987 年）、话机（1984 年）、缓解 1（1985 年）、幻灯（2001 年）、慌恐（1984 年）、机师（2007 年）、极光（2005 年）、记趣（1987 年）、季风（2006 年）、监查（2000 年）、检察员 1（2000 年）、检察长（2000 年）、检疫（2004 年）、绞刑（2007 年）、结核（2007 年）、结核病（2007 年）、尽释前嫌（2000 年）、经济学（2007 年）、经销（2006 年）、居留（2004 年）、军团（2008 年）、开埠（1990 年）、开赛 1（1984 年）、开庭（1991 年）、开诊（1984 年）、累犯（2006 年）、理化（2007 年）、炼铁（2008 年）、炼铁炉（2007 年）、

---

① 这些词语见于《汉语大词典》或《汉语大词典订补》，首例书证引自 1949 年以后的文献，可提前到晚清。“办结（1983 年）”表示“办结”在《汉语大词典订补》里首例书证引自 1983 年的文献，实际见于晚清报刊。例如，“译湖州教事办结略（《万国公报》1874 年 317 期）；总理衙门奏教案办结胶澳议租折（《知新报》1898 年 48 期）”等。其他类似。

林业（1984 年）、榴霰弹（1954 年）、轮渡（1996 年）、履历表（2006 年）、末班车（1988 年）、纳税人（2000 年）、男性（1990 年）、尼古丁（2007 年）、年夜饭（1981 年）、柠檬（1989 年）、农科（1990 年）、农艺（1990 年）、拍照（1967 年）、炮兵（1951 年）、喷水池（1984 年）、期货（1988 年）、枪法（2003 年）、驱逐出境 2（2006 年）、驱逐舰（1997 年）、染色（2007 年）、人工呼吸（2004 年）、柔道（2008 年）、软木（2008 年）、软体动物（2008 年）、三育（1983 年）、市况（1986 年）、输卵管（1995 年）、输入（2008 年）、水流（1982 年）、税制（1950 年）、丝行（2004 年）、丝织品（2006 年）、损公肥私（1979 年）、炭坑（2003 年）、逃课（2004 年）、提留（1983 年）、停课（1964 年）、统计（2007 年）、统计学（2007 年）、投标（1981 年）、屠宰所（1957 年）、退伍军人（2004 年）、旺销（1950 年）、违规（1977 年）、无期徒刑（1982 年）、物证（1979 年）、熄灯（1995 年）、熄火（1994 年）、洗礼（1981 年）、细菌（2003 年）、辖区（1952 年）、纤维（2007 年）、现行法（2005 年）、现行犯（2008 年）、现役 2（1982 年）、橡胶（1999 年）、橡皮圈（1996 年）、橡皮树（2004 年）、消费品（1981 年）、小教（1984 年）、校本（2008 年）、校风（1985 年）、校服（2007 年）、校旗（2007 年）、校友（2007 年）、协办（1989 年）、新生（1986 年）、刑事诉讼法（1984 年）、续假（2000 年）、选编 1（1991 年）、选区（1984 年）、选送（1951 年）、养伤（1992 年）、译员（1986 年）、银毫（1981 年）、引擎（2006 年）、引水船（2005 年）、引信（2006 年）、盈利（1982 年）、应招（1984 年）、邮车（1991 年）、邮袋（1991 年）、邮箱（1991 年）、预后（1991 年）、远洋（2000 年）、杂牌（1981 年）、燥裂 1（2004 年）、轧花机（2008 年）、摘除 1（1983 年）、展露（1988 年）、招领（1982 年）、招商（1992 年）、遮阳伞（1981 年）、整装待发（1985 年）、证词（1953 年）、证言 1（1985 年）、支部（2008 年）、芝麻官（1989 年）、织物（2005 年）、植物油（2006 年）、殖民地（2008 年）、殖民主义（2007 年）、志愿兵（1955 年）、专访（1988 年）、专销（1988 年）、专营（1986 年）、转帐（2006

年)、庄主（1995年)、组织学（2006年）”等。

此外,《汉语大词典》或《汉语大词典订补》首例书证引自当代其他文献的词语，同样也存在晚出现象。

二、《近现代辞源》书证晚出

《近现代辞源》收录约1万条近现代时期汉语受西方文化影响而产生的词语和少量的本族新词，以溯源为主，尽可能地给出早期书证，甚至是始见书证，“为汉语词汇史研究做出了巨大的贡献，为中外文化交流史研究提供了重要参考”①。产生于晚清，但《近现代辞源》首例书证比本文所见期刊略早，修订《汉语大词典》等辞书时可以共同参考，例如，“爱国主义、霸权、白煤、百分数、办公室、保管、报关、闭会、病虫害、病床、波斯湾、捕鲸船、不成文法、不动产、菜场、菜馆、撤回1、传教士、辞书1、大脑、单轨、蛋白1、蛋白2、蛋黄、蛋清、导火线1、敌视、地产、地下铁道、第三者、动物园、毒液、兑换券、恶战、法官1、法医1、放射1、分泌、疯人院、负伤、干线、钢琴、工资、公开、共产党、固体、怪胎、官能、硅、贵族院、锅炉、海岸线、海豹、汉白玉、焊接、毫、贺电、花圈、华里、化1、化合2、黄金时代、黄种、汇兑、机房、几何学、记者、检定2、碱、教鞭、教科书、接吻、结晶1、结晶2、精囊、精液、警察、救国、军号、开车1、抗战、旷工、阔叶树、拉丁语、篮球、老妈子、理发、立方、猎枪、路轨、轮船、马铃薯、麦酒、密电1、蜜月、名片、明治维新、目、奶油、呢子、内债、农林、排水量、旁听3、批发、拼音、气枪、气温、弃权、铅笔画、枪毙、枪子、全球、全世界、群体、人力车、认可、商会1、上肢、师范校、石版2、时装、食堂、受精、鼠疫、术科、双轨、水门汀、水泥、苏打、速度、速率1、唐人街、糖精1、提炼、听诊器、通车、铜奖牌、瞳孔、偷税、托拉斯、瓦斯、胃酸、无期徒刑、无意识、物理学、物理学家、物权、西化、吸墨纸、吸收1、戏院、

---

① 王姮，杨小平.《近现代辞源》指瑕［J］.宜宾学院学报，2012（02）.

细胞膜、下颚、下肢、显影、县立、现行法、现行犯、现役1、宪兵队、想像力、向心力、肖象、消火栓、消失、小脑、校规、校友、校园、心房、新陈代谢1、新纪元、信管、信箱、星球、猩红热、刑期、兴奋剂、袖章、宣战、学科3、雪茄、血浆、血轮、血统、巡洋舰、牙床、牙粉、牙医、研究生、盐分、眼帘1、眼球、养老院、药房、药水1、冶金、遗传1、议事日程、议题、议席1、意译、阴电、银本位、印花1、印象、英寸、英亩、营业税、硬度、硬化、优秀、邮船、邮袋、邮政局、邮资、犹太教、游击队、有机、有机体1、有期徒刑、幼稚园、语汇1、预科、元旦、原始、圆桌、远航、越权、运动会、杂质、造价、造句、债权、战线、照相1、照相纸、哲学、阵地、蒸汽机、证券1、证书、政党、政客、政治经济学、症状、直观、直觉2、直接选举、直译1、植物界、殖民主义、制海权、制图、终点、终结、众议院、重版、珠算、主动2、主观、主刑、助教、住房、住户、住院1、专修、装甲、准、桌布、自行车1、自然人、自然物、自习、阻力1”等。

《近现代辞源》以“书证详实”“书证始见”为特色，但书证晚出现象依旧少量存在，在某种程度上削弱了其溯源究流的作用。晚清期刊中见于《近现代辞源》的新质词语有3000余条，其中1600余条的书证可能早于《近现代辞源》，可以参考。例如：①

【罢课】学生为实现某种要求或表示抗议而集体停止上课。② 高等诸生即一律罢课（《申报》1905年10月30日）；波兰生徒之罢课（《教育世界》1907年148期）；学生罢课（《大同报》1907年15期）；俄京学生罢课被捕（《北洋官报》1911年2699期）；桐乡师范罢课续志（《教育周报》1913年7期）；电饬云阳县知事处理该县中校学生罢课一案（《四川旬报》

① 可以参阅拙文：周国祥，王桂华．晚清期刊与《近现代辞源》书证商补［J］．长春大学学报，2019（01）；周国祥．晚清期刊与《近现代辞源》书证修订［A］．亢世勇．辞书研究与辞书发展论集（第四辑）［C］．上海：上海辞书出版社，2019：76-82；周国祥，王桂华．晚清报刊与词典书证订补［J］．阜阳师范大学学报（社会科学版），2020（06）．

② 释义参考《近现代辞源》。

1915年3期)。《近现代辞源》收“罢课”,首例书证引自1919年5月26日《经亨颐日记》;《汉语大词典》收“罢课”,首例书证引自蔡元培《五四运动最重要的纪念》。

【白皮书】政府、议会等公开发表的有关政治、外交等重大问题的文件,封面为白色,故称白皮书。德国拟载摩洛哥交涉案于白皮书(《大陆》1905年22期);德国刊布之白皮书(《北洋官报》1905年887期)。《近现代辞源》收“白皮书”,单一书证引自1914年梁启超《欧洲战役史论》;《汉语大词典》收“白皮书”,首例书证引自毛泽东《丢掉幻想,准备斗争》。

【笔战】用文章来进行争论。文人笔战必以己为通以人为不通争名也(《申报》1875年11月17日);巴黎时报论反对俄日协约之笔战(《南洋官报》1911年141期);德法报馆之笔战(《大同报》1913年6期);记巴尔比斯与罗曼·罗兰的笔战(《少年中国》1922年10期)。《近现代辞源》收“笔战”,首例书证引自1935年《科学》;《汉语大词典》收“笔战”,首例书证引自鲁迅《且介亭杂文末编·因太炎先生而想起的二三事》。

【病害】由细菌、真菌、病毒、藻类、不适宜的气候或土壤等因素引起的植物体发育不良、枯萎或死亡。论虫害与病害宜别(《农学报》1903年216期);果类之病害(《大陆》1905年18期);民政长训令各县知事奉部令征集各省植物病害及害虫规则表式文(《云南实业杂志》1914年4期);茄子之病害及其预防法(《广东农林月报》1917年12期);批商务印书馆病害学一册准作甲乙种农校及师范校教科用书(《教育公报》1918年12期);国际植物病害公会最后之约文(《江西省农会丛刊》1921年3期)。《近现代辞源》收“病害”,首例书证引自1935年《科学》;《汉语大词典》收“病害”,没有书证;《汉语大词典订补》补充单一书证,引自1995年2月15日《人民日报》。

【茶话会】备有茶点的聚会。漆工茶话会(《理学杂志》1906年1期);日本领事开茶话会(《山东官报》1906年130期);茶话会记(《通问报:耶稣教家庭新闻》1906年235期);开办塾师茶话会(《北洋官报》

1908年1829期)。《近现代辞源》收“茶话会”，首例书证引自1912年梁启超《初归国演说辞》;《汉语大词典》收“茶话会”，没有书证。

【产销】生产和销售。产销货物(《申报》1883年9月17日);奉天各属山蚕丝产销情形之调查(《奉天劝业报》1911年6期);财政部电催盐务产销表(《谈盐丛报》1913年1期);转饬商会将商事争议事件及营业状况并商品产销数目遵照修改表式填送(《江苏省公报》1914年202期);两浙盐运使呈送岁出岁入经费暨转饬产销额数清册由(《浙江公报》1916年1528期)。《近现代辞源》收“产销”，单一书证引自1924年孙中山《中国国民党第一次全国代表大会宣言》;《汉语大词典》收“产销”，单一书证引自塞风等《工业经济管理概论》。

【抽样】从大量制品或材料中抽取部分作为样品。须俟大帮箱茶到沪方可抽样出售(《申报》1906年6月8日);抽样法在统计学内之重要(《统计月报》1930年11期);上海农家抽样调查(《经济统计月志》1935年5期);日常应用的抽样方法(《广东统计通讯》1942年2期)。《近现代辞源》收“抽样”，首例书证引自1958年《新知识词典》;《汉语大词典》收“抽样”，没有书证。

【初小】初级小学的简称。乐亭县申送劝学所总董张肇隆禀携同初小教董赴津参观文(《直隶教育杂志》1907年17期);本司札遵化州整理劝学所人员并催四乡初小开学文(《直隶教育官报》1909年18期);初小儿童运算之通病(《松江教育杂志》1911年10期);初小教员俸给问题(《教育杂志》1914年11期);减轻初小生徒作业时间之主张(《松江县教育会研究杂志》1915年3期);初小手工现应趋重实用其取材当如何(《南汇县教育会月刊》1919年25期)。《近现代辞源》收“初小”，首例书证引自1924年徐特立《法国小学状况》;《汉语大词典》收“初小”，单一书证引自杨宏《是金子终会发光》。

【储户】在银行有存款的人或单位。兹该储户等又复切实禀报前来究竟信义储户是否仅止此数(《申报》1909年10月29日);储户名簿尽在明德处(《申报》1910年6月3日);设立万国储蓄总会于储户方面利益应有尽有（《申报》1913 年 7 月 5 日）；宁波储户公鉴（《东方月刊》1923 年 21 期）；储户迁移注意（《东方月刊》1924 年 27 期）；中法储蓄会创办储户印鉴（《银行月刊》1926 年 12 期）。《近现代辞源》收“储户”，单一书证引自 1929 年钱然《合作主义纲要》；《汉语大词典》收“储户”，没有书证。

【春药】 刺激性欲的药。春药宜禁论（《申报》1872 年 9 月 2 日）；戒绝春药（《申报》1902 年 5 月 1 日）；小洋货店带卖春药之荒唐（《图画日报》1909 年 153 期）。《近现代辞源》收“春药”，首例书证引自 1910 年《图画日报》；《汉语大词典》未收此词。

【道钉】 把铁轨固定在枕木上的钉子。因道钉未至停工数日（《申报》1907 年 8 月 26 日）；京汉路局禀本部误报遗失道钉一案分别科罚文（《交通官报》1910 年 22 期）；严惩道钉窃匪（《铁路协会会报》1919 年 80 期）；铁路解交偷窃道钉人犯务当从严惩办令（《大理院公报》1926 年 1 期）。《近现代辞源》收“道钉”，首例书证引自 1931 年《英汉对照百科名汇》；《汉语大词典》收“道钉”，单一书证引自苏辽《民国匪祸录·孙美瑶临城劫车》。

【低廉】（价格）便宜。低廉之燃料（《新民丛报》1903 年 32 期）；安东鱼价之低廉（《华商联合会报》1910 年 7 期）；京汉铁路管理局呈交通部遵令拟定由汉运郑米粮特别低廉专价办法请鉴核文（《政府公报》1917 年 493 期）。《近现代辞源》收“低廉”，首例书证引自 1920 年《医药杂志》；《汉语大词典》收“低廉”，首例书证引自李大钊《战后之妇人问题》。

【董事会】 某些企业、团体等的领导机构。董事会担任之事务（《四川官报》1907 年 15 期）；事务所致上海董事会电文（《劝业会旬报》1909 年 2 期）；照会城区董事会清查宝婺观公产酌助修齐女校文（《金华县公报》1912 年 11 期）；董事会致鄂代表李蔚中丁立中两君说帖（《中华实业丛报》1913 年 4 期）。《近现代辞源》收“董事会”，首例书证引自 1917 年徐珂《清稗类钞·讥讽类·能自治斯能自活》；《汉语大词典》收“董事会”，首例书证引自瞿秋白《现实·拉法格和他的文艺批评》。

【发祥地】民族、文化等起源的地方。鸣呼发祥地（《清议报》1900年64期）；今后之发祥地（《清议报》1901年73期）。《近现代辞源》收“发祥地”，首例书证引自1915年梁启超《欧战蠡测》；《汉语大词典》收“发祥地”，首例书证引自陈毅《过太行山书怀》。

【法办】依法惩办。兹将张洪海法办足可为若辈前车之鉴（《申报》1873年1月22日）；抚部交议清查公款公产法办纲要案（《第一次各省咨议局通览》1910年2编）；毁学重案不请法办似非正当（《申报》1911年6月21日）；缙云吕师端禀已获徐阿牛系永康惨杀民军案内要犯请法办批（《浙江公报》1912年156期）。《近现代辞源》收“法办”，首例书证引自1949年11月1日《大众医学》；《汉语大词典》收“法办”，首例书证引自周而复《上海的早晨》第一部七。

【放款】（银行或信用社等）把钱借给用户。调查各部院放款数目（《北洋官报》1908年1731期）；慎重裕宁放款问题（《北洋官报》1909年2090期）；度支部奏军饷紧要部库他项放款拟分别暂停以顾要需折（《内阁官报》1911年59期）；为信用放款应报管辖行核准后再行办理事（《中国银行业务会计通信录》1915年1期）；银行对于放款担保品之注意（《银行周报》1918年3期）。《近现代辞源》收“放款”，首例书证引自1924年王怡柯译《货币学》；《汉语大词典》收“放款”，没有书证。

【飞涨】（物价、水势等）很快地往上涨。溧米飞涨（《益闻录》1896年1597期）；麦价飞涨（《商务报》1900年20期）；蒙古獭皮价值之飞涨（《华商联合报》1909年20期）；论近来物价飞涨之原因（《中国商业函授学校课艺》1917年13期）；米价飞涨之可虑（《兴华》1918年34期）。《近现代辞源》收“飞涨”，首例书证引自1920年《医药杂志》第6期；《汉语大词典》收“飞涨”，首例书证引自鲁迅《且介亭杂文·买〈小学大全〉记》。

【肺气肿】一种慢性病，肺组织由于过度膨胀和弹性减退，引起咳嗽、气喘、口唇发绀等症状。左肺结核兼肺气肿之诊断（《医学世界》1908年

6期)；左肺结核兼肺气肿（《函授新医学讲义》1911年12期)。《近现代辞源》收“肺气肿”，单一书证引自1919年汤尔和《诊断学》；《汉语大词典》收“肺气肿”，没有书证。

【复写纸】一种涂着蜡质颜料供复写或打字用的纸。复写纸制法（《农工商报》1907年19期)；复写纸二种（《进步》1913年6期)；复写纸更新法（《英语周刊》1918年166期)。《近现代辞源》收“复写纸”，首例书证引自1923年《汉英大辞典续编》；《汉语大词典》收“复写纸”，单一书证引自鲁迅《书信集·致萧军萧红》。

【钢印】机关、学校、企业等部门使用的钢质硬印。也指用钢印盖出的印痕。铸成钢印一方（《申报》1911年1月4日)；呈报交通部启用新颁钢印牙章日期并缴还截角旧印章请鉴核由（《国民政府公报》1928年38期)；改铸验车钢印（《成都市市政公报》1929年3期)；迅将大狮牌呈局注册并改钢印式样由（《卷烟统税公报》1930年8期)；据送光明牌图样准先备案仍候将钢印修改送核方准登记由（《统税公报》1931年1期)。《近现代辞源》收“钢印”，首例书证引自1937年沈渭琛《科学知识》；《汉语大词典》收“钢印”，没有书证。

【供不应求】供应的东西不能满足需求。虽日益加多而仍有供不应求之势（《申报》1908年4月28日)；呈为闸北自来水供不应求缓急难恃恳予暂接租界水管由工巡捐局代为收捐（《江苏省公报》1919年1948期)；供不应求有棉荒之虞（《江苏实业月志》1922年40期)；世界黄金供不应求：大半积储于美国（《上海总商会月报》1924年4期)。《近现代辞源》收“供不应求”，单一书证引自1929年周施冠《义务教育纲要》；《汉语大词典》收“供不应求”，首例书证引自巴金《忆·觉醒与活动》。

【供销】供应生产资料和消费品，以及销售各种产品的商业活动。供销粤盐（《申报》1903年1月4日)；鄂岸淮盐公所请援照湘省分路挂档蚌埠分号供销办法之饬议（《盐务汇刊》1933年14期)；南昌市大小麦供销状况及价格（《工商通讯》1937年14期)。《近现代辞源》收“供销”，首例书证引自1941年1月31日《翁文灏日记》；《汉语大词典》收“供销”，单一书证引自毛泽东《农村合作化的一场辩论和当前的阶级斗争》。

【工薪】工资。若事务纷繁准其雇人帮理其工薪及各项费用均由所管项内提支（《申报》1906年6月2日）；统计工头工人司役长夫九百五十六名共给工薪八千九百余元（《申报》1914年12月22日）；减低工薪（《时兆月报》1925年1期）；呈民政厅为呈报汕潮揭普电话公司撤换工人补贴工薪纠纷一案业已解决情形请察核由（《汕头市市政公报》1931年66期）。《近现代辞源》收“工薪”，单一书证引自1949年9月《俄文单字简捷记忆法》第一编；《汉语大词典》收“工薪”，单一书证引自《新民晚报》1986年11月9日。

【函购】以通信的方式购买。外埠函购即奉（《申报》1881年7月14日）；续答友人函购西书（《集成报》1897年3期）。《近现代辞源》收“函购”，首例书证引自1909年《图画日报》；《汉语大词典》收“函购”，单一书证引自孙犁《秀露集·耕堂读书记》。

【旱獭】哺乳动物，四肢短粗，尾短而扁平。旱獭异常繁盛（《申报》1909年11月6日）；旱獭商务谈（《协和报》1911年49期）。《近现代辞源》收“旱獭”，单一书证引自1917年徐珂《清稗类钞·动物类·旱獭》；《汉语大词典》收“旱獭”，单一书证引自碧野《天山景物记》。

【华尔街】美国纽约曼哈顿的一条街。常作美国财阀的代称。［英］Wall Street。华尔街各银行业中人已联合组立一有势力之大公司（《申报》1907年10月17日）；纽约华尔街（《小说月报》1915年9期）；纽约华尔街爆炸详情（《时事旬刊》1920年27期）；约之华尔街为银行汇萃之区（《环球画报》1930年12期）。《近现代辞源》收“华尔街”，首例书证引自1934年《新知识辞典》；《汉语大词典》未收此词。

【欢送】高兴地送别。应征与欢送（《南洋兵事杂志》1908年25期）；欢送诸同学入联合运动会（《沧浪杂志》1910年3期）；欢送安医士锦旋纪盛（《通问报：耶稣教家庭新闻》1914年593期）；安徽实业界欢送前实业科长高文伯先生摄影（《安徽实业杂志》1918年10期）。《近现代辞源》收“欢送”，首例书证引自1928年毛泽东《井冈山的斗争》；《汉语大词典》收“欢送”，单一书证引自欧阳山《高干大》。

【纪念邮票】 邮政部门所发行的具有纪念性内容的邮票。邮局续制纪念邮票（《申报》1909 年 10 月 15 日）；新式纪念邮票（《通问报：耶稣教家庭新闻》1912 年 520 期）；巴尔干战事之纪念邮票（《神州》1914 年 2 期）；交通部为中国开办邮政已届二十五年拟请发行纪念邮票呈请大总统鉴核文（《交通丛报》1921 年 77 期）；征求荷兰纪念邮票（《侨务》1923 年 89 期）；中山纪念邮票之我见（《邮票新声》1926 年 3 期）。《近现代辞源》收“纪念邮票”，首例书证引自 1947 年《科学画报》；《汉语大词典》未收此词。

【季风】 随季节而变化风向的风。今日中国海滨季风甚大（《申报》1911 年 10 月 16 日）；尚未开发的季风国家（《地理杂志》1933 年 1 期）。《近现代辞源》收“季风”，首例书证引自 1934 年王剑星编辑《自然课本》；《汉语大词典》收“季风”，没有书证；《汉语大词典订补》补充书证，首例书证引自李庆新《海上丝绸之路》。

【接轨】 连接路轨。粤闽接轨（《鹭江报》1902 年 13 期）；上海商业公所禀宁沪铁路拟由吴淞接轨稿（《南洋官报》1904 年 24 期）；九广铁路接轨缓议（《山东官报》1906 年 125 期）；日俄铁道接轨问题（《现世史》1908 年 7 期）。《近现代辞源》收“接轨”，首例书证引自 1909 年《图画日报》第七十五号。《汉语大词典》未收“接轨”。《汉语大词典订补》补收，此义项没有书证；另一义项“多比喻使两者之间连接起来”，首例书证引自《人民日报》1993 年 4 月 16 日。书证也偏晚，可提前至“部队青年作家群是进行变革和探索的最生机勃勃的文学力量之一，但也显露出某些亟于追求中国文学与世界文学接轨的偏差（《人民日报》1986 年 8 月 4 日）”等。

【进行曲】 一种富有节奏步伐的歌曲。简易进行曲（《申报》1906 年 7 月 25 日）；和平进行曲（《科学》1915 年 1 期）；步号进行曲（《音乐杂志》1920 年 7 期）；进行曲（《新青年》1923 年 2 期）。《近现代辞源》收“进行曲”，首例书证引自 1924 年郭沫若《阳春别》；《汉语大词典》收

“进行曲”，首例书证引自茅盾《色盲》。

【救生艇】在轮船上或港口等处设置的用以援救水上遇难者的小船。说者谓厦门从无救生艇而地方官又不商拟设办（《申报》1884年9月6日）；新发明之救生艇（《月月小说》1907年10期）；最新式之救生艇（《进步》1915年6期）；绝对不沉之海防队救生艇（《海军期刊》1931年12期）。《近现代辞源》收“救生艇”，单一书证引自1947年《科学画报》第一期；《汉语大词典》收“救生艇”，单一书证引自沙汀《航线》。

【考古学家】从事考古学研究工作的专家。考古学家之研究（《申报》1910年6月16日）；考古学家的长逝（《京报副刊》1926年389期）；美考古学家发现哥伦布探险以前北美欧人之足迹（《国立北平图书馆读书月刊》1932年6期）。《近现代辞源》收“考古学家”，首例书证引自1944年老舍《四世同堂》；《汉语大词典》未收此词。

【累进】以某数为基数，另一数与它的比值按等差数列、等比数列等逐步增加，称作累进。定限若为无限之累进（《四川学报》1907年6期）；工价常不敌其银价之累进（《申报》1909年10月27日）；咨县议会据董事会决议用累进法抽收拨粮费作本局经费一案（《崇庆县教育局月刊》1926年7期）。《近现代辞源》收“累进”，单一书证引自1955年5月21日国家统计局《关于工资总额组成的暂行规定》；《汉语大词典》未收此词。

【内幕】不为外界所了解的内部情况。四川川汉铁路开工之真相及其内幕之黑暗并改良之方法（《广益丛报》1910年226期）；中美借款协约之内幕（《大同报》1910年15期）；鄂州风云之内幕（《民谊》1913年7期）；公言报载银行团之沿革及内幕（《铁路协会会报》1919年85期）。《近现代辞源》收“内幕”，首例书证引自1930年5月15日傅斯年《致王献唐函》；《汉语大词典》收“内幕”，首例书证引自茅盾《路》。

【爬行动物】脊椎动物的一纲。爬行动物卵种之相似（《大陆》1903年11期）；世界最大之爬行动物（《教育世界》1904年84期）；松江发现之爬行动物（《图画时报》1928年451期）；爬行动物类（《乐园》1930年4期）。《近现代辞源》收“爬行动物”，首例书证引自1929年翁文灏

《地震》；《汉语大词典》未收此词。

【旗语】航海上或军事上用旗子来通讯的方法。皖省炮台教练旗语（《申报》1906年9月29日）；武昌教会学校发明旗语（《新民报》1915年11期）；新式旗语叙（《官话注音字母报》1918年47期）；旗语之利用（《中华童子军》1919年5期）。《近现代辞源》收“旗语”，首例书证引自1922年上海中华职业学校《中华职业学校概况》；《汉语大词典》收“旗语”，首例书证引自冰心《我的童年》。

【签发】主管人审核同意后签字发出。寻常事件均限二日送稿签发（《申报》1898年4月10日）；宣统元年三月二十九日签发（《华商联合会报》1910年5期）；钱协理因公南下由京行罗经理暂代签发（《交通银行月刊》1924年9期）；呈一件遵将订购机务员役冬季服装签发合同底稿并签订日期呈乞备案由（《交通公报》1925年1094期）；为据公安局呈请转咨将应停签发护照处所随时电令咨请查照办理由（《上海特别市政府公报》1930年51期）。《近现代辞源》收“签发”，单一书证引自1947年陈福安《银行会计》；《汉语大词典》收“签发”，单一书证引自周立波《阿金的病》。

【晴雨表】有晴雨标记的气压表。新制天然晴雨表（《东亚报》1898年1期）；世界顶大的晴雨表（《少年》1911年7期）；简单晴雨表（《家庭常识》1918年2期）。《近现代辞源》收“晴雨表”，单一书证引自1905年《北洋师范学堂专修科教授预定案》。《汉语大词典》收“晴雨表”，此义项没有书证；另一义项“常用以比喻显示情势变化的标志”，单一书证引自《新民晚报》1987年3月29日。书证偏晚，可提前至“账册是米价的晴雨表（《万人小说》1941年‘创刊号’）”等。

【失恋】恋爱的一方失去另一方的爱情。得恋之阿罗失恋之善夫礼（《新新小说》1904年2期）；或醉后之放歌或失恋之艳词（《申报》1912年6月7日）；俄公主之失恋隐情（《申报》1914年8月25日）。《近现代辞源》收“失恋”，首例书证引自1920年《新青年》；《汉语大词典》收“失恋”，首例书证引自郭沫若《女神·湘累》。

【投稿】 把稿子送交报刊编辑部、出版社等，要求发表或出版。北京本社访员于本年十月初七日投稿（《协和报》1910 年 8 期）；本报投稿章程（《朔望报》1911 年 1 期）；大愚投稿（《时事新报图画》1912 年 24 期）；禁烟分会投稿（《九澧民报》1913 年 11 期）。《近现代辞源》收“投稿”，首例书证引自 1915 年梁启超《中日交涉汇评》；《汉语大词典》收“投稿”，单一书证引自鲁迅《书信集·致施蛰存》。

【洗衣机】 自动洗涤衣服的电动机械装置。工部局出租洗衣机（《申报》1898 年 9 月 15 日）；小洗衣机（《英文杂志》1921 年 12 期）；呈一件遵送家庭洗衣机模型由（《工商公报》1930 年 19 期）；英国之最新洗衣机对于家庭主妇便利异常（《今日画刊》1946 年 3 期）。《近现代辞源》收“洗衣机”，首例书证引自 1947 年《科学画报》；《汉语大词典》收“洗衣机”，没有书证。

【修剪】 用剪子修。垂枝碍屋略加修剪（《申报》1873 年 3 月 7 日）；修剪灌溉其勤于培植亦不亚于五谷（《申报》1898 年 6 月 7 日）；修剪柳芽之研究（《河南林务公报》1925 年 11 期）。《近现代辞源》收“修剪”，首例书证引自 1946 年白动生等《高级小学自然课本》；《汉语大词典》收“修剪”，首例书证引自洪深《劫后桃花》。

【宣称】 公开用语言、文字表示；声称。美总统罗君宣称美人之意（《新民丛报》1902 年 10 期）；驻柏林土使宣称土王已下诏大赦（《申报》1908 年 8 月 1 日）；政府已有明文宣称英国军队中之巡慰军士司铎（《圣教杂志》1917 年 5 期）；德国政府报宣称德国为日本市场（《农商公报》1925 年 8 期）。《近现代辞源》收“宣称”，首例书证引自 1946 年 11 月《世界知识》；《汉语大词典》收“宣称”，首例书证引自沙汀《在其香居茶馆里》。

【选票】 用来填写或圈定被选举人姓名的票。假冒选票（《申报》1907 年 10 月 31 日）；可获选票二百九十八张（《申报》1908 年 11 月 7 日）；奉省令该县教育会选举会长名号错杂年龄未符应将选票重行审查由（《浙江教育》1918 年 1 期）；争选票闹出大风潮（《锡江报》1921 年 65 期）；县政府制发各区调解委员选票（《长沙民报》1933年25期）。《近现代辞源》收“选票”，首例书证引自1948年齐生辑译《法国“叛乱同盟的魁首”——戴高乐》；《汉语大词典》收“选票”，首例书证引自张友鸾《秦淮粉墨图》。

【研制】研究制造。新法研制代针治病保命太和膏（《申报》1889年1月20日）；研制一种药剂（《申报》1909年9月18日）；湘建厅筹设酒精工厂研制酒精汽车（《工商半月刊》1934年16期）；美医学家研制防疟新药成功（《西南医学杂志》1943年5期）。《近现代辞源》收“研制”，首例书证引自1949年张以棣《航空趣味·从超音速飞机谈起》；《汉语大词典》未收此词。

【养殖】培养和繁殖动植物。人工养殖海绵（《农学报》1903年220期）；鳗之养殖法（《广东劝业报》1910年114期）；中国白蜡虫之养殖法（《中华实业界》1915年9期）；贵池县水产养殖调查记（《安徽实业杂志》1919年28期）；鸡之改良养殖法（《实业杂志》1921年41期）。《近现代辞源》收“养殖”，首例书证引自1958年《新知识词典》，释义为“培养和繁殖水生动植物”，释义不确，不限于“水生”；《汉语大词典》收“养殖”，首例书证引自秦牧《艺海拾贝·菊花与金鱼》。

【债务人】根据法律或合同的规定，对债权人承担义务的人。此种替券终不失其向共任债务人追索之效力（《申报》1904年4月18日）；不动产拍定后债务人不缴契据办法令（《司法公报》1918年94期）；债权人及债务人之迟延责任并迟延之效果如何（《法学会杂志》1921年2期）。《近现代辞源》收“债务人”，首例书证引自1924年王怡柯译《货币学》；《汉语大词典》收“债务人”，没有书证。

【值勤】军人或负责保卫、治安、交通等工作的人员值班。值勤乙班三十五段二级巡警黄威（《申报》1911年8月19日）；长官是否在署或值勤（《申报》1914年5月20日）；交通警察值勤烈日霪雨之下有碍身体健康兹规定遮蔽具办法二则仰拟具图说估单预算七日内呈核由（《北平市市政公报》1933年206期）；通令各局县凡值勤长警应一律佩用军刀（《河南省政府公报》1935年1460期)；国际气象船队英舰首先值勤(《科学》1947年10期)。《近现代辞源》收"值勤"，首例书证引自1965年《防空知识》；《汉语大词典》收"值勤"，单一书证，引自曹靖华《飞花集·前沿风光无限好》。

【主犯】在共同犯罪中起主要和组织作用的罪犯(区别于"从犯")。重要主犯皆溷迹抚署(《申报》1909年3月22日)；呈为袁开勋等诬控一案虚伪告发诈术损害恳饬提主犯惩办(《江苏省公报》1921年2606期)；油合同案的主犯哈定总统任内的内务总长福尔(《东方杂志》1924年5期)；令为奉令严缉贩卖红丸主犯夏相玉等解究令仰遵照由(《警察月刊》1934年11期)。《近现代辞源》收"主犯"，首例书证引自1958年《新知识词典》；《汉语大词典》收"主犯"，没有书证。

除上述例子外，《近现代辞源》书证晚出的可能还有：[①] "阿根廷(1877年/1915年)、癌(1905年/1908年)、桉(1910年/1915年)、案2(1870年/1873年)、巴格达(1911年/1922年)、白喉(1897年/1903年)、白话(1898年/1905年)、白话文(1905年/1919年)、白开水(1873年/1943年)、白兰地(1874年/1879年)、败仗(1877年/1924年)、办公(1871年/1872年)、办事员(1900年/1919年)、邦交(1875年/1876年)、帮(1887年/1918年)、棒球(1908年/1921年)、包打听(1872年/1876年)、包探(1872年/1876年)、包围(1904年/1936年)、包月(1910年/1934年)、保单(1872年/1919年)、保送(1904年/1926年)、保证书(1902年/1904年)、报1(1868年/1879年)、报2(1902年/1903年)、报端(1889年/1908年)、报馆(1870年/1876年)、报社1(1895年/1898年)、报务2(1898年/1936年)、报业(1908年/1909年)、报章(1880年/1887年)、报纸1(1891年/1894年)、报纸2(1901

---

① 这些词语见于《近现代辞源》，但书证可能晚出。"阿根廷(1877年/1915年)"表示"阿根廷"见于1877年晚清报刊，但《近现代辞源》首例书证是1915年。例如，"阿根廷合众国事(《万国公报》1877年464期)；阿根廷之内乱(《北洋官报》1905年559期)"等。其他类似。

年/1927 年)、暴动 1（1883 年/1900 年)、爆炸（1875 年/1900 年)、悲剧 1（1904 年/1917 年)、北欧（1898 年/1900 年)、被动 1（1895 年/1902 年)、本部（1882 年/1889 年)、本埠（1880 年/1884 年)、本金（1878 年/1890 年)、本息（1899 年/1947 年)、绷带（1891 年/1903 年)、蹦蹦戏（1905 年/1936 年)、比价（1909 年/1924 年)、比重（1900 年/1903 年)、币制（1896 年/1910 年)、毕业（1897 年/1899 年)、避风港（1909 年/1948 年)、避雷针（1884 年/1903 年)、臂章（1910 年/1937 年)、编订（1906 年/1930 年)、编号（1873 年/1876 年)、编译（1901 年/1904 年)、编造（1880 年/1929 年)、编织（1886 年/1936 年)、便士（1877 年/1902 年)、辩护 1（1888 年/1890 年)、标语（1896 年/1923 年)、表册（1904 年/1953 年)、表格（1905 年/1935 年)、别动队（1908 年/1923 年)、兵工厂（1907 年/1917 年)、兵团（1905 年/1933 年)、兵员（1883 年/1889 年)、兵站（1896 年/1899 年)、病变（1908 年/1919 年)、病历（1910 年/1915 年)、病逝（1874 年/1908 年)、波动 2（1903 年/1924 年)、博览会（1875 年/1879 年)、补课（1878 年/1933 年)、补习（1898 年/1899 年)、捕捞（1886 年/1957 年)、不等式（1910 年/1930 年)、布景 1（1892 年/1910 年)、步枪（1884 年/1897 年)、财团（1909 年/1920 年)、裁判 1（1884 年/1889 年)、裁员（1882 年/1933 年)、采办（1872 年/1876 年)、彩票（1879 年/1889 年)、参观（1898 年/1904 年)、参加（1909 年/1923 年)、参谋（1905 年/1920 年)、参议员（1907 年/1929 年)、参议院（1888 年/1903 年)、餐车（1907 年/1934 年)、餐馆（1888 年/1903 年)、餐具（1903 年/1936 年)、餐厅（1910 年/1950 年)、操场（1878 年/1881 年)、草帽缏（1907 年/1917 年)、草约（1886 年/1890 年)、测绘（1875 年/1876 年)、测算（1872 年/1873 年)、插班（1910 年/1911 年)、插画（1902 年/1913 年)、插图（1903 年/1907 年)、差额（1903 年/1924 年)、产地（1898 年/1902 年)、产额（1899 年/1906 年)、产品（1905 年/1909 年)、产物（1880 年/1903 年)、常备（1877 年/1884 年)、常备兵（1882 年/1884 年)、常会（1908 年/1926 年)、常设（1876

年/1930 年)、厂矿(1908 年/1941 年)、厂商(1905 年/1934 年)、厂务(1893 年/1907 年)、场(1904 年/1927 年)、场地(1909 年/1931 年)、抄送(1875 年/1912 年)、车队(1907 年/1935 年)、车头(1911 年/1933 年)、撤离(1878 年/1949 年)、撤消(1910 年/1927 年)、撤职(1910 年/1923 年)、成分(1900 年/1903 年)、成果(1911 年/1930 年)、成绩(1898 年/1899 年)、成品(1904 年/1920 年)、承包(1875 年/1882 年)、承建(1894 年/1947 年)、承认(1908 年/1915 年)、承印(1891 年/1933 年)、城防(1872 年/1931 年)、乘客(1888 年/1890 年)、程序(1907 年/1913 年)、弛缓(1906 年/1924 年)、冲洗 1(1884 年/1923 年)、虫害(1887 年/1913 年)、抽水机(1882 年/1884 年)、筹建(1872 年/1958 年)、出(1904 年/1909 年)、出厂(1909 年/1930 年)、出发(1903 年/1919 年)、出风头(1908 年/1909 年)、出国(1885 年/1905 年)、出院 1(1875 年/1877 年)、出诊(1875 年/1910 年)、初版(1908 年/1933 年)、初级小学(1905 年/1924 年)、初期(1903 年/1912 年)、初战(1873 年/1958 年)、储存(1893 年/1924 年)、触电(1898 年/1905 年)、穿刺(1911 年/1919 年)、传单(1901 年/1902 年)、传染病(1874 年/1890 年)、船员(1875 年/1899 年)、窗口 2(1905 年/1918 年)、床单(1898 年/1934 年)、创办(1879 年/1890 年)、创刊(1868 年/1920 年)、吹奏(1884 年/1928 年)、纯利(1909 年/1929 年)、辍学(1909 年/1916 年)、词性(1910 年/1914 年)、从犯(1879 年/1890 年)、从刑(1909 年/1929 年)、催眠术(1898 年/1906 年)、存货(1901 年/1920 年)、存款 2(1875 年/1876 年)、打靶(1884 年/1892 年)、打字(1904 年/1915 年)、大本营(1904 年/1907 年)、大潮 1(1874 年/1884 年)、大将(1874 年/1878 年)、大考(1875 年/1881 年)、大量(1909 年/1945 年)、大人物(1907 年/1933 年)、大事记(1890 年/1893 年)、大尉(1882 年/1884 年)、大修(1884 年/1904 年)、大烟(1906 年/1909 年)、大洋(1909 年/1918 年)、大洋洲(1910 年/1930 年)、代办(1810 年/1924 年)、代课(1902 年/1946 年)、代言人(1891 年/1931 年)、贷款 1(1874 年/

1898年)、丹麦（1878年/1896年)、担架（1909年/1925年)、担任1（1877年/1889年)、单性生殖（1905年/1906年)、单字（1898年/1921年)、旦角（1907年/1910年)、弹壳（1884年/1965年)、弹药（1874年/1876年)、当前（1875年/1930年)、当选（1901年/1911年)、党魁（1904年/1946年)、党派（1883年/1899年)、党员（1893年/1896年)、岛国（1872年/1873年)、捣毁（1905年/1910年)、倒闭（1872年/1876年)、倒车1（1910年/1934年)、到场（1872年/1889年)、德国（1872年/1873年)、灯泡（1879年/1910年)、登（1869年/1873年)、低落（1900年/1929年)、低能儿（1909年/1921年)、敌军（1872年/1895年)、抵抗（1874年/1903年)、抵销（1874年/1904年)、抵押（1873年/1876年)、抵制（1882年/1889年)、底层（1885年/1948年)、底片（1906年/1931年)、地磁（1907年/1929年)、地点（1907年/1912年)、地方病（1908年/1919年)、地方时（1907年/1930年)、地方税（1883年/1889年)、地方志（1908年/1923年)、地积（1899年/1913年)、地热（1882年/1883年)、地下室（1909年/1934年)、地学（1852年/1873年)、第二审（1911年/1929年)、第一审（1907年/1929年)、典型（1904年/1934年)、点1（1908年/1931年)、电表（1891年/1901年)、电传2（1898年/1930年)、电灯泡（1905年/1923年)、电风扇（1906年/1923年)、电告（1891年/1895年)、电工（1883年/1946年)、电汇1（1903年/1914年)、电解（1909年/1917年)、电料（1908年/1946年)、电铃（1891年/1901年)、电炉（1911年/1921年)、电码（1898年/1903年)、电瓶（1887年/1899年)、电热（1905年/1936年)、电扇1（1904年/1915年)、电文（1878年/1899年)、电影（1907年/1909年)、电子（1907年/1910年)、店员（1908年/1911年)、奠基（1908年/1920年)、靛蓝（1874年/1890年)、靛青（1881年/1920年)、跌（1872年/1894年)、跌落（1872年/1892年)、订约（1874年/1889年)、定购（1880年/1889年)、东欧（1878年/1902年)、东亚（1896年/1898年)、董事（1872年/1875年)、动机（1883年/1897年)、动力2（1903年/1919

年)、动态（1910年/1920年)、动议（1883年/1901年)、动员（1907年/1921年)、毒品（1903年/1940年)、毒气（1879年/1946年)、毒素（1906年/1909年)、毒性（1878年/1892年)、独家（1879年/1920年)、独立国（1898年/1900年)、独资（1906年/1909年)、读本（1879年/1900年)、杜马（1911年/1953年)、短篇小说（1904年/1909年)、短枪（1883年/1901年)、断交（1873年/1930年)、断言（1905年/1910年)、锻铁1（1904年/1906年)、对比（1907年/1928年)、对称（1909年/1924年)、对话（1911年/1922年)、对口（1909年/1981年)、对外贸易（1904年/1910年)、对象（1896年/1903年)、对于（1903年/1910年)、兑现（1880年/1914年)、多头（1879年/1930年)、恶感（1906年/1910年)、恶化（1879年/1911年)、恶性（1908年/1918年)、二花脸（1905年/1910年)、二十四史（1876年/1958年)、发表（1903年/1905年)、发布（1876年/1902年)、发电（1892年/1902年)、发动2（1905年/1917年)、发刊词（1903年/1905年)、发育（1903年/1909年)、罚款1（1880年/1901年)、法案（1891年/1896年)、法典（1897年/1902年)、法郎（1877年/1878年)、法庭（1905年/1906年)、翻印（1897年/1903年)、反感（1909年/1920年)、反省（1911年/1928年)、范本（1907年/1913年)、方案（1903年/1957年)、防腐（1901年/1903年)、防线（1911年/1929年)、飞行器（1898年/1909年)、飞艇（1885年/1903年)、非1（1897年/1903年)、菲律宾（1902年/1905年)、肥大（1908年/1919年)、肥料（1875年/1878年)、肺结核（1899年/1904年)、废止（1881年/1889年)、分红（1883年/1921年)、分派（1879年/1907年)、分数（1882年/1903年)、粪便（1904年/1942年)、风琴（1872年/1875年)、风扇（1906年/1907年)、风向（1900年/1903年)、否决（1909年/1911年)、敷设（1887年/1899年)、辐射（1907年/1915年)、辅币（1908年/1910年)、腐败1（1900年/1902年)、腐败2（1904年/1917年)、讣告（1905年/1939年)、附设（1882年/1905年)、复查（1875年/1949年)、复活节（1904年/1909年)、复习（1903年/1908

年)、副业（1902 年/1908 年)、改编（1905 年/1922 年)、改订（1854 年/1857 年)、改进（1883 年/1890 年)、改良（1898 年/1901 年)、改造（1903 年/1919 年)、改装（1908 年/1927 年)、改组（1908 年/1913 年)、概观（1900 年/1915 年)、概况（1898 年/1908 年)、概论（1902 年/1906 年)、概算（1898 年/1902 年)、概要（1900 年/1919 年)、甘蓝（1899 年/1908 年)、感光（1910 年/1913 年)、感情（1902 年/1903 年)、感想（1905 年/1918 年)、感言（1901 年/1936 年)、干涉（1899 年/1903 年)、钢笔（1872 年/1873 年)、钢管（1875 年/1877 年)、钢轨（1893 年/1897 年)、钢精（1906 年/1946 年)、钢珠（1910 年/1947 年)、岗亭（1911 年/1928 年)、岗位（1906 年/1909 年)、港（1873 年/1899 年)、高昂（1872 年/1936 年)、高材生（1894 年/1900 年)、高等学校（1899 年/1903 年)、高小（1909 年/1918 年)、高压（1904 年/1931 年)、稿件 2（1907 年/1909 年)、稿纸（1881 年/1895 年)、稿子（1889 年/1921 年)、割让（1879 年/1898 年)、革命 1（1879 年/1899 年)、革命 2（1902 年/1948 年)、革命家（1904 年/1922 年)、个人（1900 年/1902 年)、根（1872 年/1896 年)、更动（1902 年/1920 年)、工兵（1880 年/1887 年)、工厂（1875 年/1877 年)、工场（1898 年/1919 年)、工程 1（1898 年/1939 年)、工会（1892 年/1900 年)、工矿（1904 年/1950 年)、工棚（1903 年/1958 年)、工人（1872 年/1873 年)、工时（1873 年/1930 年)、工业（1877 年/1884 年)、工业革命（1907 年/1911 年)、工友（1904 年/1924 年)、公办（1909 年/1929 年)、公报 1（1898 年/1899 年)、公报 2（1875 年/1912 年)、公告 1（1910 年/1919 年)、公积金（1901 年/1914 年)、公家（1875 年/1907 年)、公决（1906 年/1912 年)、公款（1875 年/1876 年)、公私（1901 年/1949 年)、公诉（1873 年/1890 年)、公诉人（1911 年/1950 年)、公演（1911 年/1923 年)、公有（1892 年/1903 年)、公约 1（1878 年/1899 年)、公约 2（1900 年/1958 年)、公债（1875 年/1889 年)、攻势（1905 年/1907 年)、共犯 1（1875 年/1890 年)、共犯 2（1873 年/1929 年)、共和国（1888 年/1896 年)、贡献（1909 年/1910

年)、钩虫(1910 年/1942 年)、构成(1876 年/1899 年)、购买力 1(1905 年/1919 年)、购买力 2(1910 年/1936 年)、股(1902 年/1929 年)、股本(1874 年/1901 年)、股东(1875 年/1882 年)、股分(1871 年/1876 年)、股份公司(1882 年/1903 年)、股金(1906 年/1929 年)、股票(1875 年/1889 年)、股息(1905 年/1922 年)、固定资产(1909 年/1947 年)、顾问(1873 年/1887 年)、瓜皮帽(1875 年/1924 年)、观光(1896 年/1897 年)、官兵(1881 年/1884 年)、官方(1900 年/1946 年)、官立(1884 年/1889 年)、罐头(1878 年/1897 年)、光荣(1902 年/1909 年)、广告 2(1899 年/1903 年)、规章(1903 年/1949 年)、滚蛋(1872 年/1924 年)、国产 2(1885 年/1890 年)、国粹(1902 年/1903 年)、国度(1875 年/1897 年)、国防军(1898 年/1923 年)、国歌(1874 年/1903 年)、国徽(1889 年/1895 年)、国货(1911 年/1915 年)、国籍(1874 年/1901 年)、国库(1888 年/1896 年)、国库券(1907 年/1924 年)、国乐(1911 年/1930 年)、国民(1882 年/1890 年)、国民党(1892 年/1913 年)、国庆(1906 年/1915 年)、国文(1903 年/1907 年)、国务卿(1897 年/1900 年)、国语 2(1906 年/1936 年)、国葬(1891 年/1902 年)、果汁(1888 年/1915 年)、果子露(1883 年/1920 年)、过(1907 年/1918 年)、过渡(1901 年/1917 年)、过户(1910 年/1917 年)、过剩(1911 年/1919 年)、哈雷彗星(1910 年/1931 年)、害虫(1897 年/1902 年)、函件(1877 年/1906 年)、函授(1909 年/1918 年)、寒假(1903 年/1919 年)、汗腺(1902 年/1903 年)、旱地(1878 年/1916 年)、旱田(1876 年/1916 年)、旱烟袋(1873 年/1880 年)、焊药(1910 年/1955 年)、航行(1889 年/1901 年)、航空(1910 年/1915 年)、航空器(1910 年/1946 年)、航务(1906 年/1950 年)、航运(1900 年/1916 年)、号 3(1888 年/1897 年)、号兵(1885 年/1890 年)、号码(1872 年/1876 年)、合股(1872 年/1874 年)、合群(1902 年/1925 年)、合演 1(1874 年/1910 年)、合营(1910 年/1950 年)、合影(1901 年/1931 年)、合照(1902 年/1924 年)、合资(1888 年/1895 年)、和会(1904 年/1920 年)、黑货 1(1909 年/

1932年)、黑幕(1909年/1915年)、红利(1908年/1915年)、后盾(1909年/1929年)、后记(1905年/1948年)、花红(1881年/1901年)、花柳病(1909年/1913年)、划拨(1910年/1947年)、划归(1907年/1940年)、化学方程式(1902年/1903年)、化学工业(1898年/1913年)、化验(1906年/1915年)、化妆品(1908年/1919年)、欢迎(1900年/1903年)、环球1(1885年/1890年)、环球2(1882年/1890年)、换算(1910年/1919年)、荒岛(1876年/1878年)、黄皮书(1903年/1905年)、回避(1886年/1890年)、会(1909年/1918年)、机关枪(1907年/1915年)、基督教(1881年/1891年)、基石(1882年/1898年)、基数(1910年/1930年)、基于(1901年/1903年)、极端(1909年/1920年)、集中(1907年/1924年)、记分(1902年/1931年)、纪念品(1907年/1910年)、纪元(1872年/1890年)、技师(1886年/1889年)、技术员(1909年/1936年)、继任(1905年/1925年)、寄递(1879年/1918年)、寄费(1904年/1936年)、寄售(1872年/1876年)、寄宿(1874年/1900年)、加紧(1885年/1927年)、加重(1883年/1890年)、假定(1904年/1924年)、假释(1904年/1931年)、假象牙(1883年/1941年)、价格(1878年/1888年)、价码(1875年/1934年)、价目(1872年/1876年)、架设(1900年/1907年)、尖兵(1907年/1958年)、尖端(1909年/1924年)、间接税(1901年/1910年)、间脑(1902年/1935年)、肩章(1905年/1906年)、监护人(1909年/1929年)、兼课(1897年/1924年)、检察官(1884年/1890年)、检疫(1887年/1897年)、检阅(1888年/1890年)、简单(1898年/1903年)、简章(1902年/1911年)、简直(1909年/1924年)、建制(1906年/1933年)、建筑1(1873年/1876年)、健身(1907年/1919年)、舰队(1896年/1918年)、舰艇(1895年/1900年)、讲稿(1909年/1927年)、奖金(1906年/1908年)、奖牌(1874年/1877年)、奖章(1908年/1909年)、交配(1888年/1909年)、交通(1897年/1899年)、交易所(1903年/1904年)、交战国(1903年/1904年)、浇铸(1909年/1933年)、胶版(1880年/1932年)、

焦煤（1901 年/1906 年）、角（1872 年/1875 年）、角色（1874 年/1910 年）、绞刑（1894 年/1904 年）、脚手架（1908 年/1958 年）、缴械（1880 年/1927 年）、觉醒（1908 年/1919 年）、教程（1900 年/1903 年）、教父（1910 年/1931 年）、教具（1907 年/1910 年）、教育学（1890 年/1896 年）、教职员（1908 年/1919 年）、阶段（1911 年/1926 年）、接洽（1907 年/1918 年）、接头 3（1903 年/1936 年）、揭幕（1907 年/1933 年）、揭晓（1900 年/1909 年）、节选（1873 年/1915 年）、节肢动物（1902 年/1906 年）、结晶 3（1903 年/1925 年）、结论（1903 年/1924 年）、结束语（1909 年/1950 年）、结语（1906 年/1948 年）、截至（1901 年/1927 年）、解（1877 年/1885 年）、解决（1903 年/1912 年）、解剖学（1899 年/1902 年）、介绍（1903 年/1917 年）、届满（1898 年/1909 年）、界 2（1903 年/1909 年）、界线 1（1893 年/1896 年）、金额（1884 年/1888 年）、金条（1872 年/1946 年）、金字招牌（1877 年/1921 年）、紧张（1906 年/1954 年）、进化论（1900 年/1902 年）、近代（1898 年/1921 年）、近东（1903 年/1911 年）、禁闭 1（1908 年/1935 年）、京剧（1876 年/1917 年）、京戏（1876 年/1883 年）、经济 1（1907 年/1913 年）、经济学家（1906 年/1950 年）、经理（1881 年/1890 年）、经售（1872 年/1931 年）、经销（1891 年/1948 年）、经验（1898 年/1903 年）、精虫（1897 年/1899 年）、精读（1907 年/1946 年）、精神（1880 年/1882 年）、精神文明（1909 年/1921 年）、精子（1903 年/1909 年）、警（1902 年/1904 年）、警官（1887 年/1898 年）、警务（1881 年/1889 年）、警钟（1876 年/1899 年）、竞赛（1903 年/1924 年）、旧式（1872 年/1876 年）、居留（1897 年/1909 年）、局部（1910 年/1912 年）、局长（1882 年/1890 年）、举办（1880 年/1929 年）、巨额（1903 年/1947 年）、巨轮（1894 年/1941 年）、俱乐部（1891 年/1900 年）、剧情（1911 年/1915 年）、锯条（1887 年/1936 年）、决策（1910 年/1948 年）、决裂（1875 年/1890 年）、决心 1（1903 年/1907 年）、决心 2（1904 年/1907 年）、绝症（1874 年/1877 年）、军车（1910 年/1946 年）、军服（1883 年/1890 年）、军国主义（1903 年/1906 年）、

军籍（1897年/1927年）、军纪（1905年/1919年）、军舰（1879年/1884年）、军区（1905年/1918年）、军训（1906年/1936年）、君权（1897年/1898年）、菌（1893年/1899年）、咖啡（1898年/1899年）、卡车（1908年/1941年）、开办（1878年/1882年）、开车2（1898年/1922年）、开刀（1873年/1906年）、开动（1874年/1949年）、开饭（1876年/1924年）、开花弹（1875年/1880年）、开课（1879年/1906年）、开罗（1904年/1930年）、开赛1（1881年/1943年）、开庭（1910年/1912年）、开学（1897年/1904年）、开演1（1872年/1876年）、开印（1904年/1918年）、开战（1876年/1890年）、刊登（1901年/1903年）、勘测（1888年/1947年）、看齐（1905年/1912年）、抗旱（1908年/1957年）、考察（1898年/1899年）、考古学（1899年/1900年）、课1（1897年/1899年）、课本（1897年/1901年）、课程（1870年/1873年）、课堂（1909年/1919年）、课文（1902年/1945年）、课长（1889年/1890年）、空前（1902年/1924年）、口服（1900年/1942年）、扣留（1881年/1911年）、扣押（1882年/1928年）、块（1876年/1909年）、快感（1908年/1915年）、快门（1889年/1891年）、快速（1872年/1959年）、快信（1906年/1908年）、矿藏（1877年/1912年）、矿井（1899年/1914年）、矿坑（1898年/1899年）、矿区（1906年/1914年）、矿物（1877年/1884年）、矿物学（1902年/1903年）、矿业（1886年/1890年）、昆虫学（1902年/1903年）、扩大（1897年/1898年）、扩张（1889年/1896年）、括号（1909年/1951年）、蜡纸（1910年/1926年）、来宾（1905年/1909年）、来电（1883年/1889年）、来福枪（1877年/1878年）、来复枪（1875年/1878年）、来稿1（1869年/1876年）、栏（1905年/1909年）、蓝靛（1903年/1918年）、蓝皮书（1875年/1896年）、缆索（1875年/1936年）、类人猿（1908年/1909年）、冷藏（1902年/1909年）、冷藏库（1903年/1909年）、冷气（1872年/1930年）、冷却（1907年/1913年）、冷血动物1（1905年/1921年）、冷血动物2（1906年/1946年）、厘3（1873年/1931年）、厘金（1874年/1876年）、礼帽（1910年/1925年）、

理论（1876 年/1894 年）、理性（1910 年/1920 年）、力争（1900 年/1924 年）、力主（1900 年/1946 年）、立定 1（1905 年/1924 年）、立正（1906 年/1924 年）、利率（1909 年/1914 年）、例假（1888 年/1929 年）、例言（1897 年/1915 年）、联邦（1872 年/1878 年）、联欢（1880 年/1920 年）、联盟（1883 年/1902 年）、炼狱（1892 年/1924 年）、恋爱（1905 年/1915 年）、两栖（1902 年/1903 年）、疗法（1903 年/1906 年）、列车（1897 年/1899 年）、劣根性（1906 年/1911 年）、林业（1899 年/1902 年）、灵通（1874 年/1900 年）、零售（1872 年/1876 年）、领带（1872 年/1879 年）、领地（1899 年/1900 年）、领港 1（1873 年/1881 年）、领港 2（1881 年/1882 年）、领海（1902 年/1903 年）、领空（1910 年/1931 年）、领事馆（1874 年/1890 年）、领章（1910 年/1917 年）、留任（1880 年/1890 年）、留声机（1898 年/1903 年）、流产 1（1909 年/1917 年）、硫酸（1880 年/1889 年）、榴弹（1895 年/1900 年）、卢比（1903 年/1924 年）、路政（1903 年/1909 年）、卵巢（1902 年/1903 年）、轮渡（1899 年/1927 年）、罗马尼亚（1903 年/1914 年）、旅团（1905 年/1915 年）、绿肥（1902 年/1908 年）、律师（1872 年/1876 年）、麻雀（1904 年/1909 年）、麻疹（1885 年/1902 年）、麻醉（1906 年/1919 年）、吗啡（1900 年/1903 年）、麦芽糖（1891 年/1902 年）、漫画（1908 年/1926 年）、慢性（1907 年/1918 年）、毛巾（1902 年/1906 年）、毛细管（1907 年/1916 年）、冒牌（1899 年/1909 年）、贸易额（1903 年/1923 年）、煤油（1872 年/1873 年）、煤渣（1878 年/1904 年）、霉菌 1（1900 年/1904 年）、美元（1907 年/1924 年）、美圆（1909 年/1946 年）、门房（1908 年/1924 年）、门岗（1906 年/1941 年）、门警（1909 年/1919 年）、门诊（1875 年/1919 年）、蒙古包（1879 年/1900 年）、盟国（1874 年/1925 年）、密令（1877 年/1928 年）、密码（1884 年/1895 年）、密约（1874 年/1897 年）、免疫（1907 年/1909 年）、面粉（1872 年/1890 年）、苗族（1900 年/1917 年）、瞄准（1909 年/1932 年）、民法（1887 年/1897 年）、民工 1（1882 年/1950 年）、民事诉讼（1907 年/1917 年）、民庭（1909 年/1933 年）、民主

(1872 年/1878 年)、名角（1879 年/1910 年)、明信片（1897 年/1899 年)、墨（1883 年/1905 年)、母校（1910 年/1914 年)、木炭画（1910 年/1926 年)、目的（1900 年/1902 年)、幕（1905 年/1917 年)、脑筋（1897 年/1917 年)、脑力（1876 年/1900 年)、内河（1896 年/1933 年)、内陆（1909 年/1945 年)、内容（1900 年/1903 年)、内销 1（1897 年/1901 年)、泥炭（1904 年/1929 年)、拟定（1887 年/1897 年)、年会（1871 年/1909 年)、年利（1874 年/1890 年)、凝固（1884 年/1903 年)、纽约（1869 年/1872 年)、农产品（1905 年/1907 年)、农村（1908 年/1919 年)、农户（1899 年/1936 年)、农垦（1909 年/1915 年)、农闲（1903 年/1945 年)、浓度（1909 年/1916 年)、虐待（1874 年/1889 年)、女生（1892 年/1899 年)、欧西（1888 年/1898 年)、欧西（1888 年/1898 年)、欧亚（1881 年/1898 年)、排（1904 年/1915 年)、排除（1896 年/1924 年)、排水（1900 年/1904 年)、排外（1901 年/1902 年)、排印（1872 年/1878 年)、判决书（1906 年/1929 年)、判例（1909 年/1940 年)、抛盘（1872 年/1933 年)、抛售（1899 年/1932 年)、炮击（1873 年/1890 年)、炮舰（1882 年/1889 年)、配方（1902 年/1908 年)、配置（1874 年/1889 年)、盆地（1910 年/1929 年)、盆栽（1894 年/1916 年)、膨涨（1902 年/1903 年)、披露（1903 年/1918 年)、票据（1872 年/1890 年)、品种（1907 年/1909 年)、聘用（1899 年/1915 年)、平面图（1888 年/1913 年)、破裂（1903 年/1905 年)、铺轨（1903 年/1935 年)、普通教育（1897 年/1901 年)、期（1897 年/1909 年)、期货（1900 年/1931 年)、漆布（1885 年/1891 年)、骑术（1911 年/1958 年)、旗舰（1887 年/1899 年)、旗袍（1890 年/1925 年)、旗语（1906 年/1922 年)、企业（1901 年/1910 年)、启事（1909 年/1911 年)、汽车 1（1903 年/1906 年)、汽笛（1893 年/1906 年)、汽油（1905 年/1918 年)、汽油机（1911 年/1936 年)、契税（1888 年/1930 年)、牵引力（1910 年/1947 年)、铅版（1874 年/1913 年)、铅印（1883 年/1906 年)、签订（1901 年/1934 年)、签收（1878 年/1947 年)、前脑（1902 年/1903 年)、前线（1905

年/1911 年)、前肢(1902 年/1906 年)、钱包(1876 年/1933 年)、钱庄(1872 年/1876 年)、潜水艇(1898 年/1899 年)、潜水衣(1909 年/1931 年)、枪弹 1(1872 年/1880 年)、枪法(1873 年/1900 年)、枪杆(1875 年/1900 年)、枪支(1907 年/1910 年)、强硬 1(1888 年/1902 年)、抢险(1872 年/1958 年)、镪水(1907 年/1913 年)、侨民(1900 年/1902 年)、切片(1909 年/1931 年)、侵略(1880 年/1898 年)、侵权(1899 年/1933 年)、侵入(1903 年/1936 年)、球 2(1878 年/1884 年)、取得(1873 年/1907 年)、权力(1879 年/1896 年)、权限(1886 年/1890 年)、权益(1898 年/1948 年)、全盘(1872 年/1936 年)、缺损(1881 年/1922 年)、缺席(1880 年/1902 年)、确保(1901 年/1949 年)、确认(1887 年/1921 年)、壤土(1903 年/1916 年)、热 1(1908 年/1928 年)、人类(1874 年/1898 年)、人类学(1899 年/1900 年)、人民政府(1904 年/1930 年)、任免(1901 年/1902 年)、任期(1895 年/1899 年)、日文(1882 年/1896 年)、日语(1884 年/1899 年)、容量(1905 年/1913 年)、乳齿(1908 年/1909 年)、乳腺(1902 年/1903 年)、软体动物(1902 年/1903 年)、锐减(1877 年/1924 年)、赛跑(1876 年/1909 年)、三色版(1910 年/1913 年)、沙发(1883 年/1916 年)、砂布(1900 年/1949 年)、伤势(1873 年/1909 年)、商埠(1883 年/1896 年)、商场 1(1902 年/1907 年)、商店(1897 年/1899 年)、商法(1884 年/1890 年)、商号(1872 年/1910 年)、商品(1887 年/1890 年)、商务(1854 年/1884 年)、商业(1875 年/1879 年)、商战(1896 年/1898 年)、上级 2(1906 年/1924 年)、上课(1902 年/1903 年)、少将(1874 年/1879 年)、设施(1899 年/1915 年)、社论(1906 年/1917 年)、社员(1897 年/1900 年)、射击(1893 年/1899 年)、摄影机(1911 年/1931 年)、深海(1903 年/1909 年)、深呼吸(1908 年/1909 年)、神经病(1889 年/1903 年)、神经质(1903 年/1918 年)、神学(1888 年/1898 年)、升学(1905 年/1911 年)、生活费(1910 年/1924 年)、省立(1889 年/1920 年)、圣彼得堡(1880 年/1899 年)、圣诞节(1881 年/1915 年)、盛况(1898 年/1909 年)、失

败（1904 年/1922 年）、失地（1898 年/1945 年）、失效（1883 年/1931 年）、石绵（1905 年/1906 年）、石印（1879 年/1883 年）、时代（1899 年/1901 年）、时髦（1879 年/1909 年）、时事（1875 年/1899 年）、实行（1877 年/1898 年）、实例（1905 年/1907 年）、实业（1876 年/1884 年）、实质（1873 年/1902 年）、拾零（1904 年/1934 年）、食量（1873 年/1880 年）、食糖（1884 年/1936 年）、食物中毒（1907 年/1947 年）、史料（1891 年/1920 年）、史前（1909 年/1912 年）、示威（1903 年/1919 年）、世界语（1905 年/1913 年）、市（1881 年/1890 年）、试车（1903 年/1930 年）、试航（1909 年/1931 年）、试制（1898 年/1903 年）、适度（1907 年/1912 年）、释放（1907 年/1943 年）、释义（1903 年/1911 年）、收编（1909 年/1938 年）、收回（1874 年/1905 年）、收容（1905 年/1906 年）、收音（1909 年/1930 年）、手表（1904 年/1929 年）、手术（1890 年/1900 年）、首相（1871 年/1891 年）、寿命（1907 年/1913 年）、授课（1881 年/1907 年）、售价（1872 年/1875 年）、书记官（1896 年/1899 年）、输血（1907 年/1909 年）、暑假（1889 年/1899 年）、暑期（1907 年/1924 年）、曙光（1902 年/1924 年）、水稻（1901 年/1906 年）、水枪（1905 年/1946 年）、水生植物（1906 年/1937 年）、水烟袋（1874 年/1880 年）、税金（1872 年/1890 年）、说明书（1906 年/1911 年）、司（1906 年/1910 年）、司机 2（1890 年/1917 年）、司令员 1（1911 年/1938 年）、私拆（1870 年/1889 年）、私章（1907 年/1947 年）、思潮（1902 年/1917 年）、思想家（1898 年/1901 年）、饲料（1906 年/1909 年）、素质（1899 年/1920 年）、随从（1874 年/1933 年）、随员 1（1875 年/1877 年）、缩印（1879 年/1901 年）、缩影 1（1908 年/1913 年）、缩影 2（1908 年/1913 年）、锁国（1897 年/1899 年）、塌车（1893 年/1917 年）、踏板（1872 年/1882 年）、摊贩（1908 年/1920 年）、谈话（1903 年/1948 年）、谈判（1901 年/1909 年）、探险（1899 年/1900 年）、糖尿病（1909 年/1918 年）、特产（1883 年/1899 年）、特点（1906 年/1922 年）、特刊（1907 年/1925 年）、特长（1906 年/1913 年）、特色（1881 年/1900 年）、特制

(1907 年/1913 年)、特质（1900 年/1902 年)、特种（1891 年/1901 年)、提案（1886 年/1901 年)、提供（1904 年/1937 年)、提前（1882 年/1919 年)、提取 2（1905 年/1918 年)、体罚（1898 年/1902 年)、体温计(1902 年/1920 年)、体育馆（1903 年/1924 年)、条约（1872 年/1884 年)、调查（1872 年/1879 年)、调换（1869 年/1876 年)、铁工（1870 年/1877 年)、铁器时代（1907 年/1912 年)、庭（1911 年/1912 年)、停课（1878 年/1905 年)、通分（1898 年/1930 年)、通告 1（1905 年/1915 年)、通告 2（1900 年/1918 年)、通过 1（1874 年/1910 年)、通过 2(1906 年/1910 年)、通航（1876 年/1884 年)、同化作用（1905 年/1906 年)、同人（1874 年/1921 年)、铜元（1900 年/1918 年)、铜圆（1897 年/1913 年)、投标（1878 年/1909 年)、投考（1882 年/1929 年)、投票 1(1897 年/1899 年)、图解（1873 年/1903 年)、涂料（1904 年/1913 年)、土壤学（1899 年/1903 年)、团员（1911 年/1918 年)、推定（1892 年/1907 年)、推销（1891 年/1918 年)、退伍（1905 年/1910 年)、拖轮(1895 年/1909 年)、脱轨（1891 年/1958 年)、外币（1907 年/1910 年)、外港（1875 年/1900 年)、外国语（1872 年/1890 年)、外汇（1907 年/1938 年)、外交官（1884 年/1889 年)、外销 2（1897 年/1904 年)、外债(1897 年/1899 年)、完税（1872 年/1876 年)、亡国奴（1905 年/1923 年)、网球（1902 年/1908 年)、旺销（1877 年/1927 年)、危机（1898 年/1899 年)、违章（1882 年/1909 年)、唯物论（1902 年/1903 年)、委任（1872 年/1890 年)、委员 2（1883 年/1889 年)、卫队（1877 年/1898 年)、位置（1906 年/1921 年)、胃液（1888 年/1907 年)、文盲（1907 年/1911 年)、无轨电车（1909 年/1923 年)、无机化学（1902 年/1903 年)、无记名投票（1909 年/1930 年)、无名英雄（1911 年/1939 年)、无线电报（1897 年/1902 年)、无线电台（1901 年/1924 年)、五洲（1874 年/1877 年)、物理（1874 年/1878 年)、西伯利亚（1896 年/1898 年)、西服（1873 年/1875 年)、西画（1881 年/1890 年)、西欧（1898 年/1901 年)、西式（1876 年/1878 年)、西药（1876 年/1878 年)、锡纸（1899

年/1936 年)、熄灯（1876 年/1909 年)、熄火（1872 年/1880 年)、习惯法（1905 年/1907 年)、习题（1873 年/1885 年)、习字（1881 年/1890 年)、喜剧（1908 年/1915 年)、戏迷（1906 年/1909 年)、戏园（1872 年/1873 年)、系统 1（1902 年/1903 年)、细节（1903 年/1943 年)、细则（1900 年/1902 年)、峡谷 2（1910 年/1941 年)、辖区（1907 年/1923 年)、下半旗（1877 年/1889 年)、下达（1877 年/1965 年)、下级 1（1906 年/1924 年)、下课（1907 年/1917 年)、下水道（1887 年/1907 年)、先决（1903 年/1922 年)、先烈（1911 年/1921 年)、嫌疑犯（1909 年/1933 年)、显花植物（1905 年/1906 年)、现存（1897 年/1905 年)、现行（1878 年/1889 年)、现货（1905 年/1919 年)、现金（1882 年/1896 年)、现洋（1873 年/1910 年)、限额（1877 年/1936 年)、宪法（1887 年/1889 年)、腺（1902 年/1903 年)、相信（1902 年/1919 年)、香烟（1890 年/1900 年)、镶牙（1872 年/1881 年)、响尾蛇（1868 年/1872 年)、橡胶（1898 年/1927 年)、橡皮圈（1903 年/1936 年)、消毒（1886 年/1890 年)、消费（1897 年/1903 年)、消费品（1906 年/1917 年)、消暑（1874 年/1925 年)、消退（1873 年/1918 年)、消息（1874 年/1899 年)、消炎（1899 年/1918 年)、小农（1898 年/1928 年)、小数点（1910 年/1922 年)、小调（1878 年/1929 年)、小学生（1872 年/1877 年)、小洋（1895 年/1901 年)、小帐（1878 年/1924 年)、校风（1903 年/1914 年)、校务（1905 年/1918 年)、校样（1901 年/1919 年)、校长（1887 年/1888 年)、效果（1902 年/1906 年)、效能（1899 年/1909 年)、效益（1906 年/1907 年)、协办（1875 年/1921 年)、协定 1（1908 年/1931 年)、协定 2（1882 年/1898 年)、协会（1882 年/1884 年)、协商（1872 年/1898 年)、协约（1901 年/1915 年)、协作（1894 年/1926 年)、鞋油（1907 年/1936 年)、卸装 1（1888 年/1935 年)、心理（1872 年/1902 年)、心理学家（1904 年/1906 年)、心脏（1900 年/1903 年)、新陈代谢 2（1908 年/1919 年)、新手（1879 年/1926 年)、新文学（1907 年/1919 年)、新闻纸（1873 年/1933 年)、薪金（1875 年/1918 年)、信包（1873

年/1907年)、信差(1883年/1908年)、星期1(1897年/1899年)、星期2(1908年/1916年)、星期3(1884年/1889年)、星期日(1888年/1907年)、刑事(1884年/1889年)、刑庭(1909年/1933年)、形而上学(1904年/1939年)、形态学(1906年/1909年)、型(1908年/1919年)、性1(1902年/1909年)、性能2(1903年/1946年)、胸围(1894年/1902年)、休会(1910年/1911年)、休学(1903年/1917年)、休战(1900年/1902年)、休止符(1907年/1909年)、修脚(1876年/1944年)、修配(1877年/1911年)、修约(1880年/1889年)、须知(1885年/1929年)、虚报(1873年/1905年)、需求(1880年/1920年)、序文(1872年/1879年)、序言(1876年/1899年)、宣言(1878年/1899年)、选定(1877年/1890年)、选集1(1903年/1931年)、选辑(1888年/1929年)、选民(1909年/1914年)、选区(1908年/1915年)、选送(1905年/1907年)、选种(1896年/1908年)、学费(1888年/1890年)、学棍(1911年/1927年)、学会(1878年/1893年)、学科1(1897年/1901年)、学理(1902年/1903年)、学历2(1908年/1916年)、学年1(1898年/1899年)、学派(1879年/1896年)、学说(1899年/1903年)、学务(1882年/1889年)、学友(1881年/1903年)、雪崩(1908年/1930年)、雪橇(1911年/1934年)、巡捕(1871年/1872年)、巡捕房(1871年/1873年)、荨麻疹(1908年/1948年)、循环系统(1911年/1935年)、训令(1900年/1915年)、压迫(1897年/1919年)、压榨(1898年/1924年)、鸭绒(1894年/1923年)、牙膏(1888年/1920年)、哑铃(1900年/1903年)、亚2(1904年/1906年)、亚美利加洲(1874年/1880年)、亚洲(1882年/1898年)、氩(1901年/1915年)、烟蒂(1908年/1934年)、烟丝(1877年/1879年)、严格(1905年/1924年)、沿线(1905年/1923年)、研究员(1905年/1917年)、盐(1873年/1875年)、盐碱地(1904年/1957年)、演讲(1899年/1916年)、演进(1905年/1912年)、演示(1905年/1913年)、演员(1910年/1927年)、演奏(1891年/1916年)、焰火(1875年/1876年)、燕尾服(1891年/1906年)、佯

攻（1895年/1936年）、洋（1873年/1876年）、洋瓷（1882年/1926年）、洋鬼子（1875年/1899年）、洋灰（1897年/1900年）、洋碱（1875年/1884年）、洋流（1893年/1902年）、洋奴（1882年/1895年）、洋气2（1891年/1944年）、洋铁（1872年/1873年）、洋文（1872年/1873年）、洋油（1875年/1889年）、洋装1（1884年/1906年）、洋装2（1901年/1903年）、仰角（1909年/1915年）、养料（1898年/1901年）、养伤（1872年/1900年）、样品（1907年/1919年）、药理（1879年/1947年）、药片（1872年/1920年）、要点（1888年/1899年）、要件2（1884年/1903年）、要件3（1877年/1880年）、要素（1900年/1902年）、要员（1883年/1899年）、野蛮1（1875年/1898年）、野蛮2（1905年/1922年）、夜场（1910年/1939年）、夜车（1881年/1917年）、夜工（1872年/1879年）、夜景（1902年/1934年）、夜盲（1908年/1921年）、夜战（1898年/1936年）、一览表（1876年/1902年）、医科（1888年/1898年）、医务（1894年/1899年）、依法（1873年/1907年）、移交（1872年/1890年）、以下（1877年/1890年）、艺妓（1873年/1879年）、艺术家（1908年/1915年）、艺术品（1909年/1924年）、议定书（1904年/1907年）、议员1（1875年/1878年）、议长1（1883年/1889年）、异物（1909年/1919年）、译笔（1903年/1935年）、译文（1872年/1890年）、译员（1897年/1901年）、疫苗（1911年/1939年）、益虫（1897年/1904年）、阴部（1895年/1909年）、音符（1907年/1917年）、银杯（1882年/1890年）、银婚（1873年/1878年）、银元（1896年/1900年）、引渡（1910年/1911年）、引擎（1894年/1899年）、引信（1896年/1965年）、引言（1890年/1901年）、饮料（1903年/1906年）、印度教（1879年/1892年）、印发（1881年/1917年）、印花3（1874年/1882年）、印花税（1896年/1898年）、印刷品（1906年/1915年）、英镑（1880年/1905年）、英尺（1873年/1886年）、鹰洋（1872年/1878年）、盈利（1883年/1918年）、营养（1905年/1906年）、营业（1874年/1879年）、影片2（1909年/1918年）、影片3（1906年/1934年）、影像（1872年/1925

年)、影印（1894年/1918年)、佣金（1881年/1920年)、佣钱（1904年/1931年)、用户（1883年/1904年)、用具（1880年/1900年)、优等（1874年/1899年)、优点（1906年/1907年)、优势（1906年/1909年)、优先（1877年/1899年)、邮（1871年/1876年)、邮包（1879年/1919年)、邮差（1900年/1907年)、邮电（1891年/1895年)、邮购（1905年/1910年)、邮汇（1901年/1918年)、邮件（1900年/1903年)、邮轮（1893年/1908年)、邮票（1897年/1903年)、邮箱（1904年/1930年)、邮政（1872年/1875年)、油船（1892年/1935年)、油墨（1874年/1876年)、油印（1907年/1919年)、有机化学（1902年/1903年)、有机质（1906年/1909年)、有限公司（1875年/1876年)、有线电报（1908年/1937年)、幼儿教育（1904年/1912年)、诱导（1907年/1934年)、余额（1898年/1924年)、鱼雷艇（1886年/1889年)、与会（1872年/1883年)、雨季（1878年/1894年)、雨蛙（1905年/1906年)、语言学（1902年/1931年)、浴场1（1908年/1919年)、浴缸（1893年/1936年)、预备兵（1884年/1889年)、预告（1908年/1931年)、预审（1873年/1890年)、预习（1909年/1919年)、预选（1908年/1933年)、预约（1903年/1928年)、遇刺（1880年/1882年)、元老（1886年/1889年)、元老院（1875年/1877年)、园艺（1894年/1899年)、原版（1878年/1920年)、原件（1874年/1912年)、原理（1892年/1896年)、原判（1876年/1890年)、原著（1903年/1947年)、原装（1911年/1947年)、原子（1902年/1903年)、远东（1880年/1899年)、远洋（1882年/1903年)、远足（1891年/1899年)、院（1869年/1873年)、月刊1（1889年/1919年)、月台（1896年/1918年)、月薪（1882年/1901年)、跃进（1907年/1934年)、晕车（1892年/1920年)、运动1（1903年/1905年)、运动员1（1906年/1930年)、杂牌（1872年/1926年)、杂食（1902年/1906年)、杂种（1906年/1909年)、再版（1903年/1913年)、在册（1886年/1955年)、在学（1898年/1900年)、在押（1872年/1950年)、在职（1874年/1890年)、早退（1909年/1946年)、造假（1873年/1876年)、

造林（1900年/1904年）、责任（1899年/1902年）、择优（1875年/1903年）、增刊1（1905年/1920年）、增强1（1909年/1924年）、增援（1874年/1907年）、赠品（1909年/1920年）、炸弹（1873年/1882年）、摘除1（1910年/1948年）、摘要（1876年/1881年）、债权人（1909年/1923年）、债务（1889年/1907年）、展览（1887年/1907年）、展露（1910年/1930年）、展望（1910年/1939年）、占领（1887年/1898年）、占有（1883年/1903年）、战歌（1908年/1926年）、战机（1902年/1923年）、战乱（1874年/1922年）、战友（1910年/1934年）、战云（1910年/1936年）、站岗（1900年/1905年）、站台（1907年/1930年）、长度（1903年/1915年）、长途电话（1910年/1927年）、帐篷（1874年/1941年）、账册（1884年/1953年）、账单（1876年/1920年）、障碍1（1905年/1919年）、招待（1874年/1899年）、招待所（1905年/1934年）、招股（1890年/1909年）、招考（1882年/1907年）、招生（1893年/1910年）、招收（1899年/1904年）、招租（1872年/1873年）、沼泽（1907年/1941年）、照（1890年/1919年）、照片（1875年/1880年）、照相2（1870年/1871年）、照相机（1877年/1927年）、折扣2（1872年/1880年）、着重（1905年/1934年）、针（1896年/1903年）、针叶树（1897年/1908年）、侦探（1904年/1907年）、侦探小说（1902年/1909年）、珍珠米（1875年/1879年）、真性（1911年/1936年）、诊断（1888年/1890年）、诊所（1909年/1948年）、枕木（1890年/1901年）、征文（1904年/1917年）、正规（1909年/1929年）、正规军（1908年/1936年）、正教（1884年/1899年）、正式（1906年/1912年）、证物（1885年/1929年）、政法（1904年/1935年）、政见（1904年/1919年）、政体1（1881年/1884年）、政务院（1902年/1954年）、政治家（1895年/1897年）、症候（1898年/1918年）、支部（1895年/1899年）、支出（1875年/1903年）、支票（1873年/1901年）、支线（1883年/1898年）、织物（1879年/1889年）、直接税（1901年/1902年）、直属1（1910年/1935年）、职工（1884年/1887年）、职权（1875年/1889年）、职业病（1911年/1931

年)、职员（1898 年/1899 年)、职责（1905 年/1907 年)、植物分类学（1902 年/1903 年)、植物园（1882 年/1884 年)、殖民（1896 年/1897 年)、纸浆（1898 年/1925 年)、纸烟（1872 年/1880 年)、指挥刀（1907 年/1909 年)、指挥员（1910 年/1931 年)、指派 1（1896 年/1918 年)、指示（1882 年/1907 年)、指纹（1875 年/1910 年)、指印（1882 年/1906 年)、志哀（1884 年/1908 年)、志愿兵（1893 年/1897 年)、制版（1887 年/1904 年)、制剂（1909 年/1936 年)、治外法权（1886 年/1890 年)、窒息（1894 年/1904 年)、智力（1894 年/1901 年)、智育（1902 年/1903 年)、中国画（1878 年/1918 年)、中将（1874 年/1879 年)、中欧 1（1898 年/1923 年)、中文（1897 年/1905 年)、中学（1873 年/1879 年)、中医 2（1882 年/1921 年)、钟楼（1873 年/1876 年)、钟头 1（1908 年/1909 年)、众议员（1875 年/1889 年)、重点（1911 年/1950 年)、重量 2（1898 年/1903 年)、重炮（1908 年/1933 年)、重视（1891 年/1899 年)、重现（1899 年/1936 年)、重油（1905 年/1906 年)、周（1874 年/1890 年)、周刊（1907 年/1915 年)、周期（1901 年/1904 年)、周转（1872 年/1890 年)、主笔（1873 年/1879 年)、主编（1907 年/1935 年)、主攻（1908 年/1936 年)、主力（1904 年/1907 年)、主力舰（1905 年/1923 年)、主谋（1873 年/1928 年)、主人公 2（1911 年/1924 年)、主人翁 1（1903 年/1904 年)、主人翁 2（1908 年/1914 年)、主任（1872 年/1888 年)、主体 1（1903 年/1906 年)、主体 2（1898 年/1902 年)、主席 1（1894 年/1899 年)、主席 2（1875 年/1894 年)、主要（1899 年/1903 年)、主因（1906 年/1919 年)、助攻（1879 年/1936 年)、助听器（1909 年/1931 年)、注册（1872 年/1874 年)、注脚（1891 年/1904 年)、注目礼（1905 年/1929 年)、注射（1899 年/1906 年)、注射器（1898 年/1903 年)、注重（1903 年/1912 年)、著作人（1910 年/1914 年)、专车（1900 年/1904 年)、专电（1884 年/1908 年)、专刊（1910 年/1931 年)、专科（1882 年/1889 年)、专线（1884 年/1955 年)、专业（1906 年/1921 年)、专员（1902 年/1907 年)、转学（1908 年/1934 年)、转载（1905 年/1919

年)、转账(1906年/1924年)、转租(1874年/1905年)、装置1(1897年/1903年)、撞车(1880年/1947年)、幢(1872年/1876年)、追认(1907年/1911年)、准时(1875年/1927年)、姿势(1903年/1907年)、资产(1906年/1936年)、资料(1903年/1910年)、子金(1883年/1889年)、子母弹(1878年/1897年)、紫铜(1897年/1901年)、自产(1874年/1880年)、自费(1889年/1903年)、自来水笔(1910年/1923年)、自流井(1875年/1901年)、自由竞争(1903年/1905年)、字模(1872年/1876年)、总额(1900年/1906年)、总领事(1869年/1878年)、总司令(1905年/1911年)、总统(1872年/1879年)、纵队(1900年/1907年)、走读(1890年/1903年)、走廊(1873年/1929年)、足球(1909年/1914年)、族(1874年/1884年)、组2(1905年/1907年)、组合2(1899年/1903年)、组织1(1902年/1907年)、钻戒(1877年/1909年)、最后通牒(1911年/1915年)、作废(1880年/1901年)、作品(1909年/1922年)、作文(1910年/1929年)、作物(1897年/1900年)、作用(1881年/1898年)、坐位(1873年/1878年)、座位(1873年/1882年)"等。

三、《100年汉语新词新语大辞典》书证晚出

"汉语词汇史中现代汉语部分研究最为薄弱,《100年汉语新词新语大辞典》构筑了一座汉语词汇史的新丰碑。"① 该辞典收词1万余条,"记录了1912年至2011年的100年来汉语新词新语的音义和首次出现的时间"②,是"汉语语源研究的一个重大成果"③。当然,细微疏漏不可避免,书证上"要做到不将更早出现的词语误定为民国新词语,是需要进一步花

① 华学诚,李红.汉语词汇史的一座新丰碑——《100年汉语新词新语大辞典》述评[J].辞书研究,2016(03).

② 陈笑雪,雷天戈.100年,汉语新词新语知多少?[N].人民日报海外版,2015-08-24.

③ 刘菲.循着历史轨迹学汉语[N].人民日报海外版,2015-08-24.

费考据之功的"[①]。晚清期刊新质词语中至少有600余条书证早于《100年汉语新词新语大辞典》，可以补充完善。例如：

【帮会】民间秘密组织的总称。[②] 帮会各匪人散布于各府州县四出为非（《申报》1904年3月3日）；胶东的几个秘密和半秘密的帮会（《社会学杂志》1930年5期）；论中国帮会沿革、组织及其社会基础（《文化月刊》1939年3期）。《100年汉语新词新语大辞典》收"帮会"，首例书证引自1943年邓小平《敌占区的组织工作与政策运用》；《汉语大词典》收"帮会"，没有书证。

【白兰地】（Brandy音译）以水果发酵蒸馏制成的美酒。香并酒白兰地各色酒等（《申报》1874年5月7日）；白兰地一百箱（《申报》1902年5月3日）；宜备樟脑白兰地（《京兆通俗周刊》1920年61期）；白兰地以及各种洋酒（《商标公报》1927年123期）。《100年汉语新词新语大辞典》收"白兰地"，首例书证引自1928年茅盾《追求》；《汉语大词典》收"白兰地"，首例书证引自曹禺《北京人》。

【包月】按月计价付款。批京津话局禀津京长途包月话费拟请先试办三个月由（《交通官报》1910年10期）；为呈送缮正电灯包月试办章程及契约格式请鉴核存案由（《北平特别市市政公报》1930年30期）；训令视察员吴焕章查明车湾蛮石木船包月运费损失迅速核实具复以凭核办（《湖北水利月刊》1930年8期）。《100年汉语新词新语大辞典》收"包月"，首例书证引自1933年茅盾《子夜》；《汉语大词典》收"包月"，首例书证引自老舍《骆驼祥子》。

【保守派】墨守成规甚至反对变革旧事物的政治派别或个人。保守派与罗斯福（《国风报》1910年21期）；德国社会民主党之暗潮急进派与保守派斗争（《共产党》1920年1期）；西班牙保守派内阁下台（《东方杂志》1923年3期）；北平教授变保守派（《英华独立周报》1931年10期）；

---

① 华学诚，李红．汉语词汇史的一座新丰碑——《100年汉语新词新语大辞典》述评［J］．辞书研究，2016（03）．

② 释义参考《100年汉语新词新语大辞典》。

日参议员选举保守派占优势（《京沪周刊》1947 年 16 期）。《100 年汉语新词新语大辞典》收“保守派”，首例书证引自《人民日报》1950 年 11 月 7 日；《汉语大词典》收“保守派”，没有书证。

【保险柜】能安全保存贵重物件的器具。大号保险柜（《申报》1884 年 6 月 25 日）；特别新发明保险柜（《申报》1911 年 1 月 7 日）。《100 年汉语新词新语大辞典》收“保险柜”，首例书证引自 1926 年至 1932 年张恨水《金粉世家》；《汉语大词典》收“保险柜”，单一书证引自孙犁《澹定集·〈善闇室纪年〉摘抄》。

【备忘录】声明对某问题的立场或把某些事项的概况通知对方的外交文件。国际关系备忘录（《寰球中国学生报》1908 年 3 期）；比华使致外交部备忘录（《银行月刊》1926 年 11 期）；军缩问题与四强备忘录（《外交部公报》1934 年 4 期）；外交部致日使馆之备忘录（《时事类编》1937 年 1 期）。《100 年汉语新词新语大辞典》收“备忘录”，首例书证引自《人民日报》1946 年 5 月 15 日。《汉语大词典》收“备忘录”，此义项没有书证；另一义项释义为“随时记载，帮助记忆的簿册”，单一书证引自张天民《战士通过雷区》，可以提前到“新国民之备忘录（《新国民》1912 年 1 期）；心理研究备忘录（《少年中国》1923 年 2 期）”等。

【本息】本金和利息。附还本息银数清单（《时务报》1897 年 46 期）；分年清还商埠股份本息（《山东官报》1906 年 166 期）；自治公所发还公债本息（《大同报》1911 年 12 期）；赎路公债本息完全偿清（《铁路协会会报》1920 年 98 期）；银行公会公布提前支付公债本息（《银行月刊》1922 年 12 期）。《100 年汉语新词新语大辞典》收“本息”，首例书证引自 1933 年茅盾《子夜》；《汉语大词典》收“本息”，没有书证；《汉语大词典订补》补充单一书证引自《人民日报》1995 年 2 月 6 日。

【插画】插图。插画：日本富士山与长崎港之全景（《大陆》1902 年 1 期）；插画：团体（《北京当日画报》1908 年 63 期）；插画二幅（《竞业旬报》1908 年 20 期）；对于京张铁路成绩之外评（图见插画）（《进步》1912 年 3 期）。《100 年汉语新词新语大辞典》收“插画”，首例书证引自

1913 年白鹏飞译《工业常识》；《汉语大词典》收“插画”，单一书证引自鲁迅《且介亭杂文末编·记苏联版画展览会》。

【城防】城市的防卫或防务。丹金札普有城防之责被匪阑入咎无可辞（《申报》1872 年 6 月 5 日）；请将前办城防军需银四千余两开支二千两作正报销禀（《四川官报》1905 年 15 期）；陆军部呈重庆城防出力营长王国斌等拟请酌奖仰乞钧鉴文并批令（《政府公报》1914 年 859 期）；城防司令之布告（《四川第三次劝业会日刊》1922 年 25 期）；对于本县城防妥慎筹办以期巩固由（《政务月刊》1929 年 2 期）。《100 年汉语新词新语大辞典》收“城防”，首例书证引自 1931 年巴金《家》；《汉语大词典》收“城防”，没有书证。

【德育】把一定的社会思想和道德转化为受教育者的思想意识和道德品质的教育。德育为智育根本说（《河南官报》1900 年 98 期）；德育振兴策（《选报》1902 年 27 期）；论德育与智育体育不当并列为三要素（《北洋官报》1906 年 1264 期）；论女学宜注重德育（《东方杂志》1906 年 6 期）；论三育以德育为重（《墨梯》1917 年 1 期）。《100 年汉语新词新语大辞典》收“德育”，首单一书证引自 1939 年毛泽东《永久奋斗》；《汉语大词典》收“德育”，单一书证引自毛泽东《关于正确处理人民内部矛盾的问题》五；《汉语大词典订补》补充单一书证引自王无生《论小说与改良社会之关系》。

【电灯泡】白炽灯上用的发光器件，一般呈梨形或球形。电灯泡两件（《申报》1905 年 7 月 15 日）；电灯泡制造亦有统系（《电界》1917 年 7 期）；电灯泡变黑（《家庭常识》1919 年 8 期）；电灯泡与使用电压之关系（《电气工业杂志》1920 年 3 期）。《100 年汉语新词新语大辞典》收“电灯泡”，首例书证引自 1923 年茅以新《常识讲义》；《汉语大词典》收“电灯泡”，没有书证。

【房东】出租或出借房屋的人。房东修漏（《申报》1872 年 9 月 27 日）；上海商会布告租界华洋各房东启（《华商联合会报》1910 年 7 期）；核准拍买铺底人对于房东接租简章批（《司法公报》1917 年 70 期）。《100

年汉语新词新语大辞典》收“房东”，首例书证引自1921年冰心《超人》；《汉语大词典》收“房东”，首例书证引自沈覆《浮生六记·坎坷记愁》。

【钢精】制造日用器皿的铝。德国黑漆钢精饭匣（《申报》1906年11月13日）；华昌厂钢精部各种出品一览（《宁波快览》1930年1期）；大家注意改头换面的国产商品硝镪水钢精用具（《上海市场》1931年4期）。《100年汉语新词新语大辞典》收“钢精”，首例书证引自1932年何行《上海之小工业》；《汉语大词典》收“钢精”，单一书证引自1982年4期《收获》。

【工科】教学上对有关工程学科的总称。三工科四文科五理科（《申报》1895年5月12日）；日本工科大学火灾（《教育世界》1904年76期）；部咨设立工科专门学堂（《北洋官报》1907年1307期）；柏林工科大学正面（《科学》1916年5期）；致工科全体教员函（《北京大学日刊》1917年21期）；同济医工专门学校工科毕业生名单（《教育公报》1921年8期）。《100年汉语新词新语大辞典》收“工科”，单一书证引自《人民日报》1949年5月9日；《汉语大词典》收“工科”，没有书证。

【果子露】在蒸馏水中加入果汁做成的饮料。各种洋果子露功用说（《申报》1883年10月21日）；各种果子露（《申报》1910年7月7日）；果子露制法（《家庭常识》1918年5期）。《100年汉语新词新语大辞典》收“果子露”，首例书证引自1920年《工商业尺牍偶存·致无锡制镁厂为制造石炭养事》；《汉语大词典》收“果子露”，没有书证；《汉语大词典订补》补充两个书证，首例书证引自庐隐《象牙戒指》十七。

【航空器】在大气层中飞行的各种飞行器。航空器之原理构造（《申报》1910年11月25日）；铁路与航空器（《协和报》1915年14期）；论航空器与战争之关系（《兵事杂志》1919年64期）；海军航空器略说（《航空》1920年4期）。《100年汉语新词新语大辞典》收“航空器”，首例书证引自1946年白动生等《高级小学自然课本》；《汉语大词典》未收此词。

【核准】审核批准的简称。核准仪文（《益闻录》1881年87期）；核准分收湘省路股（《北洋官报》1906年1120期）；学部核准各学堂学生旷课减分办法（《浙江教育官报》1908年1期）；财政部核准两淮借运芦盐五万引指令（《长芦盐务公报》1913年7期）；呈省长拟设立云南财政委员会请核准令委文（《云南财政月刊》1920年1期）。《100年汉语新词新语大辞典》收“核准”，首例书证引自1951年李富春（《一九五一年工业发展中的几个问题》）；《汉语大词典》收“核准”，没有书证；《汉语大词典订补》补充单一书证引自《文汇报》2007年12月5日。

【极端】达到极点的。日本对于东三省交涉极端强硬（《安徽白话报》1909年3期）；广东龙都督李民政长极端赞成明定国教通电（《宗圣汇志》1913年4期）；极端烦恼（《小说新报》1915年7期）；美国之极端派（《兴华》1919年50期）。《100年汉语新词新语大辞典》收“极端”，首例书证引自1920年蔡和森《法国最近的劳动运动》；《汉语大词典》收“极端”，首例书证引自毛泽东《纪念白求恩》。

【尖兵】行军时派出的警戒侦察部队。骑兵尖兵之研究（《南洋兵事杂志》1907年13期）；放彼通过前卫尖兵司令部（《申报》1910年7月20日）；谈谈三民主义（《尖兵》1928年8期）。《100年汉语新词新语大辞典》收“尖兵”，首例书证引自1929年陈毅《红四军军次葛坳突围赴东固口占》；《汉语大词典》收“尖兵”，首例书证也引自《红四军军次葛坳突围赴东固口占》诗。

【见习】试用、正在实习。本公所拟定派用见习士官章程详情督院示遵文（《南洋兵事杂志》1906年3期）；练兵处人员实地见习（《中华报》1906年504期）；陆军学生见习期限（《北洋官报》1907年1438期）；赴美实地见习造币事宜报告书（《税务月刊》1915年24期）；办公见习规则（《救灾会刊》1923年2期）。《100年汉语新词新语大辞典》收“见习”，首例书证引自1930年叶紫《南行杂记》；《汉语大词典》收“见习”，单一书证引自沙汀《丁跛公》。

【缴械】迫使交出武器；被迫交出武器。缴械投诚（《申报》1880年7月20日）；晓谕缴械归农（《申报》1901年4月10日）；附缴械投诚简章

（《四川公报》1915 年 21 期）；恩琴残军缴械解散（《英语周刊》1921 年 318 期）；奉军俄兵团被缴械（《兴华》1925 年 42 期）。《100 年汉语新词新语大辞典》收“缴械”，首例书证引自 1927 年茅盾《幻灭》；《汉语大词典》收“缴械”，首例书证引自陈登科《风雷》。

【教本】教科书。动物教本（《蒙学报》1905 年 21 期）；学部审定上海中国图书公司呈简易地理教本批（《浙江教育官报》1910 年 21 期）；查禁教本是谁之过（《教育周报》1914 年 57 期）；尺牍教本（《无锡教育杂志》1917 年 8 期）；高二理科更换教本（《南开周刊》1922 年 50 期）。《100 年汉语新词新语大辞典》收“教本”，首例书证引自 1928 年叶圣陶《倪焕之》；《汉语大词典》收“教本”，首例书证引自洪深《戏的念词与诗的朗诵》二。

【决算】预算执行的总结。是表据明治三十二年决算（《译林》1901 年 4 期）；饬各省编定预算决算表（《山东官报》1905 年 74 期）；论预算决算之难（《北洋法政学报》1907 年 22 期）；蓬州详三十三年下届学期决算经费一案（《四川教育官报》1908 年 6 期）；审计处总办请将八月以前决算数列册报告电（《浙江公报》1912 年 284 期）。《100 年汉语新词新语大辞典》收“决算”，首例书证引自《新青年》1915 年 2 号；《汉语大词典》收“决算”，首例书证引自孙诒让《周礼政要 · 会计》。

【课外】学校上课以外的时间。法政学堂政治地理课外讲演（《安徽学务杂志》1908 年 5 期）；课外读物之研究（《中华教育界》1913 年 1 期）；课外成绩（《贵州省立模范中学校杂志》1914 年 1 期）；课外运动及公众运动场（《教育周报》1915 年 107 期）；英文书报之课外阅读（《中华学生界》1915 年 1 期）。《100 年汉语新词新语大辞典》收“课外”，首例书证引自 1919 年《中国近代学制史料》；《汉语大词典》收“课外”，没有书证。

【礼帽】与礼服相配套的帽子。礼帽：上等第一级、上等第二级、上等第三级（《江南警务杂志》1910 年 7 期）；板桶倒置形似今日之大礼帽（《之江画报》1913 年 23 期）；饬知官礼帽用缨一律改用犀牛尾一体遵照

(《江苏省公报》1915年554期)。《100年汉语新词新语大辞典》收“礼帽”，首例书证引自1925年《中西工艺制造百科全书》;《汉语大词典》收“礼帽”，没有书证。

【例假】 按规定放的假。除月初五天例假外不准旷工(《申报》1888年9月21日);论学堂既有例假不当再有节假(《女学生》1911年32期);改订各站职员例假(《铁路协会会报》1918年66期);为什么唐山火车房生火工人就没有例假呢(《工人周刊》1922年30期)。《100年汉语新词新语大辞典》收“例假”，首例书证引自1929年钱聘《民众教育纲要》;《汉语大词典》收“例假”，单一书证引自沙汀《凶手》。

【领空】 一国领土和领海范围内的全部上空，是一国领土的组成部分。今日乃有领空之说(《丽泽随笔》1910年3期);领空主权论(《中华杂志》1914年11期);关于租界上之领空问题(《御风》1923年1期);飞过法国巴黎领空(《航空杂志》1929年5期);德国抗议法飞机侵犯领空权(《英语周刊》1931年811期)。《100年汉语新词新语大辞典》收“领空”，首例书证引自1936年毛泽东《中国共产党致中国国民党书》;《汉语大词典》收“领空”，没有书证。

【留声机】 能把录在唱片上的声音重放出来的机器。留声机改变阴阳原音(《格致新报》1898年11期);退行留声机(《万国公报》1905年201期);语言科教授利用留声机略说(《中华教育界》1914年15期);留声机内部之构造(《学生》1919年3期)。《100年汉语新词新语大辞典》收“留声机”，首例书证引自1928年许地山《在费总理的客厅里》;《汉语大词典》收“留声机”，首例书证引自郭沫若《苏联纪行·八月一日》。

【绿肥】 直接施入土壤、池塘中或经堆沤作肥料用的绿色植物或用作肥料的绿色植物体。间作豆秆绿肥之利益(《农学报》1902年194期);绿肥植物之一种(《农学报》1903年214期);种稻施用绿肥之利益(《广东农林月报》1916年1期);绿肥之研究(《农林讲义》1925年21期);绿肥怎样能够肥田(《农声》1932年154期)。《100年汉语新词新语大辞典》收“绿肥”，首例书证引自《人民日报》1948年8月5日;《汉语大词典》收“绿肥”，没有书证。

【马达】电动机。马达引擎出售（《申报》1907年8月17日）；马达力汽船可探冰山（《进步》1914年5期）；新式马达快车图样驾驭既易乘坐亦安（《英语周刊》1920年259期）；飞机马达之新用途（《工业杂志》1921年1期）；马达即发力机（《申报》1922年9月23日）。《100年汉语新词新语大辞典》收“马达”，首例书证引自1922年《中国近代舰艇工业史料集》；《汉语大词典》收“马达”，首例书证引自艾青《大西洋》诗。

【蜜月】新婚第一个月。在伦敦成亲继往意大利度蜜月（《申报》1907年11月9日）；蜜月旅行（《少年》1912年4期）；新婚蜜月之图（《小说月报》1912年8期）；丁悚君与金素娟女士蜜月中摄影（《中华妇女界》1916年3期）；怎么唤做蜜月（《妇女杂志》1920年11期）。《100年汉语新词新语大辞典》收“蜜月”，首例书证引自1927年茅盾《幻灭》；《汉语大词典》收“蜜月”，首例书证引自田汉《洪水》第一幕。

【食糖】食用的糖。往来盐船之中多有夹带食糖等货（《申报》1884年9月30日）；食糖有害于牙辩（《绍兴医药学报》1910年28期）；食糖之功效（《华英普及月报》1915年2期）；巴西保护食糖之供给（《英语周刊》1920年263期）；中华糖业公司专推销国产食糖（《中国实业》1935年8期）。《100年汉语新词新语大辞典》收“食糖”，首例书证引自1936年李炳焕等《苏联计划经济问题》；《汉语大词典》收“食糖”，没有书证。

【唐人街】华人在其他国家城市地区聚居的地区。唐人街及日本人寄居之处亦遭毁坏（《申报》1906年4月22日）；吧城大港唇大路（即唐人街）之风景（《东方杂志》1917年7期）；美国纽约募集自由公债之华文广告张贴于唐人街以示华侨者（《英语周刊》1918年120期）；旧金山唐人街之今昔（《国闻周报》1928年18期）；唐人街改造史（《英华文摘》1946年5期）。《100年汉语新词新语大辞典》收“唐人街”，首例书证引自《人民日报》1979年1月4日；《汉语大词典》收“唐人街”，没有书证。

【托拉斯】资本主义垄断组织形式之一。托拉斯大王（《申报》1907年9月16日）；比国冶金业之托拉斯（《中国商业月报》1920年10期）；什么叫做托拉斯（《崇明旅沪学生会杂志》1922年2期）。《100年汉语新词新语大辞典》收“托拉斯”，首例书证引自1923年瞿秋白《帝国主义侵略中国之各种方式》；《汉语大词典》未收此词。

【无限公司】两个或两个以上的人出资经营，全体股东以自己的全部财产对公司债务负无限责任的公司。一曰有限公司一曰无限公司（《申报》1897年3月2日）；殖民无限公司小启（《中华报》1906年410期）；三友实业社无限公司准予注册给照由（《农商公报》1915年5期）；呈为中国兴业烟草无限公司呈请注册据情请予核转由（《江苏实业月志》1919年1期）；无限公司之性质（《杭州青年》1924年10期）。《100年汉语新词新语大辞典》收“无限公司”，首例书证引自《人民日报》1950年11月28日；《汉语大词典》未收此词。

【辖区】管辖的地区。该标统查得四周民房长元吴三县各有辖区（《申报》1907年6月25日）；朱鼎煦改指鄞县地方审判厅辖区行使职务（《浙江公报》1914年856期）；呈一件新宝华轮船装载引火物品妨命攫财一案叩恳严饬辖区法政长官依法缔办并予追回损失由（《交通公报》1923年243期）。《100年汉语新词新语大辞典》收“辖区”，首例书证引自1923年丁詧盦编《初级本国地理》；《汉语大词典》收“辖区”，单一书证引自《新华月报》1952年第9期；《汉语大词典订补》补充书证引自《文汇报》2009年2月11日。

【嫌疑犯】刑事诉讼中有犯罪嫌疑而未经证实的人。捕获之嫌疑犯共有十四名（《申报》1909年12月3日）；拿获嫌疑犯（《浅说画报》1912年1233期）；山西巡按使金永呈拏获嫌疑犯渠本渭等讯明拟办由（《政府公报》1915年1027期）；释放窃电线嫌疑犯（《电气工业杂志》1921年5期）。《100年汉语新词新语大辞典》收“嫌疑犯”，首例书证引自1924年陈独秀《国学》；《汉语大词典》收“嫌疑犯”，首例书证引自鲁迅《伪自由书·电的利弊》。

【虚无主义】 盲目否定一切的主张。虚无主义（《民报》1906 年 9 期）；虚无主义的研究（《东方杂志》1920 年 24 期）；虚无主义和理想主义（《长虹周刊》1928 年 11 期）；虚无主义者的李白（《中学生》1930 年 7 期）；虚无主义的信徒们（《燕大周刊》1932 年 4 期）。《100 年汉语新词新语大辞典》收"虚无主义"，首例书证引自 1933 鲁迅《伪自由书》；《汉语大词典》收"虚无主义"，没有书证。

【牙膏】 刷牙用的膏状物。牙膏自可保护齿牙坚固洁白生香（《申报》1888 年 6 月 30 日）；牙刷牙膏（《申报》1903 年 2 月 12 日）；准税务处咨为久大精盐公司添制牙粉牙膏准完正税一道（《奉天公报》1919 年 2784 期）。《100 年汉语新词新语大辞典》收"牙膏"，首例书证引自《医药杂志》1920 年 6 期；《汉语大词典》收"牙膏"，单一书证引自老舍《茶馆》第三幕。

【演奏会】 用乐器表演的音乐会。杭州复音讲习社开演奏会（《并州官报》1908 年 31 期）；北京大学之音乐演奏会（《美育》1920 年 2 期）；北京女子高等师范学校音乐演奏会秩序单（《音乐杂志》1921 年 9 期）；北大附设音乐传习所第十七次演奏会秩序（《音乐季刊》1925 年 5 期）；巡行演奏会（《新乐潮》1927 年 3 期）。《100 年汉语新词新语大辞典》收"演奏会"，首例书证引自 1928 年《丰子恺文集·艺术卷》；《汉语大词典》未收此词。

【疫苗】 能使机体产生免疫力的病毒。施种新发明之疫苗以防瘟疫（《申报》1911 年 3 月 11 日）；中央防疫处制售狂犬病疫苗（《中华医学杂志》1926 年 5 期）；交通部电京奉津浦京汉路局现在各处发生疫症对于旅客务须注意检查如需疫苗可向防疫处接洽文（《交通公报》1927 年 1708 期）；注射疫苗（《卫生月刊》1928 年 6 期）。《100 年汉语新词新语大辞典》收"疫苗"，首例书证引自《卫生月刊》1928 年 9 期；《汉语大词典》收"疫苗"，没有书证。

【引渡】 一国将罪犯移交给他国审判的行为。论国际上之犯罪人引渡（《外交报》1910 年 30 期）；释罪犯引渡（《上海法曹杂志》1913 年 16

期)；德皇之引渡问题（《兴华》1918 年 48 期)；外交部要求驻京公使团引渡祸首（《东方杂志》1920 年 17 期)；国际公法上之引渡（《法学季刊》1929 年 2 期)。《100 年汉语新词新语大辞典》收“引渡”，首例书证引自《人民日报》1956 年 2 月 20 日；《汉语大词典》收“引渡”，单一书证引自孙中山《组织国民党政府案之说明》。

【邮资】邮电局按照规定数额向寄邮件的人所收的费用。邮资统归自理（《申报》1897 年 9 月 20 日)；示定邮资（《申报》1902 年 1 月 16 日)；金陵道尹详据江宁等八县详报认销农商公报并缴报费邮资（《江苏省公报》1915 年 447 期)；邮资盖印机（《妇女杂志》1919 年 1 期)；英国加收邮资（《英语周刊》1921 年 296 期)；邮资增价噪声（《邮趣》1926 年 1 期)。《100 年汉语新词新语大辞典》收“邮资”，首例书证引自 1927 年赵尔巽《清史稿》；《汉语大词典》收“邮资”，没有书证。

【浴缸】新式的大澡盆。沙法浴缸（《申报》1893 年 10 月 4 日)；大利石浴缸（《申报》1898 年 7 月 11 日)；浴缸中之美国电影女明星梅娇丽西曼（《上海画报》1926 年 77 期)；浴缸去垢法（《常识》1928 年 46 期)。《100 年汉语新词新语大辞典》收“浴缸”，首例书证引自 1936 年茅盾《送考》；《汉语大词典》收“浴缸”，单一书证引自茅盾《送考》。

【长途电话】超出本地区电话网通话范围的长距离电话。批天津电话局禀津京长途电话包月租费拟定限制由（《交通官报》1910 年 8 期)；更正长途电话合同之指令（《新闻报》1913 年 12 月 23 日)；长途电话事业经营意见（《电气》1914 年 10 期)；拟设长途电话（《时报》1918 年 12 月 29 日)。《100 年汉语新词新语大辞典》收“长途电话”，首例书证引自 1926—1932 年张恨水《金粉世家》；《汉语大词典》收“长途电话”，没有书证。

【帐篷】撑在地上遮蔽风雨、日光的棚子。制办营房帐篷（《申报》1874 年 9 月 23 日)；新式帐篷以厚帆布为之（《申报》1898 年 7 月 15 日)；学生于军官帐篷之外练习打靶（《英语周刊》1918 年 158 期)。《100 年汉语新词新语大辞典》收“帐篷”，首例书证引自 1926 年冰心《寄小读者》;《汉语大词典》收“帐篷”,首例书证引自冰心《寄小读者》二二。

【照相机】 照相的器械。本行今到照相机所需各药料(《申报》1877年7月2日);照相机一箱(《申报》1908年6月2日);照相机之秘密安设法(《繁华杂志》1915年6期);照相机破了(《儿童世界》1922年11期);世界最小之照相机(《民众文学》1925年1期)。《100年汉语新词新语大辞典》收“照相机”,首例书证引自1927年丰子恺《西洋画的看法》;《汉语大词典》收“照相机”,没有书证。

【证物】 能证明有关案件事实的物件。下期再无证物则当严惩(《申报》1885年1月16日);有杀人之证物(《申报》1908年3月15日);咨福州府地方检察厅经饬所属烟犯连同证物送案文(《闽都督府民政司禁烟公所》1912年3期);函致上海地方检察厅送办烟犯吴金泉一名并证物各件(《上海公报》1913年4期);本会官许证物之五(《红疗医报》1927年27期)。《100年汉语新词新语大辞典》收“证物”,首例书证引自1929年徐福基《刑事诉讼法纲要》;《汉语大词典》收“证物”,首例书证引自彭芬《辛亥逊清政变发源记》。

【职业病】 由于某种劳动的性质或特殊的劳动环境而引起的慢性疾病。职业病一夕谈(《中西医学报》1911年16期);小说:职业病(《晨报副刊》1923年10月20日);匈牙利与职业病建议案(《劳工月刊》1932年2期)。《100年汉语新词新语大辞典》收“职业病”,首例书证引自《劳工月刊》1932年6期;《汉语大词典》收“职业病”,没有书证。

【中国画】 国画。中国画足值三元者本馆只须五角可卖(《申报》1878年7月15日);英伦之中国画(《南洋商报》1910年5期);英国博物院中国画(《新民报》1914年6期);美国美术家特拉克所作之中国画一(《中华小说界》1915年4期)。《100年汉语新词新语大辞典》收“中国画”,首例书证引自1918年李叔同《中西绘画比较谈》;《汉语大词典》收“中国画”,没有书证。

除上述例子外，《100年汉语新词新语大辞典》书证晚出的可能还有:[①]“暗潮（1915年）、罢课（1919年）、霸权（1915年）、白话（1917年）、白话文（1920年）、白开水（1926年）、白皮书（1914年）、摆样子（1956年）、班次（1927年）、办事员（1919年）、半岛（1915年）、邦交（1915年）、棒球（1931年）、包工头（1946年）、包购（1952年）、保单（1919年）、保教（1949年）、保姆（1926年）、保守（1915年）、保送（1926年）、保证书（1916年）、报告（1915年）、悲观（1915年）、本位（1915年）、本质（1915年）、绷带（1922年）、蹦蹦戏（1931年）、比价（1924年）、比重（1914年）、笔战（1935年）、币制（1915年）、必修科（1921年）、毕业（1929年）、毕业生（1918年）、毕业证书（1912年）、避风港（1951年）、避雷器（1946年）、臂章（1937年）、编订（1930年）、编辑（1928年）、编造（1926年）、编织（1921年）、辩护1（1926年）、辩护士（1947年）、标本1（1928年）、标语（1927年）、标准时（1930年）、表格（1935年）、表决（1915年）、别动队（1929年）、兵工厂（1920年）、兵团（1935年）、兵站（1916年）、病变（1919年）、病菌（1916年）、病历（1915年）、补习（1925年）、不倒翁（1925年）、部门（1932年）、部长（1967年）、簿记（1915年）、财团（1920年）、裁判1（1915年）、裁员（1926年）、参议院（1915年）、餐车（1934年）、茶话会（1912年）、查账（1927年）、差额（1919年）、产量（1917年）、产销（1924年）、常备兵（1919年）、常会（1926年）、常设（1923年）、常识（1915年）、厂矿（1941年）、厂商（1933年）、厂务（1933年）、场（1927年）、场所（1912年）、抄送（1912年）、潮流（1914年）、撤消（1915年）、撤职（1923年）、成果（1913年）、承认（1915年）、乘客（1919年）、程序（1915年）、崇拜（1954年）、抽样（1935

---

① 这些词语见于《100年汉语新词新语大辞典》，首例书证不早于1912年，可以提前到晚清。“暗潮（1921年）”表示“暗潮”见于晚清期刊，但《100年汉语新词新语大辞典》始见书证是1921年。例如，“赣省路事之暗潮（《振华五日大事记》1907年46期）；美国政界暗潮（《东方杂志》1910年5期）”等。其他类似。

年)、出版物（1919年)、出风头（1919年)、出品（1926年)、初版(1913年)、初级小学（1924年)、雏形（1923年)、储存（1924年)、储户（1929年)、储蓄（1950年)、穿刺（1919年)、传单（1923年)、传染病（1926年)、床单（1934年)、创刊（1916年)、吹奏（1928年)、纯利（1915年)、辍学（1916年)、词性（1914年)、辞典（1915年)、磁力（1917年)、次长（1915年)、刺激（1919年)、从刑（1929年)、催眠（1920年)、催眠术（1917年)、存根（1933年)、存户（1932年)、存货（1920年)、搭卖（1953年)、打字（1916年)、打字机（1920年)、大本营（1915年)、大革命（1936年)、大洋（1918年)、大总统（1912年)、代办（1915年)、代理人（1950年)、代名词1（1914年)、担架(1925年)、单纯（1915年)、单数（1917年)、单一（1923年)、单字(1927年)、弹性（1915年)、党（1924年)、党魁（1913年)、党员(1915年)、道钉（1947年)、道林纸（1918年)、德律风（1916年)、登录（1929年)、低廉（1919年)、地方病（1919年)、地方主义（1957年)、地积（1915年)、地质（1919年)、帝国主义（1919年)、第二审(1929年)、第三者（1919年)、第一审（1929年)、典型（1915年)、电车（1915年)、电池（1929年)、电镀（1917年)、电工（1946年)、电解（1926年)、电料（1926年)、电炉（1921年)、电热（1936年)、电扇1（1915年)、电商（1946年)、电影（1919年)、电子（1912年)、奠基（1918年)、靛青（1920年)、吊膀子（1913年)、定量分析（1913年)、定性分析（1913年)、东三省（1914年)、董事（1919年)、董事会(1917年)、动产（1914年)、动机（1915年)、动态（1941年)、动议(1922年)、动员（1915年)、毒品（1926年)、毒气（1931年)、断交(1930年)、对比（1924年)、对称（1915年)、对待（1931年)、对话(1922年)、对象（1915年)、对照（1918年)、兑现（1914年)、多头(1949年)、惰性（1918年)、恶感（1914年)、发动机（1915年)、发刊词（1925年)、发祥地（1920年)、番号（1929年)、反感（1915年)、反射（1921年)、反省（1912年)、反响（1915年)、范本（1913年)、

方案（1919年）、方针（1915年）、防疫（1917年）、放电（1944年）、放款（1923年）、飞船（1935年）、飞行机（1914年）、飞涨（1920年）、肺气肿（1919年）、分红（1921年）、风潮（1915年）、风扇（1921年）、封建（1915年）、封锁（1915年）、否认（1915年）、服役（1915年）、讣告（1939年）、复查（1943年）、概观（1925年）、概算（1914年）、感光（1913年）、感言（1936年）、干涉（1915年）、钢笔（1916年）、钢琴（1919年）、钢印（1937年）、钢珠（1939年）、岗亭（1933年）、高昂（1933年）、高等教育（1920年）、高等学校（1914年）、搁浅（1933年）、革命党2（1915年）、革命家（1915年）、个人主义（1912年）、根据地（1915年）、更动（1920年）、工场（1915年）、工会（1921年）、工人（1915年）、工时（1922年）、工薪（1928年）、工业革命（1919年）、工友（1921年）、公办（1926年）、公股（1950年）、公会（1914年）、公积金（1914年）、公家（1915年）、公民（1912年）、公仆（1915年）、公权（1946年）、公诉（1917年）、公演（1923年）、公益（1914年）、公园（1913年）、公债（1915年）、共产党（1920年）、共产主义（1915年）、共和国（1915年）、供销（1941年）、钩虫（1936年）、孤立语（1919年）、股金（1929年）、股息（1922年）、固定资产（1935年）、瓜皮帽（1924年）、观光（1928年）、观念（1914年）、官方（1934年）、规章（1948年）、国粹（1915年）、国防军（1923年）、国货（1915年）、国籍（1915年）、国际（1915年）、国际法（1915年）、国家机关（1912年）、国库券（1912年）、国乐（1930年）、国立（1923年）、国民党（1915年）、国民经济（1916年）、国民性（1915年）、国情（1914年）、国庆（1916年）、国权（1914年）、国文（1912年）、国务卿（1915年）、果汁（1915年）、过户（1917年）、过剩（1919年）、函授（1919年）、寒假（1919年）、旱地（1916年）、旱獭（1917年）、旱田（1916年）、航空（1915年）、航运（1916年）、合影（1932年）、黑幕（1915年）、红利（1915年）、红十字会（1914年）、后备兵（1923年）、后记（1927年）、花柳病（1916年）、划拨（1935年）、华尔街（1934年）、化

学肥料（1960年）、化学工业（1913年）、缓解1（1958年）、黄金时代（1912年）、汇报1（1967年）、会考（1933年）、会员（1916年）、混凝土（1937年）、机器（1912年）、机器脚踏车（1935年）、机器人（1935年）、基数（1948年）、集结（1933年）、集团（1912年）、集资（1955年）、纪念册（1914年）、纪念日（1917年）、纪念邮票（1931年）、技术员（1936年）、季风（1934年）、寄售（1956年）、加工（1935年）、假定（1915年）、价码（1934年）、尖端（1923年）、监护人（1929年）、监事（1935年）、兼课（1924年）、简直（1916年）、建设（1912年）、舰队（1915年）、讲师（1916年）、讲台（1921年）、讲堂（1916年）、讲演（1920年）、讲座（1922年）、交易所（1921年）、交战国（1915年）、脚夫（1923年）、脚行1（1935年）、脚踏车（1919年）、轿车（1932年）、教鞭（1916年）、教材（1920年）、教程（1921年）、教父（1934年）、教科书（1917年）、教席（1925年）、教育学（1915年）、教员（1915年）、阶级（1912年）、接洽（1915年）、揭幕（1915年）、结核病（1919年）、解放（1912年）、介绍（1912年）、金婚（1981年）、金库（1923年）、金牌（1956年）、金融（1915年）、金字招牌（1921年）、进行曲（1924年）、进化（1918年）、进化论（1915年）、近代（1915年）、禁运（1947年）、经验（1915年）、精神文明（1915年）、警官（1915年）、竞技（1915年）、竞赛（1924年）、竞走（1918年）、旧社会（1951年）、救生艇（1947年）、俱乐部（1915年）、决裂（1915年）、绝对（1915年）、军国主义（1915年）、军区（1920年）、军团（1915年）、咖啡（1915年）、卡车（1941年）、开幕1（1917年）、开庭（1912年）、勘测（1947年）、抗议（1915年）、客串（1926年）、客观（1915年）、课卷（1937年）、课题（1918年）、空前（1915年）、空头（1930年）、扣押（1929年）、快感（1915年）、矿藏（1912年）、蜡纸（1926年）、来宾（1924年）、栏（1915年）、蓝靛（1918年）、篮球（1917年）、劳动者（1915年）、劳工（1918年）、劳作（1915年）、累进（1927年）、冷气（1916年）、理论（1915年）、理事（1915年）、理性

（1915年）、理由（1915年）、力学（1912年）、立宪（1912年）、利率（1914年）、利权（1915年）、例言（1920年）、连锁（1923年）、联队（1915年）、联防（1929年）、联合政府1（1919年）、联欢（1920年）、炼狱（1932年）、恋爱（1912年）、列车（1916年）、烈士（1912年）、临时政府（1915年）、淋病（1919年）、领海（1916年）、领土（1915年）、领袖（1912年）、领章（1917年）、流质（1917年）、路轨（1933年）、轮渡（1927年）、落差（1913年）、麻醉（1919年）、麻醉剂（1918年）、马力（1915年）、马路（1918年）、马术（1915年）、麦酒（1915年）、漫画（1915年）、毛细管（1922年）、煤气（1915年）、煤球（1933年）、美术（1913年）、门岗（1933年）、门警（1919年）、门诊（1919年）、盟国（1915年）、秘书（1915年）、棉织品（1943年）、瞄准（1920年）、民法（1922年）、民国（1912年）、民事（1913年）、民团（1914年）、民校（1946年）、民学（1998年）、民政2（1914年）、摩托车（1915年）、牛（1996年）、农场（1920年）、旗袍（1921年）、俏皮话（1918年）、人民代表（1912年）、摄护腺（1922年）、声带（1928年）、失恋（1924年）、时髦（1918年）、时装（1927年）、视觉（1917年）、水门汀（1933年）、水塔（1919年）、私章（1933年）、四大金刚（2010年）、苏打（1943年）、提留（1952年）、体温计（1920年）、体育场（1919年）、铁器时代（1912年）、通讯（1924年）、同盟国（1915年）、铜器时代（1923年）、土豪劣绅（1925年）、拓宽（1952年）、瓦特（1928年）、外汇（1938年）、完全中学（1956年）、卫生所（1950年）、卫生院（1950年）、文档（1983年）、无意识（1958年）、无政府主义（1952年）、五权分立（1924年）、锡纸（1930年）、洗衣机（1929年）、喜剧（1933年）、下半旗（1921年）、下课（1925年）、先烈（1913年）、现金（1926年）、限额（1936年）、橡皮圈（1923年）、消防队（1950年）、消费品（1917年）、消暑（1925年）、消炎（1918年）、小帐（1924年）、校规（1915年）、校样（1919年）、协作（1923年）、锌版（1917年）、新文学（1916年）、刑庭（1912年）、兴奋剂（1923年）、性状

（1917 年）、修剪（1933 年）、修脚（1936 年）、宣判（1937 年）、选集 1（1926 年）、选票（1913 年）、选手（1928 年）、学棍（1926 年）、雪橇（1926 年）、荨麻疹（1948 年）、循环系统（1929 年）、鸭绒（1923 年）、烟蒂（1926 年）、严格（1912 年）、研究生（1928 年）、研究员（1917 年）、演进（1915 年）、演示（1913 年）、演绎（1915 年）、演员（1928 年）、演奏（1913 年）、燕尾服（1914 年）、野鸡 1（1928 年）、夜盲（1934 年）、医官（1929 年）、义勇军（1939 年）、艺术家（1915 年）、艺术品（1923 年）、译笔（1922 年）、意译（1918 年）、印刷品（1915 年）、印象（1916 年）、盈利（1918 年）、影片 1（1918 年）、佣金（1915 年）、忧郁症（1921 年）、邮汇（1929 年）、邮政信箱（1952 年）、油印（1919 年）、语尾（1918 年）、语言学（1924 年）、预习（1919 年）、预选（1941 年）、原装（1947 年）、跃进（1916 年）、杂牌（1931 年）、债权（1915 年）、债权人（1913 年）、债务人（1924 年）、战歌（1926 年）、战线（1914 年）、战友（1934 年）、长度（1915 年）、账单（1920 年）、沼泽（1932 年）、照（1919 年）、折旧（1926 年）、蒸汽机（1919 年）、政客（1912 年）、政务院（1949 年）、政治犯（1915 年）、直观（1913 年）、直选（1999 年）、指挥员（1931 年）、制剂（1924 年）、质地（1918 年）、智能（1915 年）、终点（1921 年）、重点（1935 年）、重演（1931 年）、重音（1928 年）、周刊（1919 年）、主编（1929 年）、主攻（1936 年）、主观（1915 年）、主课（1954 年）、著作人（1914 年）、专访（1928 年）、转账（1921 年）、作品（1915 年）”等。

结　语

晚清汉语作为近代汉语与现代汉语的过渡阶段，在汉语史研究中占有比较重要的地位。我们立足1898年至1911年间晚清期刊语料，对产生于1840年至1911年间的词汇新质进行梳理，针对《汉语大词典》等辞书提供修订参考。

一、初步的结论

语言与社会共变。晚清社会急剧变革，中外文化猛烈碰撞，富有时代特色的新质词语大量涌现，汉语词汇系统加速更新，生动反映了汉语变迁与社会进步的互动关系。

词汇新质是词汇中发生新变化的成分，包括新词新义新语，词汇新质的产生导致词汇新格局的形成。关注词汇新质，能够比较真切地观察到词汇的差异与变化。晚清期刊陌生化程度比较高，内容丰富，层次多样，真实记录了晚清的社会生活与语言生态，是研究晚清汉语的独特性语料之一。词汇新质的实际面貌与演变轨迹在晚清期刊里都有客观体现。

《汉语大词典》是迄今为止最具权威性的大型历史性汉语语文辞书，为学术研究和文化建设做出了突出的贡献，在中国辞书史上具有划时代的重要意义。辞书修订是辞书编纂的延续与发展，修订《汉语大词典》是其持续完善、不断创新、永葆强大生命力的必然要求。

词汇研究与辞书修编密切相关，晚清期刊词汇新质对辞书修订具有一定价值。《汉语大词典》《汉语大词典订补》《近现代辞源》《100年汉语新词新语大辞典》等辞书不同程度存在词条漏收、义项失收、释义不确、书证空缺、书证单一、书证晚出等瑕疵，数千条新质词语可以为辞书修订提供专题参考。

二、我们的不足

词汇新质的筛选存在风险。相对于改革开放以来的新词新义新语来说，晚清词汇新质的标准更难掌握。前代文献浩如烟海，加之明末清初到近现代时期的西学译著、出使游记等错综复杂，使得新质词语的筛选异常困难。我们经过多轮比对，耗费了大量精力，但也不敢保证这些词语都是晚清新产生的，一定会有更多文献来提前现有词语的产生年代。

期刊语料的处理比较粗糙。晚清期刊是最具价值的语料之一，但是这一时期语料的复杂程度和陌生化程度远高于汉语研究的其他阶段，就语料本身的复杂性来说，“一是同一性差，二是与已有知识体系的一致性差，三是种类繁多”[①]。此外，晚清期刊原始、零散，大多未经校对整理，且不易获取，即使有部分数据库，但检索、下载、复制均有诸多限制，下载的电子文本多为图片格式，部分模糊不清，原文存在不少异形词、异体字、错别字等，且大多没有句读标点，出版日期标注不统一，这些都增加了语料处理的难度。纵使反复核对，我们有时也是有心无力，语料处理上的纰漏不可避免。

辞书修订的意见可能武断。“作为一个辞书编纂工作者，除加重责任感之外，还必须虚怀若谷，从善如流，切忌主观武断，自以为是。”[②] 这对编纂者和研究者都是一种告诫。我们的目的是为了纠谬补缺，主观动机是好的，态度也是端正的，但是，由于学识浅薄，这些修订意见的证据是否有力、分析是否严谨、评判是否合理都需要再次反省。我们认为是者，未必为是；认为非者，未必为非。我们很有可能“误伤”了《汉语大词典》

---

① 刁晏斌．试论清末民初语言的研究［J］．励耘学刊（语言卷），2008（02）．

② 罗竹风．我们迫切需要一支辞书编纂队伍［J］．辞书研究，1982（05）．

等辞书。[①]“误伤”《汉语大词典》的原因主要有几个方面：[②] 一是对辞书“一翻了之”，流于草率武断；二是纸版与电子版并非完全相同，繁简字转化也非一一对应，个人检索方法不科学；三是对《汉语大词典编纂手册》中规定的“收词原则”“编写体例”等缺乏了解，把握不准。我们或多或少存在这些问题。

三、努力的方向

晚清期刊词汇新质为《汉语大词典》等辞书修订提供了意见，但辞书修订是一件严肃而又繁复的工程，既需要扎实的词汇理论素养，又需要高超的词典编纂技能。语料选取的真实性与词语处理的准确性是关键，自己的发现具有说服力，才能为他人修订提供参考。这是挑战，也是动力。我们将继续坐冷板凳，花苦功夫，对语料做再次梳理与充实，争取形成“晚清期刊词汇新质与《汉语大词典》修订”“晚清期刊词汇新质与《近现代辞源》书证修订”“晚清期刊词汇新质与《100 年汉语新词新语大辞典》书证修订”等研究报告，提供给相关辞书编委会，为《汉语大词典》（第二版）等辞书的修订贡献一份绵薄之力。以此为基础，我们将尝试对辞书修订的动因、程序、周期等相关理论问题进行更宏观的探索。

辞书编修以词汇研究为前提，反过来也可以促进词汇研究的深入。晚清期刊词汇新质研究类似专书或专题研究，除了罗列语料外，应该对选判出来的词语作更充分的描写与解释。一是可以借鉴“单向多层等语义分类理论”[③]，按名物、行为、性状将所有新质词语编排到语义网络中，上层涵盖语言社会知识的主要体系，中层表明词语的义域范围，下层显示词语聚

---

① 辞书编纂是苦差事，编纂者“现在是个苦工，将来也是一个苦工”。我们对前辈们怀有崇敬与感激之情，如有“误伤”，实属无心，恳请谅解与批评。

② 曲文军．《汉语大词典》疏误与修订研究［M］．济南：山东人民出版社，2012：315-319.

③ 苏新春．现代汉语分类词典［M］．北京：商务印书馆，2013.

合关系。二是按照“环靶状词汇层次理论”①，探寻词汇边缘层的构成与运动，综合分析晚清期刊新质词语的基本特征、主要聚合以及历时演变，揭示新质词语的基本面貌与发展轨迹，为现代汉语词汇史的上限分期提供部分依据。三是重点考察晚清期刊词汇新质的百年演变。词汇新质的生命力有显著差异，它们如何生成与传播？百年来哪些词语一直沿用而成为现代汉语词汇的一部分？哪些又中途衰退离开语言舞台？词语演变过程中“完全替换”“正在替换”“没有替换”的原因与规律又是什么？② 诸如此类的问题都值得继续探讨。

---

① 俞理明．词汇的分层及其外围成分［J］．苏州大学学报（哲学社会科学版），2014（01）．

② 周国祥．常用词“巢”“窠”“窝”的历时演变［J］．汉语学报，2015（01）．

参考文献

一、工具书

［美］梅维恒．汉语大词典词目音序索引［M］．上海：汉语大词典出版社，2003.

白维国主编．近代汉语词典［M］．上海：上海教育出版社，2015.

高名凯，刘正埮，等．汉语外来词词典［M］．上海：上海辞书出版社，1984.

汉语大词典编纂处．汉语大词典编纂手册［M］．上海：汉语大词典编纂处（内部资料），1981.

汉语大词典编纂处．汉语大词典订补［M］．上海：上海辞书出版社，2010.

何九盈，王宁，董琨．辞源（第三版）［M］．北京：商务印书馆，2015.

黄河清．近现代辞源［M］．上海：上海辞书出版社，2010.

黄河清．近现代汉语辞源［M］．上海：上海辞书出版社，2020.

罗竹风主编．汉语大词典［M］．上海：汉语大词典出版社，1986-1994.

宋子然主编．100 年汉语新词新语大辞典［M］．上海：上海辞书出版社，2014.

汪荣宝，叶澜．新尔雅［M］．上海：文明书局，1903.

王云五．王云五新词典［M］．上海：商务印书馆，1945.

温端正．新华语典［M］．北京：商务印书馆，2014.

现代汉语大词典编委会．现代汉语大词典［M］．上海：上海辞书出版社，2010.

香港中国语文学会．近现代汉语新词词源词典［M］．上海：上海辞书出版社，2001.

中国大辞典编纂处．国语辞典［M］．北京：商务印书馆，2011.

中国社会科学院语言研究所词典编辑室．现代汉语词典（第7版）［M］．北京：商务印书馆，2016.

二、论著

［德］郎宓榭等著．新词语新概念：西学译介与晚清汉语词汇之变迁［M］．赵兴胜，等，译．济南：山东画报出版社，2012.

［美］白瑞华．中国近代报刊史［M］．北京：中央编译出版社，2013.

［美］费正清．剑桥晚清史［M］．北京：中国社会科学出版社，1985.

［日］松浦章，内田庆市，沈国威编著．遐迩贯珍（附解题·索引）［M］．上海：上海辞书出版社，2000.

［意］马西尼著．现代汉语词汇的形成——十九世纪汉语外来词研究［M］．黄河清，译．上海：汉语大辞典出版社，1997.

北京师范学院中文系汉语教研组．五四以来汉语书面语言的变迁和发展［M］．北京：商务印书馆，1959.

毕慧玉，张继春．《汉语大词典》2.0光盘版的使用技巧［J］．辞书研究，2006（02）．

曹炜．现代汉语词汇研究［M］．北京：北京大学出版社，2004.

车淑娅，周琼．语言接触视角下的清末民初新加坡华文报章时点时间词研究［J］．中国语文，2018（04）．

陈保亚．20 世纪中国语言学方法论研究［M］．北京：商务印书馆，2015.

陈笑雪，雷天戈．100 年，汉语新词新语知多少？［N］．人民日报海外版，2015-08-24.

陈玉申．晚清报业史［M］．济南：山东画报出版社，2003.

陈原．《汉语大词典》的历史使命［J］．辞书研究，1982（03）．

陈增杰．论《汉语大词典》的修订［J］．辞书研究，1998（04）．

陈增杰．释义深化的途径——《汉语大词典》第二版修订定稿思考之一［J］．辞书研究，2019（04）．

程荣．语文词典修订工作的基本特点［J］．语言文字应用，2002（03）．

仇志群．从早期外汉词典看现代汉语词汇的发展［J］．中国语文，1996（06）．

刁晏斌．当代汉语词汇研究［M］．北京：中国社会科学出版社，2013.

刁晏斌．试论清末民初语言的研究［J］．励耘学刊（语言卷），2008（02）．

刁晏斌．现代汉语史［M］．福州：福建人民出版社，2006.

董秀芳．词汇化：汉语双音词的衍生和发展［M］．北京：商务印书馆，2011.

董志翘．《汉语大词典》（第二版）第一册刍议［J］．古汉语研究，2020（03）．

方维规．“夷”“洋”“西”“外”及其相关概念——论 19 世纪汉语涉外词汇和概念的演变［J］．北京师范大学学报（社会科学版），2013（04）．

方一新．从《汉语大词典》看大型历史性语文词典取证举例方面的若干问题［J］．汉语史研究集刊，1998.

方一新．中古近代汉语词汇学［M］．北京：商务印书馆，2010.

冯天瑜．近代汉字术语的生成演变与中西日文化互动研究［M］．北京：经济科学出版社，2016.

冯天瑜．新语探源——中西日文化互动与近代汉字术语生成［M］．北京：中华书局，2004.

冯志伟．现代术语学引论［M］．北京：商务印书馆，2011.

符淮青．现代汉语词汇［M］．北京：北京大学出版社，2004.

高名凯，刘正埮．现代汉语外来词研究［M］．北京：文字改革出版社，1958.

葛本仪．汉语词汇研究［M］．济南：山东教育出版社，1985.

谷长岭．晚清报刊的两个基本特征［J］．国际新闻界，2010（01）．

郭伏良．新中国成立以来汉语词汇发展变化研究［M］．保定：河北大学出版社，2001.

郭芹纳．《汉语大词典》评略［J］．古汉语研究，1996（04）．

郭锡良．汉语史的分期问题［J］．语文研究，2013（04）．

韩书庚，张文国．晚清新闻语言的特点——以五种白话报刊为例［J］．青年记者，2017（01）．

何加正，李泓冰．《汉语大词典》大功告成［N］．人民日报，1994-05-11.

何茂活．《汉语大词典》异形词条目增补酌议［J］．辞书研究，2022（01）．

胡全章．清末民初白话报刊研究［M］．北京：中国社会科学出版社，2011.

华树君，徐正考．从朝鲜朝时期的汉语教科书看清代汉语词汇在现代汉语中的发展［J］．东疆学刊，2018（04）．

华学诚，李红．汉语词汇史的一座新丰碑——《100年汉语新词新语大辞典》述评［J］．辞书研究，2016（03）．

黄河清．一个薄弱点：19世纪汉语新词的考证——以《汉语大词典》为例［J］．辞书研究，1998（01）．

黄建华．词典论［M］．上海：上海辞书出版社，2001.

黄兴涛．清末民初新名词新概念的“现代性”问题——兼论“思想现代性”与现代性“社会”概念的中国认同［J］．天津社会科学，2005（04）．

江蓝生．一次全面深入的修订——《汉语大词典》第二版第一册管窥［J］．辞书研究，2019（04）．

蒋冀骋．近代汉语词汇研究［M］．长沙：湖南教育出版社，1991.

蒋绍愚．汉语历史词汇学概要［M］．北京：商务印书馆，2015.

蒋绍愚．近代汉语词汇概要［M］．北京：北京大学出版社，2005.

蒋宗福．电子语料库与语文辞书的编纂修订［J］．四川大学学报（哲学社会科学版），2005（05）．

李斌，刘雪扬．基于《汉语大词典》的汉语词汇历时演变计量研究［J］．南京师大学报（社会科学版），2018（05）．

李尔钢，李灵玢．“卢鹊”与“卢鹊喧”——《汉语大词典》修订札记［J］．辞书研究，2022（02）．

李申，等．《汉语大词典》研究［M］．北京：商务印书馆，2015.

李仕春．语料库时代的汉语中型语文词典出版状况研究［J］．中国出版，2017（03）．

李行健．词汇研究与辞书编纂［M］．北京：外语教学与研究出版社．

李宗江．汉语常用词演变研究［M］．上海：汉语大词典出版社，1999.

刘菲．循着历史轨迹学汉语［N］．人民日报海外版，2015-08-24.

刘叔新．汉语描写词汇学［M］．北京：商务印书馆，2005.

刘晓梅．从四种近代史料看现代汉语前期词汇新现象［J］．学术研究，2007（02）．

刘晓梅．十九至二十世纪现代汉语词汇史研究［M］．汕头：汕头大学出版社，2016.

刘晓颖．清末民初新词语研究［J］．河北大学学报（哲学社会科学版），2015（04）．

卢烈红．《现代汉语词典》（第7版）词形处理献疑［J］．人文论丛，2018（02）．

罗竹风．我们迫切需要一支辞书编纂队伍［J］．辞书研究，1982（05）．

吕叔湘．大家来关心新词新义［J］．辞书研究，1984（01）．

马敏．“绅商”词义及其内涵的几点讨论［J］．历史研究，2001（02）．

聂志平．老舍作品语言在现代汉民族共同语形成中的经典示范作用［J］．吉林大学社会科学学报，2021（03）．

潘允中．汉语词汇史概要［M］．上海：上海古籍出版社，1989.

曲文军．《汉语大词典》疏误与修订研究［M］．济南：山东人民出版社，2012.

荣景，李申．《汉语大词典》“死亡”义词语研究［J］．宁波大学学报（人文科学版），2014（01）．

上海图书馆．中国近代期刊篇目汇录［M］．上海：上海人民出版社，1965.

沈国威．近代中日词汇交流研究——汉字新词的创制、容受与共享［M］．北京：中华书局，2010年．

史存直．汉语词汇史纲要［M］．上海：华东师范大学出版社，1989.

史有为．汉语外来词［M］．北京：商务印书馆，2000.

史有为．外来词——异文化的使者［M］．上海：上海辞书出版社，2004.

苏新春，等．汉语词汇的计量研究［M］．厦门：厦门大学出版社，2002.

孙常叙．汉语词汇［M］．长春：吉林人民出版社，1956.

汤志祥．当代汉语词语的共时状况及其嬗变［M］．上海：复旦大学出版社，2001.

汪维辉．《汉语大词典》摘瑕［J］．宁波师院学报（社会科学版），1990（02）．

汪维辉．汉语词汇史新探［M］．上海：上海人民出版社，2007.

汪维辉．探索辞书“动态修订”新模式［J］．辞书研究，2019（04）．

王本灵．论“内部参校法”在辞书编修中的应用——以《汉语大词典》“水”部为例［J］．济南大学学报（社会科学版），2022（02）．

王国维．论新学语之输入［J］．教育世界，1905（02）．

王姮，杨小平．《近现代辞源》指瑕［J］．宜宾学院学报，2012（02）．

王力．汉语史稿［M］．北京：中华书局，1980：35.

王力．字典问题杂谈［J］．辞书研究，1983（02）．

王宁．汉语词汇语义学在训诂学基础上的重建与完善［A］．北京师范大学民俗典籍文字研究中心．民俗典籍文字研究［C］．北京：商务印书馆，2005.

王宁．论新词语的短期消亡［A］．词汇学理论与应用编委会．词汇学理论与应用（五）［C］．北京：商务印书馆，2010.

王庆．词汇学论纲［M］．北京：中国经济出版社，2013.

王绍峰．以若干词例谈《汉语大词典》宏观系统的疏失［J］．阜阳师范学院学报（社会科学版），2002（01）．

王毅，范新阳．《西游记》词汇对《汉语大词典》书证研究［M］．

上海：上海三联书店，2017.

王锳．《汉语大词典》商补［M］．合肥：黄山书社，2006.

武占坤，王勤．现代汉语词汇概要［M］．呼和浩特：内蒙古人民出版社，1983.

向熹．简明汉语史［M］．北京：商务印书馆，2010.

谢放．“绅商”词义考析［J］．历史研究，2001（02）．

邢福义．新词语的检测与搜获——一个汉语本体研究者的思考［J］．语文研究，2007（02）．

熊月之．西学东渐与晚清社会［M］．上海：上海人民出版社，1994.

徐时仪．《朱子语类》词汇研究与《汉语大词典》修订［J］．陇东学院学报，2013（04）．

徐时仪．汉语白话发展史［M］北京：北京大学出版社，2007.

徐时仪．近代汉语词汇学［M］．广州：暨南大学出版社，2013.

徐文堪．略论《汉语大词典》的特点和学术价值［J］．辞书研究，1994（03）．

杨端志．从清末民初科学小说新词语看“现代性”新词语的来源和发展——兼论“标志性子词语场”理论和“现代汉语词汇史”的起点［J］．山东大学学报（哲学社会科学版），2007（01）．

杨华．汉语新词语研究［M］．哈尔滨：黑龙江教育出版社，2002.

杨汤琛．晚清的词与物：晚清域外游记中的命名嬗变考察［J］．北方论丛，2015（05）．

杨锡彭．汉语外来词研究［M］．上海：上海人民出版社，2007.

杨霞，李东霞．《东方杂志》的词汇语料学价值［J］．河北大学学报（哲学社会科学版），2011（02）．

余英时．士与中国文化［M］．上海：上海人民出版社，1987.

俞理明，顾满林．东汉佛道文献词汇新质研究［M］．北京：商务印书馆，2013.

俞理明．词汇的分层及其外围成分［J］．苏州大学学报（哲学社会科学版），2014（01）．

俞理明．词汇历史研究中的宏观认识［J］．江苏大学学报（社会科学版），2008（03）．

张美兰．明清时期的汉语传播［N］．中国社会科学报，2016-11-18.

张能甫．关于现代汉语词汇历史层次研究的一些思考——以现代汉语词语中的 W 字头的词或词组为例［J］．西南科技大学学报（哲学社会科学版），2012（06）．

张万有，张志毅，张庆云．语文辞书的历时原则［J］．辞书研究，2000（06）．

张文国．清末民初国名中的单双音节问题初探——以百种白话报刊为语料的讨论［J］．现代语文，2020（08）．

张小平．当代汉语词汇发展变化研究［M］．济南：齐鲁书社，2008.

张永言．词汇学简论［M］．武汉：华中工学院出版社，1996.

张政，张文国．论白话报刊词汇在《汉语大词典》中的立目［J］．山东社会科学，2021（05）．

张政．从《大公报》白话文看晚清报刊语言的特征［J］．青年记者，2018（08）．

张志毅，张庆云．理论词典学［M］．北京：商务印书馆，2015.

赵明．明清汉语外来词史研究［M］．厦门：厦门大学出版社，2016.

赵学清．古汉语辞书编纂的继承与创新说略［J］．辞书研究，2005（02）．

真大成，何苏丹．辞书编纂应重视文献异文——兼谈《汉语大词典》书证之“一本作”［J］．辞书研究，2020（01）．

钟少华．中国近代新词语谈薮［M］．北京：外语教学与研究出版社，2006.

周光庆．汉语与中国早期现代化思潮［M］．哈尔滨：黑龙江教育出版社，2001.

周荐．汉语词汇结构论［M］．上海：上海辞书出版社，2004.

周振鹤．知者不言［M］．上海：生活·读书·新知三联书店，2008：301.

周祖谟．汉语词汇讲话［M］．北京：人民教育出版社，1959.

周作明，俞理明．东晋南北朝道经名物词新质研究［M］．北京：中国社会科学出版社，2015.

宗守云．新词语的立体透视［M］．南宁：广西师范大学出版社，2007.

三、学位论文

冯卓．清末民初《申报》词汇研究［D］．吉林大学，2021.

华树君．清末民初汉语词汇专题研究［D］．吉林大学，2018.

李娜．基于《汉语大词典》的民国词汇研究［D］．山东大学，2011.

刘晓梅．当代汉语新词语研究［D］．厦门大学，2003.

刘雪扬．基于《汉语大词典》的词义演变研究［D］．南京师范大学，2015.

齐霄鹏．《汉语大词典》收录《论衡》词语研究［D］．河北大学，2000.

渠亚楠．《无锡白话报》白话词汇研究［D］．闽南师范大学，2017.

谭禾英．基于《汉语大词典》的隋唐司法新同义词辨析［D］．海南师范大学，2019.

涂佳楠．1919-1949年汉语新词语研究［D］．河北大学，2018.

王晨露．《安徽白话报》白话词汇研究［D］．山东师范大学，2015.

杨霞．初期现代汉语新词语研究——以《东方杂志》（1911-1921）为语料［D］．河北大学，2011.

张威．晚清四大谴责小说词汇研究［D］．山东大学，2008.

张政．《大公报》白话文与《汉语大词典》的修订［D］．山东师范大学，2019.

郑鹏凯．基于十种白话报刊的清末民初汉语四字格研究［D］．山东师范大学，2018.

钟吉娅．汉语外源词［D］．华东师范大学，2003.

周琳娜．清代新词新义位发展演变研究［D］．山东大学，2009.

朱振伟．《遐迩贯珍》新词研究［D］．浙江财经学院，2010.

四、电子资源

网络版《汉语大词典》［DB/OL］．https：//www. hanyudacidian. cn/

晚清期刊全文数据库［DB/OL］．https：//www. cnbksy. com/

后 记

本书是博士论文材料的副产品，也是教育部人文社科项目的终期成果。一路走来，百感交集，充满遗憾与感激。

遗憾有多处：2014 年选题，2017 年立项，2022 年拟结项，真是“起了个大早，赶了个晚集”。囿于学识与精力，词汇新质的筛选存在风险，期刊语料的处理比较粗糙，辞书修订的意见可能武断，本书的纰漏与疏失不可避免。《汉语大词典》（第二版）、《现代汉语大词典》（江蓝生主编）、《近现代汉语辞源》（黄河清编著）等辞书新近出版或即将出版，来不及仔细阅读与参考。诸多遗憾，有待明日弥补与完善。

感激有无数：感谢恩师俞理明教授。学业疑难，生活困惑，俞老师有问必答，有信必回，有求必应。俞老师高尚的品德、渊博的学识、严谨的态度，值得我永远学习。感谢《汉语大词典》《近现代辞源》《100 年汉语新词新语大辞典》等辞书的编纂者。辞书编纂者“只有苦而没有什么甘”（吕叔湘先生语）。作为辞书的使用者与研究者，我对前辈们怀有无限的崇敬与感激之情。感谢黄河清老师欣然赐序。感谢项目评审专家与鉴定专家的指导。感谢中国国家图书馆、上海图书馆、四川大学图书馆等部门传递的文献资源。感谢中文系李文主任等领导和同事的帮助，感谢运城学院学科建设经费的资助。感谢出版社编辑的辛劳。感谢家人的宽容与付出。万般感激，唯有不负众望，砥砺前行。

打油曰：疫情快完了，柳絮漫天飘。核酸全阴性，出门买油糕。

周国祥

2022 年 5 月 5 日于运城盐湖畔